千葉県の教員採用試験過去問シリーズ❷

2025年度版

千葉県・千葉市の 小学校教諭

過 去 問

協同教育研究会 編

協同出版

本書には，千葉県・千葉市の教員採用試験の過去問題を収録しています。各問題ごとに，以下のように5段階表記で，難易度，頻出度を示しています。

難 易 度

非常に難しい ☆☆☆☆☆
やや難しい ☆☆☆☆
普通の難易度 ☆☆☆
やや易しい ☆☆
非常に易しい ☆

頻 出 度

◎ ほとんど出題されない
◎◎ あまり出題されない
◎◎◎ 普通の頻出度
◎◎◎◎ よく出題される
◎◎◎◎◎ 非常によく出題される

はじめに～「過去問」シリーズ利用に際して～

　教育を取り巻く環境は変化しつつあり，日本の公教育そのものも，教員免許更新制の廃止やGIGAスクール構想の実現などの改革が進められています。また，現行の学習指導要領では「主体的・対話的で深い学び」を実現するため，指導方法や指導体制の工夫改善により，「個に応じた指導」の充実を図るとともに，コンピュータや情報通信ネットワーク等の情報手段を活用するために必要な環境を整えることが示されています。

　一方で，いじめや体罰，不登校，暴力行為など，教育現場の問題もあいかわらず取り沙汰されており，教員に求められるスキルは，今後さらに高いものになっていくことが予想されます。

　本書の基本構成としては，出題傾向と対策，過去5年間の出題傾向分析表，過去問題，解答および解説を掲載しています。各自治体や教科によって掲載年数をはじめ，「チェックテスト」や「問題演習」を掲載するなど，内容が異なります。

　また原則的には一般受験を対象としております。特別選考等については対応していない場合があります。なお，実際に配布された問題の順番や構成を，編集の都合上，変更している場合があります。あらかじめご了承ください。

　最後に，この「過去問」シリーズは，「参考書」シリーズとの併用を前提に編集されております。参考書で要点整理を行い，過去問で実力試しを行う，セットでの活用をおすすめいたします。

　みなさまが，この書籍を徹底的に活用し，教員採用試験の合格を勝ち取って，教壇に立っていただければ，それはわたくしたちにとって最上の喜びです。

協同教育研究会

CONTENTS

第1部 千葉県・千葉市の小学校教諭
出題傾向分析 ········**3**

第2部 千葉県・千葉市の
教員採用試験実施問題 ······**13**

第1部

千葉県・千葉市の
小学校教諭
出題傾向分析

千葉県・千葉市の小学校教諭　傾向と対策

　2024年度は，国語，社会，算数，理科，外国語・外国語活動が出題された。5教科ともに学習指導要領関連は頻出である。

　問題数は，小問が計46問で，内訳は国語11問，社会8問，算数11問，理科10問，外国語・外国語活動が6問であった。

　全問とも選択問題でマークシート式である。2つマークをしなくてはならない問題もあるので，問題文をよく読んで，解答方法に注意して取り組む必要がある。試験科目数が少なく，各教科とも内容に偏りがなく，まんべんなく出題されるため，大きな不得意教科はなくすことが大切である。長文問題が大問として2問ある国語や，解法の仕方に手間取ることが予想される算数については，やや多めに時間配分を考えておくとよい。

【国語】

　長文の読解問題が大問で2題出題されていることが特徴である。説明文・物語文，どちらにも対応できるように準備しておくこと。過去5年間を見ると，古文か漢文のどちらかが出題されているので，古文・漢文の両方の知識を身に付けておく必要がある。過去には，長文読解のうちの1題として，現古融合文が出題されたこともある。基本的な事項をきちんと押さえておこう。2021年度は季語の問題，また過去には小倉百人一首の問題も出題された。一般常識としてもあたっておくとよいだろう。過去5年間を見ると，長文読解問題の中で，文法や漢字を含めた言葉の問題も出題されているので，確実に押さえておきたい。学習指導要領に関する問題も頻出なので，きちんと頭に入れておこう。

【社会】

　日本史は頻出である。過去5年間を見ると，千葉県に関係の深い人物，史跡等の「ご当地問題」の出題も多い。この対策は，別個にしておく必要があるだろう。2024年度は，地理(日本の農業・世界のエネルギー)や歴史(日本史室町〜明治)，公民(為替・司法制度)について出題された。

地理・歴史・公民の各分野，地理・歴史については，日本ばかりでなく世界についても出題されるので，確認しておくこと。学習指導要領についても，目標や内容等について，各学年の違い等をきちんと理解しておく必要がある。

【算数】

　問題数は多く，各領域からまんべんなく出題されるが，計算を間違わず公式を覚えていれば，すぐに解答が出せるものも多い。これらの問題は確実に素早くこなしておきたい。計算・方程式・確率の問題は頻出である。また，図形の問題も頻出であり，各種公式や，解き方をきちんと頭に入れておく必要がある。学習指導要領についての問題も頻出である。

【理科】

　学習指導要領に関する問題は頻出であるが，その他の領域に関しては，偏りがない。2024年度では，物理，化学，生物，地学が大問各1題ずつ出題されている。過去5年間を見ると，図などを見て考える小学校レベルの基本的な問題が多いのが特徴であり，さほど身構える必要はない。基礎的な事項をしっかり復習して，ミスのないようにしたい。

【外国語・外国語活動】

　外国語・外国語活動の出題開始からの過去5年間の問題は全て，対話文，英文解釈，学習指導要領のみである。英文解釈についても，文章を読んで質問に答えたり，内容を問うなどの問題で，中学レベルの問題と言える。基礎的な英文法や慣用句などを確認して，時間をかけずに解けるように準備しておくとよい。

過去5年間の出題傾向分析

①国語

分　類	主な出題事項	2020年度	2021年度	2022年度	2023年度	2024年度
ことば	漢字の読み・書き	●	●	●	●	●
	同音異義語・同訓漢字の読み・書き	●				
	四字熟語の読み・書き・意味					
	格言・ことわざ・熟語の意味	●				
文法	熟語の構成, 対義語, 部首, 画数, 各種品詞		●	●	●	●
敬語	尊敬語, 謙譲語, 丁寧語					
現代文読解	空欄補充, 内容理解, 要旨, 作品に対する意見論述	●	●	●	●	●
詩	内容理解, 作品に対する感想					
短歌	表現技法, 作品に対する感想					
俳句	季語・季節, 切れ字, 内容理解		●			
古文読解	内容理解, 文法（枕詞, 係り結び）			●		●
漢文	書き下し文, 意味, 押韻	●		●	●	
日本文学史	古典（作者名, 作品名, 成立年代, 冒頭部分）					
	近・現代（作者名, 作品名, 冒頭部分）					
その他	辞書の引き方, 文章・手紙の書き方など					
学習指導要領・学習指導要領解説	目標				●	●
	内容	●				
	内容の取扱い					
	指導計画の作成と各学年にわたる内容の取扱い		●	●		
指導法	具体的指導法					

②社会

分　類	主な出題事項	2020年度	2021年度	2022年度	2023年度	2024年度
古代・中世史	四大文明, 古代ギリシア・ローマ, 古代中国	●			●	
ヨーロッパ中世・近世史	封建社会, 十字軍, ルネサンス, 宗教改革, 大航海時代					
ヨーロッパ近代史	清教徒革命, 名誉革命, フランス革命, 産業革命					
アメリカ史~19世紀	独立戦争, 南北戦争					
東洋史~19世紀	唐, 明, 清, イスラム諸国	●				
第一次世界大戦	辛亥革命, ロシア革命, ベルサイユ条約		●			
第二次世界大戦	世界恐慌, 大西洋憲章		●			
世界の現代史	冷戦, 中東問題, 軍縮問題, ヨーロッパ統合, イラク戦争		●			
日本原始・古代史	縄文, 弥生, 邪馬台国				●	
日本史:飛鳥時代	聖徳太子, 大化の改新, 大宝律令	●				
日本史:奈良時代	平城京, 荘園, 聖武天皇	●				
日本史:平安時代	平安京, 摂関政治, 院政, 日宋貿易	●		●		
日本史:鎌倉時代	御成敗式目, 元寇, 守護・地頭, 執権政治, 仏教			●		
日本史:室町時代	勘合貿易, 応仁の乱, 鉄砲伝来, キリスト教伝来					●
日本史:安土桃山	楽市楽座, 太閤検地					●
日本史:江戸時代	鎖国, 武家諸法度, 三大改革, 元禄・化政文化, 開国					
日本史:明治時代	明治維新, 日清・日露戦争, 条約改正		●			●
日本史:大正時代	第一次世界大戦, 大正デモクラシー		●			
日本史:昭和時代	世界恐慌, サンフランシスコ平和条約, 高度経済成長		●			
地図	地図記号, 等高線, 縮尺, 距離, 面積, 図法, 緯度経度					
気候	雨温図, 気候区分, 気候の特色					
世界の地域:その他	世界の河川・山, 首都・都市, 人口, 時差, 宗教					
日本の自然	国土, 地形, 平野, 山地, 気候, 海岸, 海流				●	

分　類	主な出題事項	2020年度	2021年度	2022年度	2023年度	2024年度
日本のくらし	諸地域の産業・資源・都市・人口などの特徴	●			●	
日本の産業・資源：農業	農産物の生産，農業形態，輸出入品，自給率			●	●	●
日本の産業・資源：林業	森林分布，森林資源，土地利用				●	
日本の産業・資源：水産業	漁業の形式，水産資源					
日本の産業・資源：鉱工業	鉱物資源，石油，エネルギー				●	●
日本の貿易	輸出入品と輸出入相手国，貿易のしくみ		●			
アジア	自然・産業・資源などの特徴		●	●		
アフリカ	自然・産業・資源などの特徴					
ヨーロッパ	自然・産業・資源などの特徴					●
南北アメリカ	自然・産業・資源などの特徴		●			●
オセアニア・南極	自然・産業・資源などの特徴		●			
環境問題	環境破壊（温暖化，公害），環境保護（京都議定書，ラムサール条約，リサイクル）		●			
世界遺産	世界遺産					
民主政治	選挙，三権分立			●		
日本国憲法・人権	憲法の三原則，基本的人権，自由権，社会権	●	●	●		
国会	立法権，二院制，衆議院の優越，内閣不信任の決議					
内閣	行政権，衆議院の解散・総辞職，行政組織・改革					
裁判所	司法権，三審制，違憲立法審査権，裁判員制度					●
地方自治	直接請求権，財源					
国際政治	国際連合（安全保障理事会，専門機関）					
政治用語	NGO，NPO，ODA，PKO，オンブズマンなど					
経済の仕組み	経済活動，為替相場，市場，企業，景気循環					●
金融	日本銀行，通貨制度			●		

分　類	主な出題事項	2020年度	2021年度	2022年度	2023年度	2024年度
財政	予算, 租税	●			●	
国際経済	アジア太平洋経済協力会議, WTO				●	
学習指導要領・学習指導要領解説	目標	●	●	●	●	●
	内容	●			●	●
	内容の取扱い					
	指導計画の作成と各学年にわたる内容の取扱い		●	●		
指導法	具体的指導法					

③算数

分　類	主な出題事項	2020年度	2021年度	2022年度	2023年度	2024年度
数の計算	約数と倍数, 自然数, 整数, 無理数, 進法	●	●		●	●
式の計算	因数分解, 式の値, 分数式			●	●	●
方程式と不等式	一次方程式, 二次方程式, 不等式	●	●	●	●	●
関数とグラフ	一次関数				●	
	二次関数	●			●	
図形	平面図形（角の大きさ, 円・辺の長さ, 面積）	●		●	●	●
	空間図形（表面積, 体積, 切り口, 展開図）		●	●		●
数列	等差数列			●		
確率	場合の数, 順列・組み合わせ	●	●	●	●	●
変化と関係・データの活用	表・グラフ, 割合, 単位量あたり, 平均, 比例		●	●		●
学習指導要領・学習指導要領解説	目標					
	内容	●	●	●	●	●
	内容の取扱い					
	指導計画の作成と各学年にわたる内容の取扱い	●	●	●	●	●

分　類	主な出題事項	2020年度	2021年度	2022年度	2023年度	2024年度
指導法	具体的指導法					

④理科

分　類	主な出題事項	2020年度	2021年度	2022年度	2023年度	2024年度
生物体のエネルギー	光合成，呼吸					●
遺伝と発生	遺伝，細胞分裂				●	
恒常性の維持と調節	血液，ホルモン，神経系，消化，酵素			●		
生態系	食物連鎖，生態系	●				
生物の種類	動植物の種類・特徴		●			
地表の変化	地震（マグニチュード，初期微動，P波とS波）			●		
	火山（火山岩，火山活動）	●				
気象	気温，湿度，天気図，高・低気圧			●		●
太陽系と宇宙	太陽，月，星座，地球の自転・公転				●	
地層と化石	地層，地形，化石		●			
力	つり合い，圧力，浮力，重力			●		
運動	運動方程式，慣性	●			●	
仕事とエネルギー	仕事，仕事率			●		
波動	熱と温度，エネルギー保存の法則					
	波の性質，音，光					●
電磁気	電流，抵抗，電力，磁界		●			
物質の構造	物質の種類・特徴，原子の構造，化学式			●		
物質の状態：三態	気化，昇華					
物質の状態：溶液	溶解，溶液の濃度				●	
物質の変化：反応	化学反応式	●				

分　類	主な出題事項	2020年度	2021年度	2022年度	2023年度	2024年度
物質の変化：酸塩基	中和反応		●			
物質の変化：酸化	酸化・還元，電気分解					●
その他	顕微鏡・ガスバーナー・てんびん等の取扱い，薬品の種類と取扱い，実験の方法				●	
学習指導要領・学習指導要領解説	目標	●	●	●	●	●
	内容	●	●	●		
	内容の取扱い					
	指導計画の作成と各学年にわたる内容の取扱い				●	
指導法	具体的指導法					

⑤外国語・外国語活動

分　類	主な出題事項	2020年度	2021年度	2022年度	2023年度	2024年度
リスニング・単語	音声，聞き取り，解釈，発音，語句					
英文法	英熟語，正誤文訂正，同意語					
対話文	空欄補充，内容理解	●	●	●	●	●
英文解釈	長文，短文			●		
学習指導要領・学習指導要領解説	目標・内容・指導計画の作成と内容の取扱い	●	●	●	●	●
指導法	具体的指導法					

第2部

千葉県・千葉市の
教員採用試験
実施問題

2024年度　実施問題

※　問題文中の「小学校学習指導要領」は，平成29年3月告示(文部科学省)とする。

【1】次の文章は，小学校学習指導要領国語の「第1　目標」である。文章中の(ア)と(イ)にあてはまる語句の組合せとして最も適当なものを，以下の①～④のうちから一つ選びなさい。

> 　言葉による見方・考え方を働かせ，言語活動を通して，国語で正確に理解し適切に表現する資質・能力を次のとおり育成することを目指す。
> (1) 日常生活に必要な国語について，その特質を理解し適切に使うことができるようにする。
> (2) 日常生活における人との関わりの中で(ア)力を高め，思考力や想像力を養う。
> (3) 言葉がもつよさを認識するとともに，(イ)を養い，国語の大切さを自覚し，国語を尊重してその能力の向上を図る態度を養う。

①　ア　話し合う　イ　言語感覚　　②　ア　話し合う　イ　読解力
③　ア　伝え合う　イ　言語感覚　　④　ア　伝え合う　イ　読解力

(☆☆○○○○)

【2】次の文章を読み，以下の(1)～(3)の問いに答えなさい。

> 　運動に全く自信のない雨宮は，小さい頃から野球で活躍する弟や，その弟ばかりかわいがる父への鬱屈を抱えながらも，高校では野球部のマネージャーを務め，卒業後は甲子園球場のグラウンド整備を請け負う会社に入社した。ところが，高校野球

> のスター選手であった職場の先輩・長谷との人間関係や，度重
> なる失敗に悩み，仕事に対する思いが後ろ向きになっていた。
> 　ある日，グラウンド整備用のローラーのついた車両を運転し
> ていた雨宮に，先輩の島が「とめろ！」と怒鳴り声をあげた。
> あわててブレーキを踏んだ雨宮は，グラウンドを見てハッとし
> た。ローラーの踏み残しが，あちこちにできてしまっていた。

　失敗したなら，また一からやり直せばいいという，簡単な話ではな
い。ローラーが何度そこを通ったかで，グラウンドの硬さは刻々とか
わってしまう。結果，ゴロの跳ね方も，スピードも大きくかわる。

　新人であり，なおかつ野球のノックすらまともに受けたことのない
俺は，その変化すら感知することができないのだ。ベンチ前で，出来
の悪い生徒のように一人立たされた俺に，ローラーを終えた島さんが
ゆっくりと近づいてきた。

　そこまで身長は高くないのに，その立ち居振る舞いには _aイゲンが
感じられる。胸板が厚いからかもしれない。プロ野球選手とはまた違
う筋肉のつきかただ。

「雨宮，お前をここに立たせたのは，考えてもらうためや」

　眼光がものすごい。すぐ目の前に立たれると，一歩後ろに退きたく
なる。

「踏んでる箇所と，踏んでない箇所ができたら，どないなる？　もし，
そこにボールが弾んだら？」

　俺はその場にかろうじて踏ん張って答えた。

「イレギュラーを起こす可能性が高まります」

「もし，その上を選手が走ったら？」

「スパイクの刃のかかり具合が違って……，転倒するかもしれません」

「万が一，怪我する選手がおったら，どないなる？」

「……取り返しがつきません」

　一問一答がつづいた。島さんは俺の回答をすべて聞き終えてから，
何度かうなずいた。それを見て，_A俺もつめていた息を吐き出した。

「俺たちは会社員やから，よっぽどのことがないかぎりクビにはならへん。でも，プロの選手はちゃうよな？　一つの怪我が命とりや。それで選手生命絶たれたら，球団から簡単にクビ切られんねん。人生，かかってんねん」

　ゴールデンウィークのこどもの日，俺にやさしく話しかけてくれた，ベテラン選手の顔が自然と思い浮かんだ。約二十年間，第一線でプレーをつづけるには，そうとうの苦労があったはずだ。その戦いの場を，俺たちは管理しているのだ。生半可な覚悟じゃつとまらない。

「お前は，今，一人の社会人としてここに立っとる。その行動一つ一つに責任が生じる」

　プレーヤーの気持ちは，プレーヤーにしかわからない。その言葉が，さらに重みを増して俺の肩にのしかかる。やめるなら，今かもしれない……。

　立ち去りかけた島さんに思いきって声をかけた。

「あの……！」

　島さんの答えによっては，早く退職届を出したほうが自分のためにも，会社のためにもいいかもしれないと思った。つばをのみこんでから，質問をぶつけた。

「選手の気持ちは，選手を経験した人にしかわからないんでしょうか？」

　よく日に焼けた顔を，島さんは今日はじめてほころばせた。

「そんなもん，俺かて，わからんわ」

「へっ……？」

「俺，少年野球どまりやし。長谷レベルの選手の気持ちなんて，わかるわけないやん」

　決して投げやりではなく，しかし，冗談でもなく，島さんは訥々と言葉をつづけた。

「でもな，大事なのは想像してみることや。雨宮はマネージャーやったんやろ？　選手がどうしてほしいか，想像してみることくらいできるやろ？」

16

　そう問いかけられて、自然とうなずいていた。

　できる。それなら、できる。頭がちぎれるくらい考えてやる。うなずくだけでは足りない気がして、「はい！」と、胸を張って返事した。「想像してみて、実際にやってみる。試してみる。それで失敗するかもしれへん。でも、そういう姿勢が見えたら、俺だって頭ごなしに叱らへん。誰だってその試行錯誤の繰り返しで、上達していくんやないんか？」

　ベンチ前は人の出入りが激しいので、唯一人工芝が敷かれている。B俺は数歩前に出て、しゃがみこみ、土の部分にそっと右手をおいた。硬く、しかし、柔らかく、しっとりと湿り気を帯びたやさしい手触りだった。

(朝倉宏景『あめつちのうた』による)

(1)　文章中の下線部a「イゲン」の「ゲン」と同じ漢字を使用するものを、次の①〜④のうちから一つ選びなさい。

　①　限りある資ゲンを大切に使う。

　②　今日は妹の機ゲンがよい。

　③　ゲン想的な風景を写真に撮る。

　④　集合の時間をゲン守する。

(2)　文章中に、下線部A「俺もつめていた息を吐き出した」とあるが、そのときの雨宮の心情を説明した内容として最も適当なものを、次の①〜④のうちから一つ選びなさい。

　①　島のうなずく様子から自分の回答を認めてもらえたと安堵し、それまでの緊張がほぐれた。

　②　自分の回答を聞く島の態度に感激し、仕事に対して真剣に向き合うことへの喜びを感じた。

　③　がんばっても自分に務まる仕事ではないという諦めを覚え、早く辞めなければと考えはじめた。

　④　迫力ある島の言葉に打ちのめされ、今の自分では全く太刀打ちできないことに敗北感を覚えた。

(3)　文章中に、下線部B「俺は数歩前に出て、しゃがみこみ、土の部

分にそっと右手をおいた」とあるが，そのときの雨宮の心情を説明した内容として最も適当なものを，次の①〜④のうちから一つ選びなさい。

① この仕事は向いていないと思い，最後にグラウンドに感謝をし，静かに別れを告げている。

② 自分の能力に限界を感じて，土の手触りを確かめながら，自分をなぐさめようとしている。

③ 土の感触を確かめながら，叱られずに仕事をするためにはどうすればよいかを考えている。

④ いいグラウンドを作れるように，選手の気持ちを想像して前向きに取り組もうとしている。

(☆☆☆◎◎◎)

【3】次の文章を読み，以下の(1)〜(4)の問いに答えなさい。

「木を見て森を見ず」というたとえがある。A末端の問題一つひとつにとらわれすぎて，状況全体を理解しないことの問題点を指摘するときに使う。

それではどのようにすれば森全体を見ることができるのだろうか？

数歩後ろに下がって，より広い視野で見てみる。しかし，その程度では数本の木しか見えaない。それではさらに遠くへ離れ，さらに広い視野から見てみる。確かに森全体が見えるかもしれないが，逆に森の向こうに何があるのかが見えない。飛行機から見れば平面的な広がりはわかるが，森の中にどのような動物がいるのか，またどのような草花があるのかがわからなくなる。一見静かな，森の全体像を理解することは，なかなか容易ではbない。

もし一つひとつが動いている場合，全体を理解することはさらに難しくなる。たとえば，池の中に何匹かの鯉がいたとする。その鯉が実際に何匹いるのか，どのように動いているのかを瞬時に把握することは難しい。数を数えることさえ難しく，現実的には写真を撮り，静止させて数える方法しか思いつかcない。同じように，校庭で遊ぶ子ど

18

もたちの動きも同じである。一人ひとりの動きを個別に追いかけることはできても，全体がどのようになっているかを理解することは難しい。（　ア　）

　また，現実世界では，全体を見ようとして行動している自分も，実は全体の中の一つであり，自分の体をはずして全体を観察することはでき_d<u>ない</u>，全体を理解するには，行動をとおして，かつ周辺の理解をつなぎ，そして積み上げていく方法しかないのである。（　イ　）

　これまでやったことのない新しい事業を開発するときも同じである。自分が理解している範囲内で一生懸命考え，一人で事業計画を立案し，その事業を成功に導くことはできるかもしれない。しかし，このような方法ではリスクが高く，結果として事業が失敗する可能性のほうが高いのは明らかである。（　ウ　）

　なぜか。それは考えている自分も，計画されている事業自身も単独で存在しているわけではなく，森の中の植物や池の中の鯉と同じように，変化し続けている周辺の環境から多くの影響を受け続けており，そしてその関係の中で事業の成否が決まるからである。したがって，新しい事業を計画するときも，そして事業が実施段階に入った後も，常に多様な視点から周辺状況を見続け，自分の中で周辺の理解を積み上げながら，全体の理解を広げ，そして事業の内容を変更していくしかない。（　エ　）

　　　　　　　　　（枝廣淳子＋内藤耕『入門！　システム思考』による）

(1)　文章中の下線部A「末端」と同じ構成の熟語を，次の①〜④のうちから一つ選びなさい。

　①　仮定　　②　寒暖　　③　変換　　④　挙手

(2)　文章中の下線部a〜dの「ない」のうち，一つだけ品詞が異なるものがある。その一つだけ品詞が異なる「ない」を，次の①〜④のうちから一つ選びなさい。

　①　a　見え<u>ない</u>　　　②　b　容易では<u>ない</u>
　③　c　思いつか<u>ない</u>　④　d　でき<u>ない</u>

(3)　次の文は，文章中の（　ア　）〜（　エ　）のいずれかに入る。入る

べき箇所として最も適当な箇所を，以下の①〜④のうちから一つ選びなさい。

> つまり，もし森全体を見ようと思うならば，個々の木を見るのではなく，森の中を歩き回り，多様な視点から森を観察し，それぞれ見たものの関係を頭の中でつなぎながら，少しずつ理解の幅を広げていく必要がある。

①　ア　　②　イ　　③　ウ　　④　エ

(4)　この文章の趣旨として最も適当なものを，次の①〜④のうちから一つ選びなさい。

①　全体を理解するためには，多様な視点で周辺状況を見続け，周辺への理解を積み上げていくことが必要である。

②　自分も全体の中の一つなので，一つひとつの動きを個別に追いかけながら，全体を把握することが重要である。

③　新しい事業を開発するときは，周囲の意見を聞きながら自分でよく考え，事業計画を立案していく必要がある。

④　自分自身も全体の一部であるから，行動を起こすことで理解を広げ，新しい変化を生み出すことが重要である。

(☆☆☆◎◎◎)

【4】次の文章は『徒然草』の一節である。これを読み，以下の(1)〜(3)の問いに答えなさい。

　高名の木のぼりといひしをのこ，人を㊟おきてて，高き木にのぼせて梢を切らせしに，いとあやふく見えしほどはいふこともなくて，Aおるるときに，軒長ばかりになりて，「あやまちすな。心しておりよ」と言葉をかけ侍りしを，「かばかりになりては，飛びおるるともおりなむ。如何にかくいふぞ」とB申し侍りしかば，「そのことに候。目くるめき，枝あやふき程は，おのれが恐れ侍れば申さず。あやまちは，やすき所になりて，必ず仕ることに候」といふ。

　あやしき下﨟なれども，C聖人のいましめにかなへり。鞠も，かた

20

き所を蹴出してのち，やすく思へば，必ず落つと侍るやらむ。

（「第一〇九段」による）

（注）　おきてて……指図して

(1)　文章中の下線部A「おるる」を漢字に直したとき，最も適当なものを，次の①〜④のうちから一つ選びなさい。

　　①　折るる　　②　居るる　　③　降るる　　④　織るる

(2)　文章中の下線部B「申し」の敬語の種類は何か，また，「申し」ているのは誰か，最も適当な組合せを，次の①〜④のうちから一つ選びなさい。

　　①　尊敬語・高名の木のぼり　　②　尊敬語・作者

　　③　謙譲語・高名の木のぼり　　④　謙譲語・作者

(3)　文章中の下線部C「聖人のいましめ」とはどのようなことか，最も適当なものを，次の①〜④のうちから一つ選びなさい。

　　①　失敗は誰にでも起こることだから，どんな時でも注意しなさい。

　　②　失敗を恐れることなく，必ず成功すると思って取り組みなさい。

　　③　失敗は安心だと気を抜いた時にこそ起こるので，注意しなさい。

　　④　失敗は危険な場所で起こるので，そこを避けるようにしなさい。

（☆☆☆◎◎）

【5】小学校学習指導要領社会について，次の(1)，(2)の問いに答えなさい。

(1)　次の文は，「第1　目標」から抜粋したものである。（　ア　）〜（　エ　）にあてはまる語句の組合せとして最も適当なものを，以下の①〜④のうちから一つ選びなさい。

> (1)　地域や我が国の国土の（　ア　），現代社会の（　イ　），地域や我が国の歴史や伝統と文化を通して（　ウ　）について理解するとともに，様々な資料や調査活動を通して情報を適切に（　エ　）技能を身に付けるようにする。

	①	②	③	④
ア	自然環境	地理的環境	自然環境	地理的環境
イ	仕組みや働き	仕組みや働き	構造	構造
ウ	国民の役割	社会生活	社会生活	国民の役割
エ	表現する	調べまとめる	表現する	調べまとめる

(2)　次の①～④の文は，「第2　各学年の目標及び内容」から各学年の内容を抜粋したものである。第5学年に関するものはどれか。最も適当なものを，次の①～④のうちから一つ選びなさい。

① 　情報の種類，情報の活用の仕方などに着目して，産業における情報活用の現状を捉え，情報を生かして発展する産業が国民生活に果たす役割を考え，表現すること。

② 　消費者の願い，販売の仕方，他地域や外国との関わりなどに着目して，販売に携わっている人々の仕事の様子を捉え，それらの仕事に見られる工夫を考え，表現すること。

③ 　供給の仕組みや経路，県内外の人々の協力などに着目して，飲料水，電気，ガスの供給のための事業の様子を捉え，それらの事業が果たす役割を考え，表現すること。

④ 　外国の人々の生活の様子などに着目して，日本の文化や習慣との違いを捉え，国際交流の果たす役割を考え，表現すること。

(☆☆☆◎◎◎)

【6】日本の歴史について，次の(1)，(2)の問いに答えなさい。

(1)　次のア～ウのカードは，略年表中の(A)～(C)のいずれかの時期におきたできごとについて説明したものである。略年表中の(A)～(C)の時期にあてはまるカードの組合せとして最も適当なものを，あとの①～⑥のうちから一つ選びなさい。

ア

　　伊能忠敬が中心となって，全国を測量し，正確な日本地図を作成した。

イ

> 長州藩と薩摩藩が，坂本龍馬らの仲立ちにより，薩長同盟を結んだ。

ウ

> 明智光秀をたおした豊臣秀吉は，朝廷から関白に命じられ，天下統一をなしとげた。

年	できごと
1338	足利尊氏が征夷大将軍となる （A）
1603	徳川家康が征夷大将軍となる （B）
1854	日米和親条約を結ぶ （C）
1867	大政奉還を行う （D）

	①	②	③	④	⑤	⑥
（A）	ア	ウ	イ	イ	ウ	ア
（B）	ウ	ア	ア	ウ	イ	イ
（C）	イ	イ	ウ	ア	ア	ウ

(2) 次のア～カの文の中で，略年表中の(D)の時期におきたできごとに関する記述の組合せとして最も適当なものを，以下の①～⑥のうちから一つ選びなさい。

ア 商工業者らは，同業者ごとに座という団体を作り，公家や寺社等に税を納める代わりに，営業を独占する権利を認められた。

イ 領主による重い年貢の取り立てとキリスト教徒への厳しい弾圧に抵抗して，島原と天草の人々が一揆を起こした。

ウ 外国から進んだ技術を取り入れ，製糸・紡績などの官営工場(官営模範工場)が造られた。

23

　エ　日本古来の精神を明らかにしようとする国学がおこり，尊王攘
　　　夷運動に影響を与えた。
　オ　欧米の生活様式が取り入れられ，文明開化が進む中で，暦が太
　　　陰暦から太陽暦へと変更された。
　カ　南蛮貿易によって，ヨーロッパから新たな文化が流入し，カス
　　　テラやカルタ，時計などがもたらされた。
　　①　ウ・カ　　②　ア・イ　　③　オ・カ　　④　ウ・オ
　　⑤　ア・エ　　⑥　イ・エ

(☆☆☆◎◎◎)

【7】次の文章は，為替に関することがらを述べたものである。文章中の
　（　ア　），（　イ　）にあてはまる語句の組合せとして最も適当なものを，
　以下の①～④のうちから一つ選びなさい。

> 　太郎さんが外国に旅行したとき，為替相場が1ドル＝150円だ
> った。一方，20年前に太郎さんの父が外国に旅行したときは，
> 為替相場が1ドル＝100円であった。それぞれ30,000円をドルに両
> 替した場合，太郎さんは20年前より（　ア　）のときに両替したの
> で，太郎さんが手にした金額は，父よりも100ドル（　イ　）。
> 　※ただし，手数料はかからなかったものとする。

　①　ア　円高　　イ　多くなる
　②　ア　円安　　イ　多くなる
　③　ア　円高　　イ　少なくなる
　④　ア　円安　　イ　少なくなる

(☆☆☆◎◎◎)

【8】日本の司法制度に関する記述として適当でないものを，次の①～④
　のうちから一つ選びなさい。
　①　裁判にあたって，裁判官は自らの良心に従い，憲法と法律にのみ
　　　拘束される。

② 心身の故障，弾劾裁判及び国民審査での罷免の場合などを除いて，裁判官の身分は保障されている。

③ 裁判員制度の対象となる刑事裁判と民事裁判では，国民が裁判員として参加し，裁判官とともに評議し，被告人が有罪か無罪か，有罪の場合には刑罰の内容を決める。

④ 裁判を慎重に行い，人権を守る仕組みとして，同一の事件について3回まで裁判を受けることができる三審制を取り入れている。

(☆☆☆◎◎◎)

【9】日本と世界の産業について，次の(1)，(2)の問いに答えなさい。

(1) 次の資料Aは，ドイツ，カナダ，フランス，日本の2019年の発電エネルギー源別割合を示したものである。資料A中の(ア)～(ウ)にあてはまる発電エネルギー源の組合せとして最も適当なものを，以下の①～⑥のうちから一つ選びなさい。

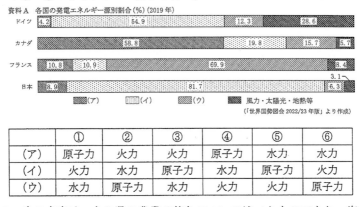

資料A 各国の発電エネルギー源別割合(%)(2019年)

（「世界国勢図会 2022/23年版」より作成）

	①	②	③	④	⑤	⑥
(ア)	原子力	火力	火力	原子力	水力	水力
(イ)	火力	水力	原子力	水力	原子力	火力
(ウ)	水力	原子力	水力	火力	火力	原子力

(2) 次の文章は，ある県の農業の特色について述べたものであり，資料Bは，茨城県，長野県，静岡県の2021年のレタスの産地別卸売数量を示したものである。文章に該当する県名と資料B中の(ア)～(ウ)のグラフの組合せとして最も適当なものを，あとの①～⑥のうちから一つ選びなさい。

　　　県全域の標高が比較的高く，夏でも冷涼な気候を利用して，キャベツやレタスなどの高原野菜の抑制栽培を行っている。収穫を遅らせることで，他県の出荷量が少ない夏に卸売市場に出荷できるため高い価格で販売することができる。

資料Ｂ　レタスの産地別卸売数量（2021年）

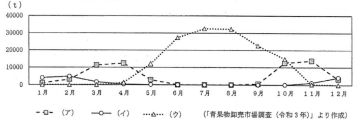

（「青果物卸売市場調査（令和３年）」より作成）

	①	②	③	④	⑤	⑥
県　名	茨城県	長野県	静岡県	茨城県	長野県	静岡県
グラフ	（ア）	（イ）	（ウ）	（イ）	（ウ）	（ア）

(☆☆☆◎◎◎)

【10】小学校学習指導要領算数について，次の(1)，(2)の問いに答えなさい。

(1)　次の文は，「第3　指導計画の作成と内容の取扱い」から抜粋したものである。（　ア　），（　イ　）にあてはまる最も適当な語句を以下の解答群からそれぞれ一つずつ選びなさい。

　　3　数学的活動の取組においては，次の事項に配慮するものとする。

　　　(4)　具体物，図，数，式，表，グラフ相互の（　ア　）機会を設けること。

　　　(5)　友達と考えを伝え合うことで学び合ったり，学習の過程と成果を振り返り，（　イ　）を実感したりする機会を設けること。

＜解答群＞

① 関係を表現する

② 特徴や傾向に着目する

③ 関連を図る

④ よりよく問題解決できたこと

⑤ 算数を学ぶことの楽しさや意義

⑥ 数理的な処理のよさ

(2) 次の四つの文や文章は，「第2　各学年の目標及び内容」で示された各学年の「2　内容」のうち「B　図形」から抜粋したものである。第6学年の記述として最も適当なものを次の①～④のうちから一つ選びなさい。

① 平行四辺形，ひし形，台形について知ること。

② 円と関連させて正多角形の基本的な性質を知ること。

③ 円について，中心，半径，直径を知ること。また，円に関連して，球についても直径などを知ること。

④ 身の回りにある形について，その概形を捉え，およその面積などを求めること。

(☆☆☆◎◎◎)

【11】次の(1)～(6)の問いに答えなさい。

(1) $-2^2+(-4)^3\div\left(-\dfrac{8}{9}\right)$ を計算すると，[　アイ　]である。

(2) $\sqrt{48}\times\sqrt{8}-\sqrt{6}$ を計算すると，[　ウ　]$\sqrt{[　エ　]}$である。

(3) 連立方程式 $\begin{cases}2x-y=-14\\3x=-y-1\end{cases}$ の解は，$x=-[　オ　]$，$y=[　カ　]$である。

(4) 2つの自然数があり，その2つの自然数の差は4である。また，それぞれの自然数を2乗した数の和は106になる。この2つの自然数のうち，大きい方の数は[　キ　]である。

(5) 大小2つのさいころを同時に1回投げ，大きいさいころの出た目の数をa，小さいさいころの出た目の数をbとする。このとき，abが4

27

の倍数となる確率は$\dfrac{[\quad ク \quad]}{[\quad ケコ \quad]}$である。

　　ただし，さいころを投げるとき，1から6までのどの目が出ることも同様に確からしいものとする。

(6)　次の図のように，底面の半径が6cm，母線の長さが$x$cmの円錐がある。この円錐の表面積が96πcm²であるとき，母線の長さxは[　サシ　]cmである。

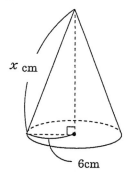

x cm

6cm

(☆☆☆◎◎◎)

【12】次の図のように，BC＝12cm，CD＝4cmの長方形ABCDがある。点Pは，頂点Aを出発し，秒速1cmで長方形ABCDの周上を頂点B，Cの順に頂点Dまで動いて止まる。点Qは，点Pと同時に頂点Aを出発し，秒速1cmで辺AD上を頂点Dまで動いて止まる。点Pと点Qが，頂点Aを出発してからx秒後の△APQの面積を$y$cm²とするとき，以下の(1)，(2)の問いに答えなさい。

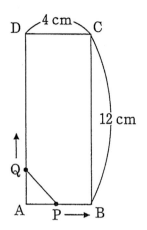

(1) $0 \leqq x \leqq 20$ のとき，x と y の関係を表すグラフとして最も適当なものを，次の①〜④のうちから一つ選びなさい。

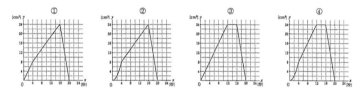

(2) 点Pが辺CD上にあるとき，面積 y が $16\,\mathrm{cm}^2$ となる x の値は $\dfrac{[\ \ アイ\ \ ]}{[\ \ ウ\ \ ]}$ である。

(☆☆☆◎◎◎)

【13】小学校学習指導要領理科について，次の(1)，(2)の問いに答えなさい。

(1) 次の文章は，「第1 目標」から抜粋したものである。文章中の（ ア ）〜（ ウ ）には，語群のa〜fのいずれかが該当する。その組合せとして最も適当なものを，あとの①〜⑥のうちから一つ選びなさい。

29

> 　自然に親しみ，（　ア　）を働かせ，見通しをもって観察，実験を行うことなどを通して，自然の事物・現象についての問題を（　イ　）に解決するために必要な（　ウ　）を次のとおり育成することを目指す。
> (1)　自然の事物・現象についての理解を図り，観察，実験などに関する基本的な技能を身に付けるようにする。
> (2)　観察，実験などを行い，問題解決の力を養う。
> (3)　自然を愛する心情や主体的に問題解決しようとする態度を養う。

[語群]

a：科学的な感性　　　　　　　b：理科の見方・考え方
c：科学的　　　　　　　　　　d：主体的
e：思考力，判断力，表現力等　f：資質・能力

①　ア：a　イ：c　ウ：e　　②　ア：a　イ：d　ウ：e
③　ア：a　イ：d　ウ：f　　④　ア：b　イ：c　ウ：e
⑤　ア：b　イ：c　ウ：f　　⑥　ア：b　イ：d　ウ：f

(2)　次の文は，「第2　各学年の目標及び内容」で示された第4学年の「1　目標」の一部である。文中の（　エ　）にあてはまる最も適当なものを，以下の①～④のうちから一つ選びなさい。

> 　人の体のつくりと運動，動物の活動や植物の成長と環境との関わり，雨水の行方と地面の様子，気象現象，月や星について追究する中で，主に（　エ　）を基に，根拠のある予想や仮説を発想する力を養う。

①　より妥当な考え　　　②　既習の内容や生活経験
③　問題解決の能力　　　④　差異点や共通点

(☆☆○○○○○)

【14】アサガオを用いて，光合成に必要な条件を明らかにする実験を行った。次の(1)，(2)の問いに答えなさい。

(1)　ふ(緑色でない部分)入りの葉(図A)をもつアサガオを暗室に一日置いた。翌日，図Aの葉の一部を，図Bのように，アルミニウムはくで覆い十分に光を当てた。その後，図Bの葉を切り取ってアルミニウムはくを外して，熱湯につけてから，90℃くらいの湯であたためたエタノールを使って脱色し，水で洗い，その葉をヨウ素溶液につけた。図Cは，ヨウ素溶液から取り出した葉の様子を表したものである。以下の表は，図Cの葉の様子をまとめたものである。この結果を考察したあとの文章中の(　ア　)，(　イ　)にあてはまる葉の部分の組合せとして最も適当なものを，あとの①～⑥のうちから一つ選びなさい。

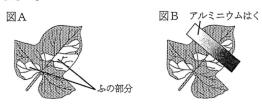

図A　　　　　　　　　　図B　アルミニウムはく

ふの部分

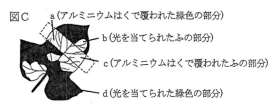

図C　　a(アルミニウムはくで覆われた緑色の部分)

b(光を当てられたふの部分)

c(アルミニウムはくで覆われたふの部分)

d(光を当てられた緑色の部分)

表

葉の部分	ヨウ素溶液による色の変化
a	変化しなかった
b	変化しなかった
c	変化しなかった
d	青紫色になった

> [考察]
> ・葉の部分（　ア　）から，葉の緑色の部分で，でんぷんが作られていることがわかる。
> ・葉の部分（　イ　）から，葉が光を受けると，でんぷんが作られることがわかる。
> 以上のことから，葉の緑色の部分が光を受けることで，でんぷんが作られると考えられる。

① 　ア：aとd　イ：bとd　　　② 　ア：aとd　イ：cとd
③ 　ア：bとd　イ：aとd　　　④ 　ア：bとd　イ：cとd
⑤ 　ア：cとd　イ：aとd　　　⑥ 　ア：cとd　イ：bとd

(2)　(1)の文章中の下線部について，暗室に一日置くかわりに，光合成に適した明るさの部屋に一日置き，下線部以外の操作を(1)同様に行った。このとき，(1)の表とは違う結果となった。違う結果となったのはどの部分か，最も適当なものを，次の①～④のうちから一つ選びなさい。

① 　葉のaの部分　　　② 　葉のbの部分　　　③ 　葉のcの部分
④ 　葉のdの部分

(☆☆☆◎◎◎◎)

【15】水蒸気が関係する事象について，次の(1)，(2)の問いに答えなさい。

(1)　次の文章は，自然界での雲ができるしくみについて説明したものである。（　ア　）～（　ウ　）にあてはまる語句の組合せとして最も適当なものを，以下の①～⑥のうちから一つ選びなさい。

> 　地表近くの空気のかたまりが上昇すると，上空に行くほど周囲の気圧が（　ア　）なり，（　イ　）して温度は下がる。温度が下がり，（　ウ　）に達すると，空気中の水蒸気の一部が小さな水滴になり始める。これが雲となる。やがて水滴が集まって重くなり，雨となって落ちてくる。

① ア：低く　イ：収縮　ウ：露点

② ア：高く　イ：膨張　ウ：凝固点

③ ア：高く　イ：収縮　ウ：沸点

④ ア：低く　イ：膨張　ウ：凝固点

⑤ ア：低く　イ：膨張　ウ：露点

⑥ ア：高く　イ：膨張　ウ：沸点

(2)　空気中に含まれている水蒸気の量を，そのときの気温の飽和水蒸気量に対する百分率で表したものを湿度という。湿度61％の実験室内で，熱を伝えやすい金属製のコップに，くみ置きして室温と同じ温度にした水を，3分の1ほど入れた。その後，次図のように氷水を金属製のコップに少量ずつ加え，ガラス棒でかき混ぜつつ，くみ置きした水の水温を下げていったところ，水温が10℃になったときにコップの表面がくもり始めた。次表をもとに，この時の部屋の気温として最も適当なものを，以下の①〜⑥のうちから一つ選びなさい。ただし，実験中の室内の気温及び湿度は均一で，変化はないものとする。

図

表　　それぞれの気温に
対する飽和水蒸気量

気温 〔℃〕	飽和水蒸気量 〔g／㎥〕
1 0	9. 4
1 2	10. 7
1 4	12. 1
1 6	13. 6
1 8	15. 4
2 0	17. 3
2 2	19. 4

①　12℃　　②　14℃　　③　16℃　　④　18℃　　⑤　20℃

⑥　22℃

（☆☆☆○○○○）

【16】図Aのような装置を使って，音についての実験を行った。以下の(1)，(2)の問いに答えなさい。

> 実験1　図Aのように，弦を指ではじいて出た音を，コンピュータに取り込んだところ，図Bの波形が表示された。図Bの縦軸は振幅を，横軸は時間を表している。
>
> 実験2　実験1の弦に，次のア，イ，ウの操作をして音を出した。各操作以外の条件は変えていないものとする。
> 　　ア…駒を動かして弦の振動する部分の長さを短くする。
> 　　イ…おもりを重くして，弦を強く張る。
> 　　ウ…弦を張り替えて細い弦にする。

図A　　　　　　　　　　　　　図B

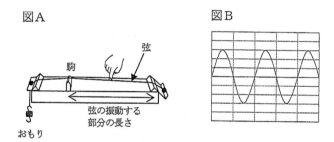

(1)　図Aのように，実験1と同じ位置に指を置き，弦を実験1より弱くはじいたときに，コンピュータに表示される波形として最も適当なものを，次の①～④のうちから一つ選びなさい。ただし，弦をはじく強さ以外の条件は変えていないものとする。また，①～④の縦軸と横軸及びグラフ中の1目盛りの大きさは，図Bと同じである。

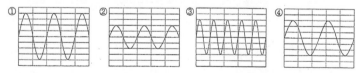

(2)　実験2のア，イ，ウの操作をしたとき，その音の高さは，実験1の音と比べて，それぞれどのように変わるかを示した組合せとして最も適当なものを，次の①～⑧のうちから一つ選びなさい。

	①	②	③	④	⑤	⑥	⑦	⑧
アの操作	高くなる	高くなる	高くなる	高くなる	低くなる	低くなる	低くなる	低くなる
イの操作	高くなる	高くなる	低くなる	低くなる	高くなる	高くなる	低くなる	低くなる
ウの操作	高くなる	低くなる	高くなる	低くなる	高くなる	低くなる	高くなる	低くなる

(☆☆☆◎◎◎◎)

【17】果物電池のしくみを確かめる実験を行った。次の(1)，(2)の問いに答えなさい。

(1) 図のように銅板と亜鉛板が接触しないようにレモンにさしこみ，電子オルゴールにつないだところ，電子オルゴールが鳴った。そのしくみを説明した次の文章中の(ア)～(ウ)にあてはまる語句の組合せとして最も適当なものを，あとの①～④のうちから一つ選びなさい。

図

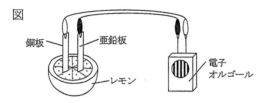

電子オルゴールが鳴ったことから，電流が流れたことがわかる。これは，亜鉛板の表面で，亜鉛が(ア)となり，このときに生じた(イ)が，電子オルゴールを通り，銅板側へ移動したことによるものである。つまり，この電池の場合は，銅板が(ウ)である。

① ア：イオン　　イ：電子　　　ウ：－極
② ア：電子　　　イ：イオン　　ウ：－極
③ ア：イオン　　イ：電子　　　ウ：＋極
④ ア：電子　　　イ：イオン　　ウ：＋極

(2) 電池の内部で起こるエネルギー変換について説明した次の文章中の(エ)～(カ)にあてはまる語句の組合せとして最も適当なものを，以下の①～⑥のうちから一つ選びなさい。

> 電池は，物質のもっている(エ)エネルギーを，電気エネルギーへ変換している。電池の中でも，水素と(オ)が，化学反応で水になることを利用した電池は(カ)と呼ばれている。

① エ：原子　　オ：酸素　　カ：化学電池
② エ：化学　　オ：窒素　　カ：燃料電池
③ エ：原子　　オ：窒素　　カ：燃料電池
④ エ：化学　　オ：酸素　　カ：燃料電池
⑤ エ：原子　　オ：窒素　　カ：化学電池
⑥ エ：化学　　オ：酸素　　カ：化学電池

(☆☆☆◎◎◎)

【18】次の文章は，小学校学習指導要領外国語の「第2　各言語の目標及び内容等　英語　1　目標」から抜粋したものである。空欄にあてはまる語句を，(Ａ)はア～ウから一つ，(Ｂ)はエ～カから一つ選び，その組合せとして最も適当なものを，あとの①～⑥のうちから一つ選びなさい。

> (2) 読むこと
>   ア　活字体で書かれた(Ａ)を識別し，その読み方を発音することができるようにする。
>   イ　音声で十分に慣れ親しんだ簡単な語句や基本的な表現の意味が分かるようにする。
> (5) 書くこと
>   ア　大文字，小文字を活字体で書くことができるようにする。また，(Ｂ)を意識しながら音声で十分に慣れ親しんだ簡単な語句や基本的な表現を書き写すことができるようにする。
>   イ　自分のことや身近で簡単な事柄について，例文を参考に，音声で十分に慣れ親しんだ簡単な語句や基本的な表現を用いて書くことができるようにする。

A ア 単語　　　　イ 文字　　ウ 文
B エ 主語・述語　　オ 語順　　カ 大まかな内容
① ア・オ　　② ア・カ　　③ イ・エ　　④ イ・オ
⑤ ウ・エ　　⑥ ウ・カ

(☆☆☆◎◎)

【19】次の対話は，小学校の学級担任(HRT)Yamada先生，外国語指導助手(ALT)Mike先生と児童Harukiとの授業中のやり取りの一場面である。ある単元の導入場面で，外国語指導助手(ALT)Mike先生が日本に初めて来た外国人の役を演じています。 (1) ～ (3) にあてはまる最も適当なものを，以下の＜解答群＞からそれぞれ一つずつ選びなさい。

HRT：　Mike *sensei*, welcome to Japan. Do you like Japan?

ALT：　Thank you, Yamada *sensei*. Yes. I like Japan. I'm interested in Japanese culture.

HRT：　How wonderful!

ALT：　I saw some Japanese events on the Internet last night. Could you tell me about them? (1)

HRT：　I usually play a Japanese traditional card game, *karuta* and I eat *osechi*. It's delicious, so I like it very much.

ALT：　Oh, really? That's nice. I want to know mo re about Japanese events.

HRT：　OK. " (2) " This is today's goal.

ALT：　What other events do you have in Japan?

Haruki：　The Dolls' Festival, Children's Day, the Star Festival, New Year's Eve, and so on.

ALT：　Great! Which event do you like the best, Haruki?

Haruki：　I like the Dolls' Festival the best.

ALT：　What do you do for the Dolls' Festival?

Haruki：　I usually put *Hina* dolls in the living room.

ALT：　What do they look like?

Haruki : They are beautiful. I love their cute faces.

ALT :　　Good job! I can understand how you feel about the Dolls' Festival.

HRT :　　I hope all of you express your feelings about your favorite events.
　　　　　 (3) 　Please find pictures on your tablets and talk about them in
　　　　　your groups.

＜解答群＞

①　Repeat after me.

②　What kind of drink do you like?

③　Let's introduce Japanese events to Mike.

④　That's all for today.

⑤　You're welcome.

⑥　What do you want to be in the future?

⑦　Now, it's your turn.

⑧　We'll show you how to play *karuta*.

⑨　What do you do on New Year's Day?

(☆☆☆◎◎◎)

【20】次の対話は，小学校の学級担任(HRT)と外国語指導助手(ALT)との
授業の準備の一場面である。

　　対話の内容に合うように，以下の(1)，(2)の質問に対する答えとして
最も適当なものを，①～④のうちからそれぞれ一つずつ選びなさい。

HRT :　　Let's talk about how to do the performance test.

ALT :　　What is the topic?

HRT :　　The topic is students' favorite places in their neighborhoods. They
　　　　　will introduce their favorite places and tell you their feelings about
　　　　　them. I'd like the students to talk about not only what they can do in
　　　　　those places but also what they think about them.

ALT :　　I see. To make the students more motivated, I think we need to give
　　　　　them an actual situation for the performance test. That's the most
　　　　　important thing. It will help them try harder to communicate in

38

English.

HRT :   That's right. Do you have any ideas?

ALT :   Let me see. How about this? The situation is that my family will come to Japan next month. They want to know where to visit.

HRT :   Sounds interesting. The students will be willing to introduce their favorite places to your family in that situation. In addition, they will want to express themselves to your family, I think.

ALT :   I'm glad to hear that. For the performance test, is there anything that I need to do? Do I need to evaluate the students?

HRT :   Yes. Here is a rubric. I want the students to feel accomplished after the test. So, you don't need to point out their mistakes directly in the test.

ALT :   OK. I think it is important to recognize the students' effort and praise then willingness to communicate.

HRT :   You're right. After the test, please share the good examples with the class.

ALT :   All right.

(1)   Question : According to the dialogue, why do the teachers have to give the students an actual situation for the performance test?

　　① The students can be inspired to use English.

　　② The students can evaluate each other themselves.

　　③ The teachers can share the students' common mistakes.

　　④ The teachers can make a rubric to evaluate the students.

(2)   Question : According to the dialogue, which statement is true?

　　① The HRT wants the students to talk about famous places in the world in the performance test.

　　② The HRT wants the students to express their feelings about their favorite places in the performance test.

　　③ The ALT needs to make the students use English correctly in the performance test.

④　The ALT needs to evaluate the students without praising them in the performance test.

(☆☆☆○○○)

解答・解説

【1】③

〈解説〉ア　思考力，判断力，表現力等に関する目標(2)においては，日常生活における人と人との関わりの中で，思いや考えを伝え合う力を高め，思考力や想像力を養うことを示している。伝え合う力を高めるとは，人間と人間との関係の中で，互いの立場や考えを尊重し，言語を通して正確に理解したり適切に表現したりする力を高めることを表している。　イ　学びに向かう力，人間性等に関する目標(3)においては，言語感覚を養うことをねらいの一つとしている。言語感覚は，具体的な言語活動の中で，目的や意図，場面や状況などに応じて，適切な言葉を直観的に選んで表現したり，話や文章を理解する際に，そこに用いられる言葉が醸し出す味わいを感覚的に捉えたりすることなどを表している。言語感覚を養うことは，一人一人の児童の言語活動を充実させ，自分なりのものの見方や考え方を形成することに役に立つとしている。言語感覚は，言葉を扱う国語科ならではの特性の一つである。

【2】(1)　④　　(2)　①　　(3)　④

〈解説〉(1)　aは「威厳」。①は「資源」，②は「機嫌」，③は「幻想的」，④は「厳守」。　(2)　下線部Aの前に「それを見て」とあり，「それ」とは島さんが「俺」の回答をすべて聞き終えてから「何度かうなずいた」ことを指す。島さんが何度かうなずいたのは「俺」の回答に納得し認めたからである。また，島さんの質問に「俺」は「その場にかろ

40

うじて踏ん張って答えた」とあることから，島さんの反応を緊張して受け止めていることが分かる。下線部Aでは，自分の回答に対する先輩の反応を見て，それまで張りつめていた緊張がほぐれた様子を表している。①は，そのことを適切に表している説明である。②の「喜び」や③の「諦め」，④の「敗北感」は，そのときの雨宮の心情を表していないことから，いずれも不適切。　(3)　雨宮が島さんに意を決して質問すると，島さんから仕事をするうえで大切なアドバイスを受ける。それを聞いた雨宮は，選手の気持ちを想像して，前向きに仕事に取り組む決意をする様子が描かれている。そのことを適切に説明しているのは，④である。

【3】(1)　③　　(2)　②　　(3)　②　　(4)　①

〈解説〉(1)　Aの「末端」は，「末」がさき，はての意，「端」がいとぐち，はし，へりの意で，似た意味の字が重なっている構成。①の「仮定」は，前の字が後の字を修飾する構成。②の「寒暖」は，意味が反対の意味の字が並んでいる構成。③の「変換」は，似た意味の漢字が重なっている構成。④の「挙手」は，前の字の行為や動作の対象が後の字になっている構成。　(2)　「ない」は形容詞と助動詞がある。形容詞は自立語なので，1語で文節を作ることができるが，助動詞は付属語で他の単語にくっついて文節を作る。そのことから，「ない」の前に「ね」などを入れて文節を切ることができるかを調べる，または助動詞「ない」と同じ打消しの意味の助動詞「ぬ(ん)」と置き換えられるか調べることで区別することができる。a，c，dはいずれも，「ぬ」で置き換えることができることから，助動詞。bの「ない」は，「ぬ」で置き換えることはできず，1語で文節を作ることができるので，形容詞である。　(3)　挿入文は「つまり，もし森全体を見ようと思うならば」と森全体を見る方法について，「つまり」と述べてきたことをまとめて言い換えている。問題文は第1段落で状況全体を理解しないことの問題点を提示し，第2段落から森を例として全体を理解する方法を探っている。第3段落で広い視野で森全体を捉える方法をあげるが，

それでは森の中が見えないという課題をあげ，第4段落では，全体の中の「一つひとつが動いている場合…さらに難しくなる」と全体を捉える新しい課題をあげ，第5段落で，「また，…自分も，実は全体の中の一つであり」と全体を把握するための要件をつけたし，全体を理解するのにすべきことを総合して述べている。第6段落では，「新しい事業を開発するときも同じである。」として，例を変えて全体把握について述べている。挿入文は森全体を見る方法について，述べてきたことをまとめて言い換えている文であるから，第5段落の後のイに入れることが適当である。　(4)　問題文は，第1段落で末端の一部にとらわれて，状況全体を理解しないことの問題点を提示し，第2段落から状況全体を理解する方法を探っており，文章の趣旨は「状況全体を理解するにはどうすればよいか」について述べている。　①　最終段落で述べられている内容と一致しており，適切。　②　全体を理解するための方法として「一つひとつの動きを個別に追いかけ」ることのみを方法として述べており，文意に矛盾し不適切。　③「周囲の意見を聞きながら自分でよく考え」が，最終段落で述べられている内容と矛盾しており，不適切。　④「自分自身が行動を起こすことによって，新しい変化を生み出す」という趣旨の説明だが，文意に矛盾しており不適切。

【4】(1)　③　　(2)　④　　(3)　③
〈解説〉(1)「高き木にのぼせて梢を切らせしに」とあり，高い木の上の枝を切る作業をさせたときのできごとである。「おるるときに」の後に「軒長ばかりになりて(「軒の高さくらいになって」)」とあることから，高い木から降りてきているときのことを表している。　(2)「申す」は，自分や身内の動作を相手より低め，相手への敬意を表現するときの謙譲語。「どうしてそのようなことを言うのか」と尋ねると，言葉をかけた人は言葉をかけた理由を説明した。その説明について，「身分の低いものだが，言っていることは徳の高い人の教えに適っている」と感心している。「どうしてそのようなことを言うのか」と尋ねた人が

感心して記録しているのであるから，尋ねたのは作者である。

(3)　作者が感心した説明は「目くるめき(目がくらむような)，枝あや
ふき程(枝が折れそうで危ない間)は，おのれが恐れ侍れば申さず(自分
自身が恐れるので何も言わない)。あやまちは(物事のしそこないは)や
すき所になりて(気軽におこなえる所になって)，必ず仕ることに候(必
ずいたすことでございます)。」という説明である。この説明と一致す
るいましめは，「失敗は安心だと気を抜いた時にこそ起こる」と述べ
る③である。

【5】(1)　②　　(2)　①

〈解説〉(1)　目標(1)は知識及び技能に関するものであり，前半の知識に
関する内容としては，社会の内容である①地理的環境と人々の生活，
②歴史と人々の生活，③現代社会の仕組みや働きと人々の生活につい
て，小学校の社会科全体を通して表した表現で示されている。後半の
技能の目標については，情報を調べてまとめる技能を，内容に応じて
繰り返し身に付けるようにすることが示されている。　(2)　いずれも，
思考力，判断力，表現力等に関する内容である。　①「情報」に関す
る学習から，第5学年と分かる。「我が国の産業と情報との関わり」の
単元の内容である。　②「販売」の仕事の学習は第3学年である。「地
域に見られる生産や販売の仕事」の単元の内容である。　③「県内外
の人々の協力など」とあることから，第4学年の内容である。「人々の
健康や生活環境を支える事業」の単元の内容である。　④「国際交流
の果たす役割」から，国際理解を学習する第6学年である。「グローバ
ル化する世界と日本の役割」の単元の内容である。

【6】(1)　②　　(2)　④

〈解説〉(1)　ア　伊能忠敬が中心となって作成した正確な日本地図であ
る『大日本沿海輿地全図』が完成したのは，1821年のことである。年
表中の(B)に該当する。　イ　薩摩藩と長州藩が薩長同盟を結んだのは，
1866年のことである。年表中の(C)に該当する。　ウ　豊臣秀吉が天下

統一を成し遂げたのは，1590年のことである。年表中の(A)に該当する。

(2)　年表中(D)の時期とは，明治時代のことである。明治時代に起きたできごとは，ウとオである。アは中世，イは江戸時代初期の1637～38年，エは江戸時代中期以降，カは16世紀中期から鎖国までのできごとである。

【7】④

〈解説〉ドルに対する円の価値が高い状態を円高，逆に円の価値が低い状態を円安という。1ドル＝150円と1ドル＝100円の状況を比較すると，同じ1ドルを手に入れるために，150円支払わなければならないときは円の価値がより低いということで円安，100円でよいときは円の価値は高いということで円高となる。アには円安が当てはまる。30,000円をドルに換金する場合，1ドル＝100円のときは300ドル，1ドル＝150円のときは200ドルとなり，太郎さんが手にした金額は父よりも100ドル少なくなる。

【8】③

〈解説〉裁判員制度は，国民から選ばれた6人の裁判員が刑事事件の第1審に参加し，3人の裁判官とともに被告人が有罪か無罪か，有罪の場合はどのような刑にするのかを決める制度である。裁判員制度の対象となるのは，刑事裁判のみである。民事裁判は対象とならない。

【9】(1)　⑥　　(2)　⑤

〈解説〉(1)　日本は，圧倒的に火力発電でまかなわれていることから，イが火力である。また，フランスで約7割を占める発電エネルギーは，原子力発電である。したがって，ウは原子力である。残るアは水力となる。カナダでは，水力発電の割合が最も高くなっている。

(2)　「県全域の標高が比較的高く」がポイントである。長野県の八ヶ岳や浅間山山麓の菅平など，標高800～1500mの高原では，夏でも冷涼な

気候を利用し，レタスやキャベツなどの高原野菜の抑制栽培が行われている。レタスの都道府県別生産量は，1位が長野県，2位が茨城県，3位が群馬県の順で，この3つの県で全体の約60%を生産している。静岡県は6位となっている(農林水産省　2021年度作物調査より)。1位の長野県は高原野菜の栽培を行っており，夏の時期に集中して出荷が行われていることから，(ウ)が該当する。一方，2位の茨城県は，3～5月の春レタスと10～12月の秋レタスの年2回栽培で行われていることから，(ア)が該当する。静岡県では，レタスの出荷のピークは12月頃となっていることから，(イ)が当てはまる。

【10】(1)　ア　③　　イ　④　　(2)　④
〈解説〉(1)　数学的活動の取組における配慮事項である。　ア　教科の目標には，「数学的な表現を用いて事象を簡潔・明瞭・的確に表したり，目的に応じて柔軟に表したりする力を養う」ことが示されている。数や式で表したことを具体物や図，表などで説明したり，伴って変わる2量の関係がある場合に，表と式とグラフの相互の関連を図ったりするなど，相互の関連を図る機会を設けることは，数学的活動を遂行する上で重要となる。　イ　今回の学習指導要領改訂では，学習指導の過程において，数学的に問題発見・解決する過程が重視された。よりよく問題解決できたことを実感するには，問題発見・解決を繰り返すことで，少しずつよりよい方法を用いることができるようにすることが大切である。　(2)　図形領域の内容は，第2学年で正方形，長方形，直角三角形，第3学年で二等辺三角形，正三角形，円，球，第4学年で平行四辺形，ひし形，台形，立方体，直方体等，第5学年で正多角形，角柱，円柱，第6学年で対称な図形，縮図・拡大図，概形とおよその面積である。領域別の学年ごとの内容は，確実に押さえておくこと。

【11】(1)　ア　6　イ　8　　(2)　ウ　7　　エ　6　　(3)　オ　3
　　　カ　8　　(4)　キ　9　　(5)　ク　5　　ケ　1　　コ　2

(6)　サ　1　シ　0

〈解説〉(1)　$-2^2+(-4)^3\div\left(-\dfrac{8}{9}\right)=-4+(-64)\times\left(-\dfrac{9}{8}\right)=-4+72=68$

(2)　$\sqrt{48}\times\sqrt{8}-\sqrt{6}=4\sqrt{3}\times2\sqrt{2}-\sqrt{6}=8\sqrt{6}-\sqrt{6}=7\sqrt{6}$

(3)　$2x-y=-14\cdots$①，$3x=-y-1\cdots$②　②より，$3x+y=-1\cdots$③　①+③より，$5x=-15$　$x=-3$　これを③に代入して　$3\times(-3)+y=-1$　$y=8$　よって，連立方程式の解は　$x=-3$，$y=8$　(4)　大きい方の自然数をnとすると，小さい方の自然数は$n-4$と表される。それぞれの自然数を2乗した数の和が106になるから，$(n-4)^2+n^2=106$　整理して，$n^2-4n-45=0$　$(n+5)(n-9)=0$　$n>0$より，$n=9$

(5)　大小2つのさいころを同時に1回投げるとき，全ての目の出方は$6\times6=36$〔通り〕。このうち，大きいさいころの出た目の数をa，小さいさいころの出た目の数をbとするとき，abが4の倍数となるのは，$(a,b)=(1,4)$，$(2,2)$，$(2,4)$，$(2,6)$，$(3,4)$，$(4,1)$，$(4,2)$，$(4,3)$，$(4,4)$，$(4,5)$，$(4,6)$，$(5,4)$，$(6,2)$，$(6,4)$，$(6,6)$の15通り。よって，求める確率は$\dfrac{15}{36}=\dfrac{5}{12}$　(6)　(円錐の表面積)=(底面積)+(側面積)$=\pi\times6^2+\pi\times x^2\times\dfrac{2\pi\times6}{2\pi\times x}=36\pi+6\pi x$〔cm²〕　これが$96\pi$cm²であるとき，$36\pi+6\pi x=96\pi$より，$x=10$

【12】(1)　④　(2)　ア　5　イ　2　ウ　3

〈解説〉(1)　yをxの式で表すと，$0\leqq x\leqq4$のとき(点Pは辺AB上，点Qは辺AD上にあるとき)，$y=\dfrac{1}{2}\times AP\times AQ=\dfrac{1}{2}\times x\times x=\dfrac{1}{2}x^2$　$4\leqq x\leqq12$のとき(点Pは辺BC上，点Qは辺AD上にあるとき)，$y=\dfrac{1}{2}\times AQ\times AB=\dfrac{1}{2}\times x\times4=2x$　$12\leqq x\leqq16$のとき(点Pは辺BC上，点Qは頂点Dにあるとき)，$y=\dfrac{1}{2}\times AD\times AB=\dfrac{1}{2}\times12\times4=24$　$16\leqq x\leqq20$のとき(点Pは辺CD上，点Qは頂点Dにあるとき)，$y=\dfrac{1}{2}\times AD\times DP=\dfrac{1}{2}\times12\times(20-x)=-6x+120$　よって，xとyの関係を表すグラフとして最も適当なものは④である。　(2)　点Pが辺CD上にあるとき，面積yが16cm²となるxの値は，

(1)より，$-6x+120=16$　これを解いて，$x=\dfrac{52}{3}$である。

【13】(1)　⑤　　(2)　②

〈解説〉(1)　教科の目標においては，教科ごとの「見方・考え方」が示されている。これは，教科等ならではのものごとを捉える視点や考え方であり，各教科等を学ぶ本質的な意義の中核をなすものである。理科においては，「理科の見方・考え方」として示されている。また，理科において問題を解決していく際には，「科学的に解決する」ということが重要である。科学的に解決するとは，実証性，再現性，客観性などといった条件を検討する手続きを重視しながら解決していくことである。　(2)　小学校理科においては，学年を通して育成を目指す問題解決の力を，学年ごとに示している。第4学年では，主に既習の内容や生活経験を基に，根拠のある予想や仮説を発想する力を養うこととして示されている。学年ごとに養う問題解決の力を確実に押さえておく必要がある。

【14】(1)　③　　(2)　①

〈解説〉(1)　ア　光を当てるという条件は変えずに，葉の緑の部分とふの部分とで比べると，葉のどの部分で光合成が行われるかがわかる。この実験では，bとdの比較から，葉の緑色の部分ででんぷんが作られたことが分かる。　イ　葉の色の部分は同じで光を当てるか当てないかで比べると，光合成に光が必要かどうかが分かる。この実験では，aとdの比較から，葉が光を受けるとでんぷんが作られることが分かる。(2)　実験前に葉を暗室に1日置くのは，葉に残っているでんぷんを消費させるためである。この操作を行わないと，光を当てない緑色の部分でも，残っているでんぷんにヨウ素溶液が反応してしまうので，正確な実験結果にならなくなってしまうことになる。

【15】(1)　⑤　　(2)　④

〈解説〉(1)　上昇気流のあるところで空気のかたまりが上昇すると，周

囲の気圧が低くなり膨張する。膨張すると温度が下がり，露点に達すると水蒸気が水滴や氷の粒になり，水滴の集まりが雲となる。雲の中の水滴や氷の粒がくっつくと，重くなり，雨や雪となって落ちてくる。
(2)　露点が10℃なので，空気1m³に含まれる水蒸気の量は9.4gである。湿度が61%であることから，実験中の室内の気温における飽和水蒸気量は，$9.4 \times \dfrac{100}{61} = 15.4 \cdots$ 〔g/m³〕である。表で調べると，気温は18℃と分かる。

【16】(1)　②　　(2)　①
〈解説〉(1)　弱くはじくことで，音が小さくなり振幅が小さくなる。他の条件は変えていないので，振動数は変わらず振幅のみが小さくなっているグラフを選ぶ。　　(2)　音は，振動数が多いほど高くなり，振動数が少ないほど低くなる。振動数を多くするには，弦を短くする，弦を細くする，弦を強く張る，の3つの方法がある。

【17】(1)　③　　(2)　④
〈解説〉(1)　イオン化傾向の大きい亜鉛が負極(－極)になり，イオン化傾向の小さい銅が正極(＋極)となる。電子は負極から正極に流れる。
(2)　電池は，化学エネルギーを電気エネルギーに変換して取り出す装置である。燃料電池は，水素の燃焼により生じるエネルギーを，電気エネルギーに変換する装置である。

【18】④
〈解説〉A　外国語科における「読むこと」の目標の第1段階にあたるアでは，まず，「文字」を見てその名称を発音することができるようにすることをねらいとしている。　B　「書くこと」の目標の第1段階にあたるアでは，大文字，小文字を正しく書き分けるとともに，「語順」が重要な役割を担っていることを理解した上で，簡単な語句や基本的な表現を書き写すことをねらいとしている。

【19】(1) ⑨ (2) ③ (3) ⑦

〈解説〉会話文穴埋め問題。 (1) ALTの質問に対して，HRTはカルタ をしておせちを食べるという説明をしている。したがって，空欄には お正月について質問をしている⑨が適切。 (2) 今回の授業の目標が 入るので，③の「日本の行事をマイクさんに紹介しよう」が適切。 (3) Harukiとの会話の次に，他の生徒に話を振る場面なので，⑦が適 切。

【20】(1) ① (2) ②

〈解説〉会話文を読んで質問に答える問題。 (1) パフォーマンステス トの際に，実際的な状況を生徒に提供する理由は，本文中では "to make the students more motivated" とあるので，①が適切。 (2) ①はin the worldの部分が不適切。②は本文に適合している。③は，本文では 間違えないことより積極性を意識しているので誤り。④は，本文では 生徒の努力を褒め，積極的にコミュニケーションを図ることが大切と 言っているので誤り。

2023年度　実施問題

※　問題文中の「小学校学習指導要領」は，平成29年3月告示(文部科学
省)とする。

【1】次の文章は，小学校学習指導要領国語の「第2　各学年の目標及び
　　内容」の「第5学年及び第6学年」の「1　目標」から抜粋したもので
　　ある。文章中の(　ア　)と(　イ　)にあてはまる語句の組合せとして最
　　も適当なものを，以下の①〜④のうちから一つ選びなさい。

---

(2)　筋道立てて考える力や豊かに感じたり想像したりする力を
　　養い，日常生活における人との関わりの中で伝え合う力を高
　　め，自分の思いや考えを(　ア　)ことができるようにする。
(3)　言葉がもつよさを認識するとともに，(　イ　)読書をし，国
　　語の大切さを自覚して，思いや考えを伝え合おうとする態度
　　を養う。

---

①　ア　もつ　　　　　　　　イ　楽しんで
②　ア　広げる　　　　　　　イ　進んで
③　ア　確かなものにする　　イ　意欲的な
④　ア　まとめる　　　　　　イ　幅広く

(☆☆☆◎◎◎)

【2】次の文章を読み，以下の(1)〜(3)の問いに答えなさい。

　　梓は娘の唯と二人暮らし。唯は中学生になると，学校に足が
　向かなくなった。転校後，学校に通えるようになった唯だった
　が感情を露にしない女の子になった。その娘から唐突に旅行に
　誘われた。生まれ育ったトキを野生に復帰させる佐渡のトキ保
　護センターでの体験学習に参加したいと言う。

50

地元のNPO代表である仲川努（なかがわつとむ）と仲川の息子，亮太（りょうた）に案内され，トキ交流会館で絶滅した最後のトキ「キン」について話を聞いた。その日の夜，宿泊先の仲川家で夕食を囲んだとき，唯は，明日帰るまでに野生に復帰したトキを見たいと言い出す。

「見られるっちゃ」

そう答えたのは亮太だった。唯は亮太のほうへ顔を向けた。少年は体育座りの姿勢のままで，「見られるとこまで，連れてっちゃるし」と，ぽそっと言った。

「……ほんと？」

ためらいがちに唯が返す。亮太は，自信たっぷりの笑顔になって，大きくうなずいた。

「あーあ，(注1)ちょんこと言うて，だっちゃかんじぇ。確率低いっちゃよ，唯ちゃん」

父に水を差されても，亮太は聞かない。

「ビオトープじゃねえ，トキが餌場にしとるとこ知っとるけん。明日の朝，連れてっちゃる」

頬を紅潮させて，唯を誘った。かたくなだった唯の表情が，みるみる明るくなった。

もう何年も見たことがないような笑顔がこぼれた瞬間，梓の胸の中で，ことん，と心臓が静かに音を立てた。

あわてて畳の上を亮太のほうへ膝で這（は）っていくと，

「おばさんも連れてってくれる？」

そう訊いた。亮太はもうひとつ，大きくうなずいた。

「aホショウはできんっちゃよ，お母さん」

苦笑しながら努が釘（くぎ）を刺す。ワークショップを開くたびに，野生のトキが見たい，と子供たちに困らされているのだろう。けれど，梓には，トキを見られても見られなくても関係なかった。

見られなくたっていいんだ。いま，この島のどこかに，ひっそり点（とも）り続ける命のともしびがある。

51

そう唯が気づいてくれれば，それでいいんだ。

　A見渡す限りの刈り入れ後の水田を，朝日がいっぱいに照らし出している。

　遠く横たわる山々では，赤や黄色の紅葉が色鮮やかに裾を広げている。壊れそうに冷たく冴えわたる青空に向かって，亮太が顔を上げる。大きく息を吸いこむと，思いきり叫んだ。

　こーい，こいこい，こーい。

　声変わりしたばかりの，大人と子供の中間の声。梓と唯は，声が放たれた空の彼方をじっとみつめる。

　こんなにもまぶしい風景のどこかに，あの美しい鳥たちが息づいている。それは，胸のすく現実だった。絶えかけた命をつないで，生きているのだ。

　その奇跡を喜ぶ人間が，ここにいる。

　こーい，こいこい，こーい。

　日本の最後のトキ，キンを呼び寄せたという金太郎を真似て，亮太はトキを呼んだ。その叫びにこもる少年らしいひたむきさが，梓の胸を打った。

　一時間，呼び続けた。最後には唯までが，こーい，こいこい，こーい，と亮太と声を合わせて叫んだ。少年と少女の声は，遠慮がちに奏でる楽器のように，最初はてんでにばらばらで，やがて和音を作った。B梓は，その青くたおやかな斉唱に，静かに耳を傾けた。

　フェリーの出航時間が近づいている。そろそろ，努たちの待つ家へ戻らなければならない。

　梓が腕時計をちらりと見た瞬間に，亮太がこちらへ向き直って，ぺこりと頭を下げた。

　「ごめんなさい」

　叫び続けて声はかすれてしまっていた。梓は微笑した。

　「どうして？　なんであやまるの？　こっちがお礼を言わなくちゃいけないのに」

すると，亮太に向かって，唯が突然ぺこりと頭を下げた。

「ありがとう」

ふたつの澄んだまなざしが，ぴったりと重なった。亮太は照れくさそうに笑うと，

「ごめん。飛んでこんかった」

そうつぶやいた。唯は首を横に振った。

「来たよ。見えた」

そして，セーターの小さなふくらみの上に，そっと自分の両手を重ねた。

> (原田マハ「斉唱　The Harmony」『星がひとつほしいとの祈り』
> 所収　による)

　(注1)ちょんこと言うて，だっちゃかんじぇ……そんなこと言ったらだめだよ

(1)　文章中の下線部a「ホショウ」の「ショウ」と同じ漢字を使用するものを，次の①～④のうちから一つ選びなさい。

①　タイ<u>ショウ</u>な図形をかく。　　②　<u>ショウ</u>メイショをつくる。

③　本のジョ<u>ショウ</u>を読む。　　④　伝統をケイ<u>ショウ</u>する。

(2)　文章中に，下線部A「見渡す限りの刈り入れ後の水田を，朝日がいっぱいに照らし出している。遠く横たわる山々では，赤や黄色の紅葉が色鮮やかに裾を広げている。壊れそうに冷たく冴えわたる青空に向かって」とあるが，この表現の効果として最も適当なものを，次の①～④のうちから一つ選びなさい。

①　情景描写から季節や場面を想像させ，反復法を用いて文章全体の調子を整え，感動を強めている。

②　情景描写によって場面の転換をはかり，擬人法を用いて，登場人物の様子を簡潔に表現している。

③　情景描写と比喩を巧みに用いて，読み手に場面の美しい情景と登場人物の心情を想像させている。

④　登場人物の心情を表す情景描写の中に体言止めを用いて，読み手にさわやかな余韻を残している。

(3)　文章中に，下線部B「梓は，その青くたおやかな斉唱に，静かに耳を傾けた」とあるが，このときの梓の心情として最も適当なものを，次の①～④のうちから一つ選びなさい。

①　フェリーの出航時間が近づく中，あきらめずにトキを呼ぶ亮太と一緒に唯も叫んだが，その声が遠慮がちで弱々しく聞こえて哀れに思っている。

②　一時間たってもトキが飛んでこないので，「絶対に見せる」と言った亮太のことを心配して，しかたなく叫んだ唯の意外な一面にふれて驚いている。

③　トキを呼び続けた亮太と一緒に叫び始めた唯の気持ちをはかりかねたが，二人の奏でる和音に心を惹かれ懸命に生きているトキに思いを馳せている。

④　トキを見せたいと懸命に呼ぶ亮太の声に合わせて唯も叫び始め，やがて二人の声が重なり合って作り出された和音の美しい響きに感動している。

(☆☆☆◎◎◎)

【3】次の文章を読み，以下の(1)～(4)の問いに答えなさい。

　動物をよく理解するためには，空間と時間と力，この三つに対する感覚がなければいけない。ₐところが，ヒトというものは視覚主導型の生き物である。空間認識はよくでき，サイズの違う生き物がいることは十分に分かる。だが，時間[　ア　]はあまり発達してはいない。自分の時間でさえ，時計を目でみてやっと定量的に分かる程度のものである。力の[　ア　]は，あるにはあるが，ほとんどだめだ。

　ヒトはほとんど目にたよって生きており，目を通してまわりの世界を頭の中に再構成している。感覚が発達していない事象に関しては，たとえ外界に存在していても，ヒトの頭の中の世界には存在しない。ᵦもちろん，ヒトには時間の感覚はある程度はある。だから，この再構成された世界に時間軸は存在するのだが，ヒトの時間感覚は外部の時間を敏感に計れるものではなさそうで，そのため，ᵧたぶん，頭の中

の時間軸は，自分に固有の時間軸だけしかないのであろう。_A<u>時間に関しては，ヒトは外部には閉ざされた存在</u>だと言えるのではないか。だからこそ，時間は絶対不変なものだと信じこみやすいのだろう。_d<u>もし</u>ヒトがもっと時間感覚の発達した生き物だったら，対象物にあわせていろいろな時間軸を設定でき，世界をもっと違った「目」で「見ていた」はずである。時間と空間の関係式も，簡単に「発見」できたに違いない。

　しかし，ヒトにも，時間感覚がまったくないわけではない。足りない部分を「想像力」で補って，さまざまな生き物の時間軸を頭に描きながら，ほかの生き物と付き合っていくのが，_B<u>地球を支配しはじめたヒトの責任</u>ではないか。この想像力を啓発するのが動物学者の大切な仕事だろうと私は思っている。

(本川達雄『ゾウの時間　ネズミの時間』による)

(1)　文章中の下線部a～dの中で品詞が異なるものを，次の①～④のうちから一つ選びなさい。

①　a　ところが　　②　b　もちろん　　③　c　たぶん

④　d　もし

(2)　文章中の空欄[　ア　]にあてはまる言葉として最も適当なものを，次の①～④のうちから一つ選びなさい。

①　設定　　②　構成　　③　理解　　④　感覚

(3)　文章中に，下線部A「時間に関しては，ヒトは外部には閉ざされた存在」とあるが，なぜ，「外部には閉ざされた存在」と筆者は述べているのか。その理由として最も適当なものを，次の①～④のうちから一つ選びなさい。

①　ヒトは，発達していない空間認識に関しては，足りない部分を想像力で補い，新たに認識したことをさらに頭の中で捉え直しているから。

②　ヒトは，視覚主導型の生き物であり，目を通してまわりの世界から認識したことを，頭の中で自分に固有の時間軸で捉え直しているから。

③　ヒトは，外界に存在しているものと目を通して認識したものを比較し，さまざまな生き物の時間軸に合わせて両者を捉え直しているから。

④　ヒトは，時間の感覚を発揮し，さまざまな生き物の時間軸を頭の中で設定しながら，認識したことをヒトの時間軸で捉え直しているから。

(4)　文章中に，下線部B「地球を支配しはじめたヒトの責任」とあるが，筆者の考える「責任」とはどのようなことか，最も適当なものを，次の①～④のうちから一つ選びなさい。

①　想像力を発揮して，ヒト固有の時間軸をさまざまな生き物にあてはめて支配していくこと。

②　ヒトとしてさまざまな生き物がもつ時間軸を統一しながら，ほかの生き物と付き合うこと。

③　ヒトとして時間感覚の足りない部分を想像力で補いながら，ほかの生き物と付き合うこと。

④　ヒトが行う大切なこととして，空間認識をいつも意識しながら想像力を啓発していくこと。

(☆☆☆◎◎◎)

【4】次の漢詩を読み，以下の(1)～(3)の問いに答えなさい。

絶句　　杜甫

江碧にして鳥逾白く
山青くして花然えんと欲す
今春看すみす又過ぐ
何れの日か是れ帰る年ならん

(注1)　然……燃に同じく，もえること

(1)　この漢詩で対句となっている句の組合せとして正しいものを，次の①～④のうちから一つ選びなさい。

①　一句目と二句目　　②　三句目と四句目

③　一句目と三句目　　④　二句目と四句目

(2)　この漢詩で韻を踏んでいる語の組合せとして正しいものを，次の①～④のうちから一つ選びなさい。

①　山・今　　②　白・然・年　　③　白・過　　④　然・年

(3)　この漢詩の解釈として最も適当なものを，次の①～④のうちから一つ選びなさい。

①　故郷までつながる美しい大川や山々の雄大な景色とともに，明日への希望を力強く詠んだものである。「碧・白・青・赤」という色彩の対比もみごとに表現されている。

②　目の前を流れる大川の美しさ，新緑の山々に咲く花の美しさなど，春爛漫の自然の雄大さを詠んだものである。「碧・白・青・赤」という色彩の対比もみごとに表現されている。

③　春の鮮やかな風景を眺めながら過ぎゆく日々を思い，いつの日か帰りたいという望郷の念を詠んだものである。「碧・白・青・赤」という色彩の対比もみごとに表現されている。

④　故郷の川も山も昔のまま美しいことを喜び，変わることのない悠久の世界のよさを詠んだものである。「碧・白・青・赤」という色彩の対比もみごとに表現されている。

(☆☆☆◎◎◎)

【5】小学校学習指導要領社会について，次の(1)，(2)の問いに答えなさい。

(1) 次の文は，「第1　目標」から抜粋したものである。（　ア　）〜（　エ　）にあてはまる語句の組合せとして最も適当なものを，以下の①〜④のうちから一つ選びなさい。

> 　社会的な（　ア　）を働かせ，課題を（　イ　）する活動を通して，（　ウ　）する国際社会に主体的に生きる平和で民主的な国家及び社会の形成者に必要な公民としての（　エ　）の基礎を次のとおり育成することを目指す。

	①	②	③	④
ア	見方・考え方	思考	見方・考え方	思考
イ	見いだしたり追究したり	追究したり解決したり	追究したり解決したり	見いだしたり追究したり
ウ	多様化	多様化	グローバル化	グローバル化
エ	資質・能力	態度・生活	資質・能力	態度・生活

(2) 次のア〜エの文は，「第2　各学年の目標及び内容」から各学年の内容を抜粋したものである。第3学年から第6学年まで順に並べられているものの組合せとして最も適当なものを，以下の①〜④のうちから一つ選びなさい。

ア　都道府県内における市の位置，市の地形や土地利用，交通の広がり，市役所など主な公共施設の場所と働き，古くから残る建造物の分布などに着目して，身近な地域や市の様子を捉え，場所による違いを考え，表現すること。

イ　我が国における自分たちの県の位置，県全体の地形や主な産業の分布，交通網や主な都市の位置などに着目して，県の様子を捉え，地理的環境の特色を考え，表現すること。

ウ　政策の内容や計画から実施までの過程，法令や予算との関わりなどに着目して，国や地方公共団体の政治の取組を捉え，国民生活における政治の働きを考え，表現すること。

エ　地形や気候などに着目して，国土の自然などの様子や自然条件から見て特色ある地域の人々の生活を捉え，国土の自然環境の特

色やそれらと国民生活との関連を考え，表現すること。

並べ方	第3学年 ——————————————→ 第6学年			
①	ア →	イ →	エ →	ウ
②	イ →	ア →	ウ →	エ
③	ア →	ウ →	エ →	イ
④	イ →	エ →	ウ →	ア

(☆☆☆◎◎◎)

【6】日本ならびに世界の歴史について，次の(1)，(2)の問いに答えなさい。

(1) 千葉市にある加曽利貝塚と同じ時代のものを次の図中の①～④のうちから一つ選びなさい。

図

(2) 次の資料は，くさび形文字で記された法典の一部(要約)である。この法典が作られた古代文明に関する記述として，最も適当なものを，以下の①～④のうちから一つ選びなさい。

資料 くさび形文字で記された法典の一部(要約)

> 　１条　　人がもし他人を殺人の罪で告訴し，これを立証できな
> 　　　　　いときは，告訴人は死刑に処せられる。
> 195条　　息子がその父をなぐったときは，その腕を切り落とさ
> 　　　　　れる。
> 196条　　他人の目をつぶした者は，その目をつぶされる。
> 199条　　他人の奴隷の目をつぶしたり，骨を折ったりした者は，
> 　　　　　その奴隷の値の半分を支払う。

①　ナイル川流域で栄え，巨大な神殿やピラミッドが建設された。

②　ティグリス川とユーフラテス川にはさまれた地域で栄え，太陰暦や60進法などが考え出された。

③　インダス川流域で栄え，代表的な遺跡として，モヘンジョ・ダロがある。

④　黄河や長江流域で栄え，漢字の基となる文字が亀の甲や牛や鹿などの骨に刻まれた。

(☆☆☆◎◎◎)

【7】日本の消費税に関する記述として適当でないものを，次の①～④のうちから一つ選びなさい。

①　消費税は，税を納める人と税を負担する人が異なる「間接税」である。

②　消費税が課税される取引には，併せて地方消費税も課税される。

③　消費税は，所得が多い人ほど高い税率が適用される累進課税の方法が採られている。

④　2022年4月現在，喫茶店で300円(税抜き)のホットコーヒーを持ち帰るために購入する場合，324円(税込み)である。

(☆☆☆◎◎◎)

【8】2022年4月現在，世界の主な地域主義(リージョナリズム)に関する記述として適当でないものを，次の①～④のうちから一つ選びなさい。

① アフリカ連合(AU)は，政治的・経済的統合の実現と紛争の予防・解決に向けた取組強化のためにつくられた。

② 中国は，アジア太平洋経済協力会議(APEC)に加盟している。

③ アメリカ・メキシコ・カナダ協定(USMCA)は，2020年7月に北米自由貿易協定(NAFTA)に代わり発効した。

④ オーストラリアは,環太平洋経済連携協定(TPP)に調印していない。

(☆☆☆◎◎◎)

【9】日本の都道府県について，次の(1)，(2)の問いに答えなさい。

(1) 次の文章は，中部地方のある県の特色を述べたものである。文章にあてはまる県を以下の資料1の①〜③のうちから，その県の人口集中地区と過疎地域の県全体の面積に占める割合を表したグラフとして最も適当なものを，あとの資料2の④〜⑥のうちから，それぞれ一つずつ選びなさい。

> 気候は年間を通して温暖で，夏季に雨が多く，台風の影響を受けることも多い。野菜や果樹，花きなどの生産が盛んである。また，工業が盛んで自動車などの輸送用機械器具の製造出荷額等が県の製造品出荷額等の5割以上(2019年)を占めている。県庁所在地は政令指定都市になっており，全国で4番目に人口の多い市となっている。

資料1　中部地方の地図

資料2　資料1の①〜③の県の人口集中地区と過疎地域の
県全体の面積に占める割合（%）　（2015年）

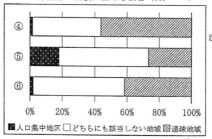

注：「人口集中地区」とは国勢調査におい
て近隣地域を含めた人口密度や人口
を基準にして，人口が集中している
と判断できる地区のことを指す。

（「データでみる県勢2021年版」などより作成）

(2)　次の資料3は，訪日外国人の都道府県別訪問率，金属製品の製造
品出荷額等，緑茶(仕上茶)の出荷額，木材(集成材)の出荷額につい
て，上位5都府県を表したものである。それぞれの資料中のA〜Cは
同じ府県を示している。A〜Cにあてはまる府または県の組合せと
して最も適当なものを，以下の①〜④のうちから一つ選びなさい。

資料3　訪日外国人の都道府県別訪問率，金属製品の製造品出荷額等，緑茶（仕上茶）の出荷額，木材（集成材）の出荷額の
グラフ（上位5都府県）

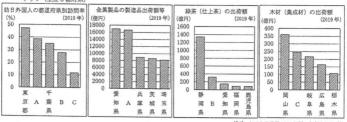

（「データでみる県勢2022年版」などより作成）

	①	②	③	④
A	京都府	大阪府	京都府	大阪府
B	奈良県	京都府	大阪府	奈良県
C	大阪府	奈良県	奈良県	京都府

（☆☆☆◎◎◎）

【10】 小学校学習指導要領算数について，次の(1)，(2)の問いに答えなさい。

(1) 次の文は，「第3 指導計画の作成と内容の取扱い」から抜粋したものである。(ア)，(イ)にあてはまる最も適当な語句を，以下の＜解答群＞からそれぞれ一つずつ選びなさい。

> 各領域の指導に当たっては，(ア)，日常の事象を観察したり，児童にとって身近な算数の問題を解決したりするなどの具体的な体験を伴う学習を通して，数量や図形について実感を伴った理解をしたり，(イ)を実感したりする機会を設けること。

＜解答群＞

① 数学的に表現したり　　　② 計算を工夫したり
③ 具体物を操作したり　　　④ 算数を学ぶ意義
⑤ 算数を利用することのよさ　⑥ よりよく問題解決できたこと

(2) 次の四つの文は，「第2 各学年の目標及び内容」で示された各学年の「2 内容」から抜粋したものである。第5学年の記述として最も適当なものを，次の①～④のうちから一つ選びなさい。

① 反比例の関係について知ること。

② 速さなど単位量当たりの大きさの意味及び表し方について理解し，それを求めること。

③ 変化の様子を表や式，折れ線グラフを用いて表したり，変化の特徴を読み取ったりすること。

④ 比の意味や表し方を理解し，数量の関係を比で表したり，等しい比をつくったりすること。

(☆☆☆◎◎◎)

【11】次の(1)～(6)の問いに答えなさい。

(1)　$-1+(-4)^2\div2-(-7)$ を計算すると，[　アイ　]である。

(2)　$7\sqrt{6}-\dfrac{6}{\sqrt{6}}+\sqrt{24}$ を計算すると，[　ウ　]$\sqrt{[\ エ\ ]}$である。

(3)　二次方程式 $x^2=-2x+63$ の解は，$x=-[\ オ\ ]$，[　カ　]である。

(4)　何本かある鉛筆を，ある委員会の児童全員に配る。1人に7本ずつ配ると1本余り，1人に8本ずつ配ると6本足りない。このとき，はじめにある鉛筆の本数は[　キク　]本である。

(5)　A，B，C，Dの4人の児童が1人ずつ順番に発表する。この4人の発表する順番を決めるとき，Aが偶数番目に発表する場合は[　ケコ　]通りある。

(6)　次の図のように，関数 $y=\dfrac{1}{2}x^2$ のグラフと直線 ℓ が2点A，Bで交わっている。2点A，Bの x 座標が，それぞれ -2，5であるとき，直線 ℓ の式は，$y=\dfrac{[\ サ\ ]}{[\ シ\ ]}x+[\ ス\ ]$である。

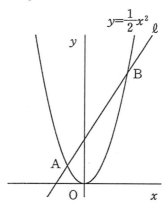

（☆☆☆◎◎◎）

64

【12】 次の図のように，平行四辺形ABCDがあり，辺AD上に点Eを，AE：ED＝1：2となるようにとる。また，線分BEと対角線ACの交点をFとする。

△AEF＝4cm²のとき，次の(1)，(2)の問いに答えなさい。

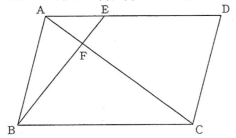

(1) △BCFの面積は，[アイ]cm²である。

(2) 平行四辺形ABCDの面積は，[ウエ]cm²である。

(☆☆☆◎◎◎)

【13】 小学校学習指導要領理科について，次の(1)，(2)の問いに答えなさい。

(1) 次の文章は，「第1 目標」から抜粋したものである。文中の（ ア ）〜（ ウ ）には，語群のa〜fのいずれかが該当する。その組合せとして最も適当なものを，あとの①〜⑥のうちから一つ選びなさい。

> 自然に親しみ，理科の見方・考え方を働かせ，見通しをもって観察，実験を行うことなどを通して，自然の事物・現象についての問題を科学的に解決するために必要な資質・能力を次のとおり育成することを目指す。
>
> (1) 自然の（ ア ）についての理解を図り，観察，実験などに関する基本的な技能を身に付けるようにする。
>
> (2) （ イ ）などを行い，問題解決の力を養う。
>
> (3) 自然を愛する心情や主体的に（ ウ ）しようとする態度を養う。

```
[語群]
a：性質や規則性     b：事物・現象     c：予想や仮説
d：観察，実験      e：問題解決       f：追究
```

① ア：a　イ：c　ウ：f　　② ア：a　イ：d　ウ：e
③ ア：b　イ：d　ウ：f　　④ ア：b　イ：c　ウ：e
⑤ ア：b　イ：c　ウ：f　　⑥ ア：b　イ：d　ウ：e

(2)　次の文章は，「第3　指導計画の作成と内容の取扱い　2」から抜粋したものである。文中の（　ア　）～（　ウ　）には，解答群のa～dのいずれかが該当する。その組合せとして最も適当なものを，あとの①～⑥のうちから一つ選びなさい。

```
(1)　問題を見いだし，予想や仮説，観察，実験などの方法に
　ついて考えたり説明したりする学習活動，観察，実験の結
　果を整理し考察する学習活動，（　ア　）などを重視すること
　によって，言語活動が充実するようにすること。
(3)　生物，天気，川，土地などの指導に当たっては，
　（　イ　）を多く取り入れるとともに，生命を尊重し，自然環
　境の保全に寄与する態度を養うようにすること。
(5)　個々の児童が主体的に問題解決の活動を進めるとともに，
　（　ウ　），目的を設定し，計測して制御するという考え方に
　基づいた学習活動が充実するようにすること。
```

```
[解答群]
a：日常生活や他教科との関連を図った学習活動
b：科学的な言葉や概念を使用して考えたり説明したりする学
　習活動
c：論理的思考力を身に付けるための学習活動
d：野外に出掛け地域の自然に親しむ活動や体験的な活動
```

① ア：c　イ：a　ウ：b　　② ア：b　イ：a　ウ：c

③　ア：b　イ：d　ウ：a　　④　ア：c　イ：a　ウ：d
⑤　ア：c　イ：d　ウ：a　　⑥　ア：b　イ：d　ウ：c

(☆☆☆◎◎◎)

【14】図Aは，小球をつけた糸を天井の点Pに固定して振り子をつくり，a
の位置まで小球を持ち上げ静止させ，静かに手を離して小球を振らせ
たときの振り子の運動を，発光間隔0.1秒で撮影したストロボ写真をも
とにつくった模式図である。a〜eは0.1秒ごとの小球の位置を示し，摩
擦や空気の抵抗は無視できるものとする。以下の(1)，(2)の問いに答え
なさい。

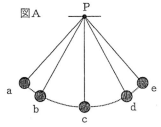

図A

(1)　小球の重さを2倍にして，図Aのaの位置まで小球を持ち上げ静止
させ，静かに手を離して小球を振らせたときの結果として最も適当
なものを，次の①〜⑤のうちから一つ選びなさい。

①　aの位置からbの位置まで運動するのにかかる時間は0.1秒より短
い。

②　aの位置からbの位置まで運動するのにかかる時間は0.1秒であ
る。

③　aの位置からbの位置まで運動するのにかかる時間は0.1秒より長
い。

④　bの位置からcの位置まで運動するのにかかる時間は0.1秒より短
い。

⑤　cの位置からdの位置まで運動するのにかかる時間は0.1秒より長
い。

(2)　図Bは，点Pの真下の点Qにくぎを打ち，aの位置まで小球を持ち

上げ静止させ，静かに手を離して小球を振らせたときの模式図である。小球は①〜⑤のいずれかの位置まで上がった後，落下し始めた。落下を始める直前の位置として最も適当なものを，図Bの①〜⑤のうちから一つ選びなさい。

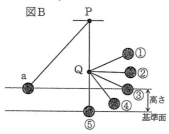

図B

（☆☆◎◎◎）

【15】図は，地球の北極側から見たときの，地球と月の位置関係，及び太陽の光の向きを模式的に表したものである。次の(1)，(2)の問いに答えなさい。

(1)　千葉県のある場所で月を観察したときの様子を次の【観察時の月の様子】に示した。観察時の月の位置を，以下の①〜④のうちから，観察時に観察者が地上から見たときの月の満ち欠けの様子を模式的に表したものを，あとの⑤〜⑧のうちから，それぞれ最も適当なものを一つずつ選びなさい。

【観察時の月の様子】午後6時に，南の空に，上弦の月を観察することができた。

図

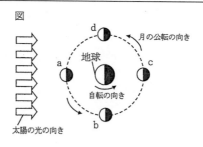

68

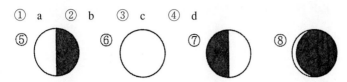

① a　② b　③ c　④ d

(2)　次の文章は，地球と月，太陽の位置関係によって起こる現象について説明したものである。文章中の(ア)〜(ウ)にあてはまる語句の組合せとして，最も適当なものを，以下の①〜⑥から一つ選びなさい。

> 月が(ア)の位置にくるとき，太陽と地球と月が一直線上に並び，月の全体や一部が地球の影に入る現象が，(イ)である。また，(イ)が起こるときの月の満ち欠けは(ウ)となる。

①　ア：a　イ：月食　ウ：満月　　②　ア：a　イ：日食　ウ：満月
③　ア：c　イ：月食　ウ：新月　　④　ア：c　イ：日食　ウ：新月
⑤　ア：c　イ：月食　ウ：満月　　⑥　ア：a　イ：日食　ウ：新月

(☆☆☆◎◎◎)

【16】ミョウバン水溶液の溶解度を調べる実験を行った。次図は，ミョウバンの溶解度曲線である。このとき，以下の(1)，(2)の問いに答えなさい。

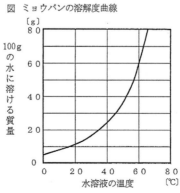

図　ミョウバンの溶解度曲線

(1) 溶け残ったミョウバンの固体を分けるために，ろ過するときの正しい操作方法を表した図として最も適当なものを，次の①〜④のうちから一つ選びなさい。

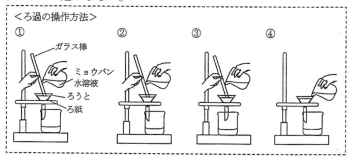

(2) 60℃の水100gに，ミョウバン50gを完全に溶かした。この水溶液の温度を20℃に下げたとき，結晶となって出てくるミョウバンは何gか。最も適当なものを，次の①〜⑥のうちから一つ選びなさい。

① 約12g　② 約18g　③ 約26g　④ 約38g
⑤ 約48g　⑥ 約60g

(☆☆☆◎◎◎)

【17】図Aは，タマネギを水につけて発根させた様子を示している。図AのX部分を切り出し，塩酸処理をした後，スライドガラスに乗せて柄付き針でほぐし，核の染色液をたらして約5分間置いた。その後，カバーガラスをかけ，更にろ紙を重ねてから，図Bのように親指で試料を押しつぶし，プレパラートを作成した。このプレパラートを顕微鏡で観察した際の模式図を図Cに示した。これについて，以下の(1)，(2)の問いに答えなさい。

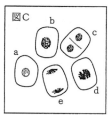

(1) タマネギの説明として最も適当なものを，次の①〜④のうちから一つ選びなさい。

① ヒマワリと同様に，タマネギは種子植物である。

② ゼニゴケと同様に，タマネギは維管束を持たない。

③ アジサイと同様に，タマネギの葉は網状脈である。

④ イチョウと同様に，タマネギは裸子植物である。

(2) 図Cのa〜eは，細胞分裂の過程で見られる細胞を示している。aをはじまりとして，それに続くb〜eを細胞分裂の順に並べたものとして最も適当なものを，次の①〜④のうちから一つ選びなさい。

① b→c→d→e　　② b→d→e→c　　③ b→d→c→e

④ b→c→e→d

(☆☆☆◎◎◎)

【18】次の文章は，小学校学習指導要領外国語の「第1　目標」の記述である。空欄にあてはまる語句を，（　A　）はア〜ウから一つ，（　B　）はエ〜カから一つ選び，その組合せとして最も適当なものを，あとの①〜⑥のうちから一つ選びなさい。

> 　外国語によるコミュニケーションにおける見方・考え方を働かせ，外国語による聞くこと，読むこと，話すこと，書くことの言語活動を通して，コミュニケーションを図る基礎となる資質・能力を次のとおり育成することを目指す。
>
> 　(1)　外国語の音声や文字，語彙，表現，文構造，言語の働きなどについて，日本語と外国語との違いに気付き，これらの知識を理解するとともに，読むこと，書くことに慣れ親しみ，聞くこと，読むこと，話すこと，書くことによる実際のコミュニケーションにおいて活用できる基礎的な技能を身に付けるようにする。
>
> 　(2)　コミュニケーションを行う目的や場面，状況などに応じて，身近で簡単な事柄について，聞いたり話したりするとともに，音声で十分に慣れ親しんだ外国語の語彙や（　A　）

　　な表現を推測しながら読んだり，語順を意識しながら書いたりして，自分の考えや気持ちなどを伝え合うことができる基礎的な力を養う。

　(3)　外国語の(　B　)に対する理解を深め，他者に配慮しながら，主体的に外国語を用いてコミュニケーションを図ろうとする態度を養う。

A　ア　意図的　　　　　　イ　基本的
　　ウ　発展的
B　エ　使用場面や働き　　オ　背景にある文化
　　カ　五つの領域別目標

①　ア・オ　　②　ア・カ　　③　イ・エ　　④　イ・オ
⑤　ウ・エ　　⑥　ウ・カ

（☆☆☆○○○○○）

【19】次の対話は，小学校の学級担任(HRT)Tanaka先生，外国語指導助手(ALT)Johnと児童との授業中のやり取りの一場面である。[　(1)　]〜[　(3)　]にあてはまる最も適当なものを，以下の＜解答群＞からそれぞれ一つずつ選びなさい。

ALT：　I like soccer very much. I enjoyed watching a soccer game on TV last night. I usually go to bed at eleven, but I went to bed at one last night.

HRT：　[　(1)　] You should go home early and take a rest.

ALT：　Thank you, Tanaka *sensei*. What time do you usually go to bed?

HRT：　I usually go to bed at ten.

ALT：　At ten? What time do you get up?

HRT：　I get up at four thirty.

ALT：　[　(2)　]

HRT：　Because I run every morning.

ALT：　Wow, that's great. How about you, Kaoru?

Kaoru : I get up at six.

ALT : Me, too. What time do you go home?

Kaoru : I go home around five. I play online games at home every day.

ALT : Do you play them for a long time?

Kaoru : Oh, John *sensei* ... I can't say. Because my mother will get angry.

ALT : OK. You want to keep it a secret, right?

Ren : Keep a secret? What do you mean?

HRT : (Showing some gestures.)

Ren : I see. [　(3)　]

HRT : That's right. Now, please make pairs and ask your friends about their daily lives.

＜解答群＞

① You mean come here.

② Why do you get up so early?

③ What would you like?

④ I don't eat it.

⑤ When is the marathon race?

⑥ You look hungry.

⑦ You mean you don't want to tell it to anyone.

⑧ Why do you play online games?

⑨ You look sleepy.

(☆☆☆○○○○)

【20】 次の対話は，小学校の学級担任(HRT)と外国語指導助手(ALT)との授業の準備の一場面である。対話の内容に合うように，以下の(1)，(2)の質問に対する答えとして最も適当なものを，①〜④のうちからそれぞれ一つずつ選びなさい。

HRT : I'd like to talk with you about next week's class. This is my plan. After finishing the song, chants, and phonics as usual, we're going to introduce a new expression. Then, I'll show the students the goal of the class. Next, we'll move on to the activity. At the end of the class, we're going to have about five minutes for wrapping up and reflecting.

ALT : I see. What's the new expression?

HRT : It's "I want to ～." I hope the students can use it again and again in the activity. Do you know any good activities for it? I'd like to hear your opinion.

ALT : I have a good idea. It's a listening and speaking activity. Do you think they like interview games?

HRT : Yes. Actually, they like talking with their friends in English.

ALT : That's good. I believe interviewing is effective for having them express their own ideas and feelings. It'll be a good opportunity for them to use the expression as they like.

HRT : I think so too. But I think it may be a little difficult for some students to understand how to play the game.

ALT : You're right. So, before starting the activity, shall we show them how to do it?

HRT : Sounds great. It's important to make the instructions and rules clear.

ALT : Also, they need to practice the new expression so that they can enjoy the game.

HRT : That's correct. I think the students will enjoy the activity and get used to using English. Thank you for the good idea.

ALT : You're welcome.

(1) Question : According to the passage, what is one good point of the interview game?

① The students don't have to spend any time to understand its rules before starting the activity.

② The students can finish the game in five minutes for wrapping up and reflecting.

③ The students don't have to use the new expression many times in order to enjoy the game.

④　The students can express their own ideas and feelings in the activity.

(2)　Question : According to the passage, which statement is NOT true?

①　The students need to practice the new expression to enjoy the activity.

②　The students must write their own ideas in the interview activity.

③　The teachers should have clear instructions and rules for the activity.

④　The teachers are going to wrap up and reflect in the last part of the class.

(☆☆☆○○○○○)

解答・解説

【1】②

〈解説〉ア　学年の目標の(2)は，思考力，判断力，表現力等に関する目標である。自分の思いや考えについて，低学年は「もつこと」，中学年は「まとめること」，高学年は「広げること」と，重点が系統的に示されている。「確かなものにすること」は，中学校第1学年における重点である。　イ　目標の(3)は，学びに向かう力，人間性等に関する目標である。読書については，低学年では「楽しんで」，中学年では「幅広く」，高学年では「進んで」読書をすることに，それぞれ重点が置かれている。

【2】(1)　②　　(2)　③　　(3)　④

〈解説〉(1)　傍線部aは「保証」。①は「対称」，②は「証明書」，③は「序章」，④は「継承」である。　(2)　①　「反復法」は用いられていない。　②　「擬人法」は用いられていない。　④　「体言止め」は用いられていない。　(3)　①　「遠慮がちで弱々しく聞こえて哀れに思っている」が誤りである。　②　「しかたなく」という言葉が不適切

である。　③　「気持ちをはかりかねた」が誤り。考えは理解していると読み取ることができる。また，トキに思いを馳せているという心情を表したものでもない。

【3】(1)　①　　(2)　④　　(3)　②　　(4)　③

〈解説〉(1)　aのみ接続詞で，他はいずれも呼応の副詞である。　(2)　空欄の部分を含む第1段落は，この文章においては要点が示されていると考えることができる。よって，次以降の段落でどのようなことが説明されているかを考え，その内容にふさわしい熟語を選ぶとよい。第2段落以降では，「時間感覚」に関するテーマを中心に論述が展開されている。　(3)　下線部Aの直前に，「頭の中の時間軸は，自分に固有の時間軸だけしかないのであろう」と述べられており，そこに理由があることを解説している記述であり，適切である。　①　空間認識については，第1段落で「空間認識はよくでき，…」と述べられており，時間に関する内容でもないため不適切。　③　第2段落で，「ヒトがもっと時間感覚の発達した生き物だったら」という仮定の中で述べられている内容であり，不適切。　④　最終段落で，ヒトが足りない部分を想像力で補って他の生き物と付き合っていく理想的な時間感覚に該当する記述であり，「外部に閉ざされた存在」の理由として相応しくない。　(4)　下線部Bの直前に，「足りない部分を『想像力』で補って，さまざまな生き物の時間軸を頭に描きながら，ほかの生き物と付き合っていく」ことが述べられており，適切である。　①　「ヒト固有の時間軸をさまざまな生き物にあてはめて支配していく」が誤りである。②　筆者は，「時間軸を統一」していくことは主張していない。　④　筆者は「ヒトの責任」について，空間認識に関することは主張していない。

【4】(1)　①　　(2)　④　　(3)　③

〈解説〉(1)　送りがなを手がかりにして考えてみるとよい。　(2)　五言絶句や五言律詩は，偶数句末の字が韻を踏んでいる。　(3)　この漢詩

に込められた思いは，4句目に集約された望郷の念である。　①　「明日への希望を強く詠んだもの」が誤りである。　②　「自然の雄大さ」が誤り。　④　「変わることのない悠久の世界のよさ」が誤りである。

【5】(1)　③　　(2)　①

〈解説〉(1)　社会科の目標の柱書からの出題である。「見方・考え方」は，「どのような視点で物事を捉え，どのような考え方で思考していくのか」というその教科等ならではの物事を捉える視点や考え方であり，基本的には全ての教科等の柱書に示されている。また，「社会的な見方・考え方を働かせ，課題を追究したり解決したりする活動を通して」とは，社会科，地理歴史科，公民科の特質に応じた学び方を示したものである。教科の目標の柱書には必ず，その教科において育成する資質・能力が示される。「グローバル化する国際社会に主体的に生きる平和で民主的な国家及び社会の有為な形成者に必要な資質・能力」は，「公民としての資質・能力」を示している。「グローバル化」は社会科のキーワードといえる。　(2)　ア　「身近な地域や市の様子を捉え」の部分から，第3学年の内容である。　イ　「県の様子を捉え」の部分から，第4学年の内容である。　ウ　「政治」に関する内容であることから，第6学年の内容である。　エ　「国土の自然環境の特色やそれらと国民生活との関連」の部分から，第5学年の内容である。

【6】(1)　①　　(2)　②

〈解説〉(1)　加曽利貝塚は，今から約5000年前の縄文時代中期に形成が始まった遺跡である。　①　青森県にある三内丸山遺跡は，縄文時代の集落跡で日本最大級である。　②　稲荷山古墳は，埼玉県にある埼玉(さきたま)古墳群の中の前方後円墳で，古墳時代の5世紀後半から6世紀にかけてつくられた。　③　大仙古墳は，日本で一番大きな墓で，仁徳天皇陵として名高い。大阪府堺市にあり，古墳時代の5世紀中ごろに築造されたと言われている。　④　佐賀県にある吉野ヶ里遺跡は，弥生時代の日本最大級の遺跡である。　(2)　「くさび形文字で記され

た法典」とは,「ハンムラビ法典」である。「ハンムラビ法典」は,紀元前18世紀ごろバビロン第1王朝の王ハンムラビによって制定された。「目には目を,歯には歯を」の同害同復法で名高い。バビロン第1王朝は,古代メソポタミアの都市バビロンを首都とするアモリ人の王朝である。①はエジプト文明,②はメソポタミア文明,③はインダス文明,④は黄河文明に関する記述である。

【7】③

〈解説〉③　消費税は,同じ消費額に同じ税率を課すという点では公平だが,所得の低い人ほど所得に占める税負担の割合が相対的に高くなる。これを逆進性といい,累進課税とは真逆の性質である。　①　消費税は,間接税の種類の一つである。間接税は,税金を納める義務のある人(納税者)と税金を負担する人(担税者)が異なる税金のことをいう。　②　消費税は,商品を買ったときや,サービスの提供を受けたときに,地方消費税と合わせてかかる。　④　2022年4月現在においては,消費税の税率は10%だが,飲食料品の「テイクアウト(持ち帰り)」の場合は,軽減税率(8%)の対象となる。

【8】④

〈解説〉国際的な地域主義は,地理的に近い国家同士などが,地域の自主性を保ちながら,その連帯,協力を強化しようとする考え方のことである。その代表例として,欧州連合(EU),東南アジア諸国連合(ASEAN),アフリカ連合(AU),アメリカ・メキシコ・カナダ協定(USMCA)などがある。また,アジア太平洋経済協力会議(APEC)や環太平洋パートナーシップ(TPP)など,さらに広域的で多様な国家を含む構想も提唱されている。ただし,④については,オーストラリアはTPP協定に調印しているため,適切ではない。

【9】(1)　③,⑤　　(2)　②

〈解説〉(1)　資料1の①は福井県,②は岐阜県,③は愛知県である。「野

菜や果樹，花きなどの生産が盛ん」，「輸送用機械器具の製造品出荷額等が県の製造品出荷額等の5割以上」，「県庁所在地は政令指定都市になっており，全国で4番目に人口の多い市」から判断して，文章は資料1の③の愛知県の特色を述べたものと分かる。資料2において愛知県は，人口集中地区の割合が他の2県に比べて圧倒的に高い⑤である。なお，過疎地域のデータバンク(一般社団法人全国過疎地域連盟)の令和4年4月1日現在の資料によれば，過疎地域の面積の割合は，福井県が44.4%，愛知県が18.1%，岐阜県が69.7%となっている。　(2)　わかりやすい順に選んでいく。まず，Cは木材の出荷額で2位となっており，訪日外国人の訪問率も上位5都道府県に入っていることから，奈良県である。Aは金属製品の製造品出荷額が2位で，Bは緑茶の出荷額が2位であることから，大阪府と京都府の特徴を考えれば，Aが大阪府で，Bが京都府であると分かる。訪日外国人の訪問率において2位が京都府ではなく大阪府となっているのは，大阪府が自身の観光名所を持ち，グルメの街としても人気があるとともに，外国人に人気の京都府や奈良県へのアクセスがよいことが大きな要因とみられる。

【10】(1)　ア　③　　イ　④　　(2)　②
〈解説〉(1)　内容の取扱いについての配慮事項である。　ア　「具体的な体験を伴う学習」にかかる活動であることから，「具体物を操作したり」が当てはまる。「具体物を操作する」活動は，第1学年から第3学年までの数学的活動の一つとして示されている。　イ　「よりよく問題解決できたことを実感する機会を設けること」は，同じく「第3　指導計画の作成と内容の取扱い」の数学的活動に関する配慮事項として示されている。「算数を利用することのよさ」は，学習指導要領解説(平成29年7月)において，第4学年から第6学年までの数学的活動である「日常の事象から算数の問題を見出して解決」する活動についての解説において用いられている表現である。　(2)　②が第5学年の内容で，「C　変化と関係」領域の指導事項である。①と④は，どちらも第6学年の「C　変化と関係」の内容，③は第4学年の「D　データの活用」

の内容である。

【11】(1)　ア　1　　イ　4　　(2)　ウ　8　　エ　6　　(3)　オ　9

カ　7　　(4)　キ　5　　ク　0　　(5)　ケ　1　　コ　2

(6)　サ　3　　シ　2　　ス　5

〈解説〉(1)　$-1+(-4)^2\div2-(-7)=-1+16\div2+7=-1+8+7=-1+$

$15=14$　(2)　$7\sqrt{6}-\dfrac{6}{\sqrt{6}}+\sqrt{24}=7\sqrt{6}-\dfrac{6\times\sqrt{6}}{\sqrt{6}\times\sqrt{6}}+2\sqrt{6}=7\sqrt{6}$

$-\sqrt{6}+2\sqrt{6}=8\sqrt{6}$　(3)　$x^2=-2x+63$より，$x^2+2x-63=0$

$x^2+2x-63=(x+9)(x-7)=0$　$x=-9$，$x=7$　(4)　はじめにある鉛筆の

本数をx本とすると，ある委員会の児童の人数の関係から$\dfrac{x-1}{7}=\dfrac{x+6}{8}$

これを解いて，$x=50$　はじめにある鉛筆の本数は50本である。

(5)　Aが偶数番目に発表する場合は，2番目か4番目の2通りある。そのそれぞれの場合に対して，B，C，Dの3人の発表する順番が$3!=3\cdot2\cdot1=6$〔通り〕ずつあるから，Aが偶数番目に発表する場合の，4人の発表する順番は，$2\times6=12$〔通り〕ある。　(6)　点A，Bは$y=\dfrac{1}{2}x^2$上にあるから，そのy座標はそれぞれ$y=\dfrac{1}{2}\times(-2)^2=2$，$y=\dfrac{1}{2}$

$\times5^2=\dfrac{25}{2}$　よって，A$(-2,2)$，B$\left(5,\dfrac{25}{2}\right)$　直線ℓの傾き$=\dfrac{\dfrac{25}{2}-2}{5-(-2)}$

$=\dfrac{3}{2}$　直線ℓの式は，$y-2=\dfrac{3}{2}\{x-(-2)\}$より，$y=\dfrac{3}{2}x+5$

【12】(1)　ア　3　　イ　6　　(2)　ウ　9　　エ　6

〈解説〉(1)　△EAF∽△BCFで，その相似比はAE：CB＝AE：AD＝1：

(1+2)＝1：3　相似な図形では，面積比は相似比の2乗に等しいから，

△EAF：△BCF＝1^2：3^2＝1：9　よって，△BCF＝9△EAF＝9×4＝36

〔cm²〕　(2)　平行線と線分の比についての定理より，AF：FC＝AE：

BC＝1：3　△BCFと△ABCで，高さが等しい三角形の面積比は，底辺

の長さの比に等しいから，△BCF：△ABC＝FC：AC＝3：(1＋3)＝3：4　△ABC＝$\frac{4}{3}$△BCF＝$\frac{4}{3}$×36＝48〔cm²〕　よって，平行四辺形ABCDの面積は，2△ABC＝2×48＝96〔cm²〕

【13】(1)　⑥　　(2)　③

〈解説〉(1)　ア　小学校理科では，様々な自然の事物・現象を対象にして学習を行う。理科の目標の柱書にも，「自然の事物・現象についての問題を科学的に解決するために必要な資質・能力を育成する」ことを目指すとしている。　イ　目標の(2)は，思考力，判断力，表現力等に関する目標である。児童が自然の事物・現象に興味・関心をもち，そこから問題を見いだし，予想や仮説を基に観察，実験などを行い，結果を整理し，その結果を基に結論を導きだすといった問題解決の過程の中で，問題解決の力が育成される。理科の観察，実験などの活動は，児童が自ら目的，問題意識をもって意図的に自然の事物・現象に働きかけていく活動である。　ウ　目標(3)は，学びに向かう力，人間性等に関する目標である。「主体的に問題解決しようとする態度を養う」というねらいは，基本的に全ての学年の各区分の目標③にも示されている。　(2)　ア　配慮事項の(1)は，言語活動の充実が示されているが，ここには思考力，判断力，表現力等の育成を図ることをテーマとして，そのための学習活動が列挙されている。選択肢中の「論理的思考力」は，小学校学習指導要領(平成29年告示)においては「プログラミングの体験を通して身に付ける力」として位置づけられている。それらのことを理解していれば，bを選択することができるはずである。　イ　配慮事項の(3)は，体験的な学習活動の充実について示されている。「生物，天気，川，土地」に共通しているのは「自然」であり，それにかかわる選択肢を選べばよい。　ウ　今回の学習指導要領改訂では，日常生活や他教科等との関連を図った学習活動や，目的を設定し，計測して制御するといった考え方に基づいた学習活動などにおいて，理科の面白さを感じたり，理科を学ぶことの意義や有用性を認識したりすることができるように改善が図られた。

【14】(1)　②　　(2)　③

〈解説〉(1)　振り子が1往復する時間は，振り子の長さによって変化する。一方，おもりの重さを変えても，おもりの振れ幅を変えても，振り子の長さが一定であれば，振り子が1往復する時間は変わらない。この性質を振り子の等時性という。したがって，振り子のおもりとなる小球の重さを変えても，かかる時間は変わらない。　(2)　振り子は，開始した地点と同じ位置の反対側の地点まで振れて，逆方向に戻ってくる。反対側の同じ高さまで振れる。したがって図Bの要領で振り子を振れさせた場合，aと同じ高さの③まで振れて戻ってくる。

【15】(1)　②，⑦　　(2)　⑤

〈解説〉(1)　午後6時は日の入りのころの時刻で，観測地点は南の空にbの月が見える位置(②)にある。上弦の月は，向かって右手が明るいことから，⑦である。　(2)　太陽と地球と月が一直線に並ぶ状況は，月がa又はcの位置にある場合である。また，月の全体や一部が地球の影に入る現象とあることから，月がcの位置にあると分かる。太陽と地球と月が一直線で並び，月が地球の影に入ることで欠けて見える現象を，月食という。

【16】(1)　①　　(2)　④

〈解説〉(1)　ろ過を行うときは，溶液が飛び跳ねないようにガラス棒を使って水溶液をろうとに流し入れ，その際は途絶えることなく，ろ過速度を保つようにろうとの長いほうをビーカーの壁にくっつけて行う。　(2)　溶解度曲線のグラフから，20℃になると溶けるミョウバンの量は12gほどである。50g溶けていた状態から20℃にすると，50－12＝38で，約38gが結晶となって析出される。

【17】(1)　①　　(2)　②

〈解説〉(1)　タマネギは，種子植物の被子植物であり，単子葉類に分類

される。葉は平行脈で，維管束を持つ。　(2)　細胞分裂は，分裂期へ入ると，核膜や核小体が消え染色体が凝縮し(b)，赤道面に染色体が並んで紡錘体を作り(d)，染色体が1本ずつに分かれ，細胞の両端に移動する(e)。細胞の両端に新たな核膜・核小体が現れて，細胞質も2つに分かれて核の形が見えるようになり，2つの細胞ができる(c)という過程で行われる。

【18】④

〈解説〉A　教科の目標の(2)は，思考力，判断力，表現力等の育成に関わる目標として掲げられたものである。中学年の外国語活動においては，外国語を初めて学習することに配慮し，簡単な語句や基本的な表現を用いた導入の学習が行われる。高学年の外国語科では，音声で十分に慣れ親しんだ外国語の簡単な語句や基本的な表現について，音声と文字とを関連付けながら，推測しながら読む力を養うことなどがねらいとなっている。学習の初期段階であることを考えれば，取り扱われるのは「基本的な表現」と判断できるはずである。　B　教科の目標の(3)は，学びに向かう力，人間性等の涵養に関わる目標として掲げられたものである。教科の目標の柱書にある「外国語によるコミュニケーションにおける見方・考え方」には，外国語やその背景にある文化を，社会や世界，他者との関わりに着目して捉えるという意図が込められている。つまり，外国語で他者とコミュニケーションを行う際には，社会や世界との関わりの中で事象を捉えたり，外国語やその背景にある文化を理解するなどして，相手に十分配慮したりすることが重要であることを示している。外国語の背景にある文化に対する理解が深まることは，その言語を適切に使うことにつながるものである。

【19】(1)　⑨　　(2)　②　　(3)　⑦

〈解説〉(1)　ALTが「昨夜は1時に寝ました」と言っているのに対して，HRTが「早く帰って休んだ方がいいですよ」と言っている場面なので，⑨の「眠そうですね」を入れるのが適切。　(2)　ALTの空欄の発言の

前後で，HRTが「朝4時半に起きます」「毎朝走っているからです」と言っているので，その間に入るALTの発言は②の「どうしてそんなに早く起きるのですか？」が適切。 (3) Renの「秘密にしておく？それはどういう意味ですか？」という発言に対して，HRTがジェスチャーで表して見せた後，Renが「わかった」と言っている場面なので，⑦の「そのことを誰にも言いたくないっていうことですね」が適切。

【20】 (1) ④ (2) ②

〈解説〉(1) ALTの3つ目の会話に，「インタビューゲームは，自分の考えや気持ちを表現する活動として効果的です。子どもたちが好きなように表現を使うには良い機会になるでしょう」と述べているので，④が適切。 (2) ALTの3つ目の会話文に「インタビューゲームは，自分の考えや気持ちを表現する活動として効果的です」とは言っているが，「自分の考えを書かなければならない」とは言っていない。
① 「生徒は活動を楽しむために，新しい表現を練習しなければならない」については，ALTの5つ目の会話文に書かれている。 ③ 「教師は，活動に関する明確な指示と規則を設定するべきである」については，HRTの5つ目の会話文に書かれている。 ④ 「教師は，授業の最後にまとめと振り返りをする」については，HRTの最初の会話文に書かれている。

2022年度　実施問題

※問題文中の「小学校学習指導要領」は，平成29年3月告示(文部科学省)
とする。

【1】次の文章は，小学校学習指導要領国語の「第3　指導計画の作成と
内容の取扱い」から抜粋したものである。(ア)，(イ)にあては
まる語句の組合せとして最も適当なものを，以下の①〜④のうちから
一つ選びなさい。

> 　単元など内容や時間のまとまりを見通して，その中で育む
> (ア)の育成に向けて，児童の主体的・対話的で深い学びの実
> 現を図るようにすること。その際，言葉による見方・考え方を
> 働かせ，(イ)を通して，言葉の特徴や使い方などを理解し自
> 分の思いや考えを深める学習の充実を図ること。

① 　ア　知識・技能　　イ　指導事項
② 　ア　知識・技能　　イ　言語活動
③ 　ア　資質・能力　　イ　指導事項
④ 　ア　資質・能力　　イ　言語活動

(☆☆☆◎◎◎)

【2】次の文章を読み，以下の(1)〜(3)の問いに答えなさい。

> 　三郷心は，北九州工業高校電子機械科のたった一人の女生徒
> である。腕のよいを(注1)旋盤工であった祖父の営む町工場で，祖
> 父や父が工具たちに交じって旋盤を回す姿を見て育った。しか
> し，祖父が長年かけて技術を築きあげてきた工場も不景気のあ
> おりを受け，五年前に倒産してしまった。
> 　コンピューター研究部に所属している心だが，授業で旋盤を扱

　うセンスのよさを先生に見込まれて，ものづくり研究部の手伝い
をすることになる。仕方なく始めた手伝いであったが，日を追う
ごとに，心のものづくりに対する思いが変わりつつあった。
　　ある日の放課後，心はいつものようにコンピューター研究部で
パソコンに向かうが，「実行できません」という画面表示があら
われ，うまく作動しなかった。作業をやめ，帰り支度をして駐輪
場に行くと，ものづくり研究部のエースの原口と出くわした。

「おまえ，いつも不機嫌やな」
　こめかみがぴくりと脈を打つ。
　心はつきさすように原口を見た。
「関係ありますか？　それ」
　低い声で問うと，原口は「いや……」と口ごもり，すぐにきっと顔
を引き締めた。
「おれは，コンピューターよりも人間のほうが数段上等だと思っとる。
コンピューターにはプログラム以外のことには，対応できん。人は技
を鍛えてさえおけば，どんな仕事にも対応できる」
　さっきのパソコン画面が思い出されて，痛いところをつかれたよう
な気分になった。微細な差異に反応して，作動しなかったのは，精密
さの裏返しではあるけれど，いざという時には確かに困る。たとえば
銀行のATMや列車の運行管理システムなどに不具合が生じれば，大き
なパニックを引き起こすことだってある。
「そのうち，臨機応変にあらゆる不都合に対応できるコンピューター
もできますよ。ていうか，もうできとるかもしれんし」
　ａクヤシマギレに言い返すと，原口の鋭い目がさらにつり上がった。
「おまえ，旋盤みたいな技術は古臭いとか言いたいんかもしれんけど
な」
　たたきつけるように言ってから，ぐっと心を見据えた。
「ものづくりはなくならんよ。なぜなら」
　Ａまさに鬼の形相だ。旋盤の鬼。鬼気迫る表情。負けまいと心もし

86

っかりと見返す。そして次の言葉を待った。

「ものづくりは，楽しいからだ！」

　荒らげた声で言いきって，原口は走っていってしまった。心はしばらくぼんやりとその背中を見送った。

　下校を促す放送がうっすらときこえて，心は我に返った。はっと腕時計を見ると，七時四十五分だ。ここへ来たのは七時前だったはずだから，小一時間ほどもぼんやりしていたのだろうか。

　心はあわてて荷物を前かごに入れ，自転車のハンドルを握った。そのとたんのことだった。手のひらに硬い手ごたえを感じた。

　ああ，また。

　心は両手を握りしめる。手ごたえの正体はわかっている。これは⁽注2⁾フライス盤の握りの手触りだ。鉄の塊を真っ二つにした時の，あの強烈な衝撃。初めてフライスで鉄を切った時以来，何度となくあの時の感触がこの両手によみがえってきていたのだった。

　前かごに入れたバッグが目に入る。三郷心と名前が書いてある。

　心は⁽注3⁾心出しの心。肝心要の心。

　バッグのファスナーが少しだけ開いていた。そのわずかな隙間を心は見つめる。暗闇で銀色が光っていた。サイコロだ。そっと取り出す。その正確な正立方体。

「ものづくりは，楽しいからだ！」

　_B<u>原口の声が耳の奥にわんわんとこだまし始めた。</u>

　<u>風もないのに，体の中で何かが揺れた。</u>

　心は駆け出す。どこへ行くかは，頭より先に足が了解しているらしい。一直線に走っていく。

　シュルーン，シュルルーン

　工場からもれる機械音に，心は耳を澄ます。だんだん近づいてくる。⁽注4⁾バイトが鉄に触れる瞬間の挑むような高音が。細かな⁽注5⁾キリコがはねるかすかな音が。扉の向こうのくぐもった音が，心の中のいちばん深いところにまっすぐ響く。

　旋盤で挽く，削る，ドリルで揉む，平面をきさぐ。まだ充分にでき

ない技術を手が欲しがるように震えた。

　この扉の中にあるものが，私の血肉をつくってきたものなのだ。

　心は体ごと，工場の扉を開けて飛び込んだ。

　匂い立つ機械油と，焼けた鉄の酸っぱいような匂いが鼻腔をさす。激しいほどに強い鋼の気配がどうしようもなく体を包んだ。

「私にもやらせてください」

　叫ぶように言った。四人の目がぽかんと自分を見つめていた。

　　　　　　　　　　　（まはら三桃『鉄のしぶきがはねる』による）

- (注1)　旋盤工…………「旋盤」という機械を使って金属などを加工する職人
- (注2)　フライス盤……金属などを加工する工作機械
- (注3)　心出し…………工作機械と材料の中心を合わせる調整作業
- (注4)　バイト…………旋盤で使用される切削用具
- (注5)　キリコ…………金属を削った時に出る鉄くず

(1)　文章中の下線部a「クヤシマギレ」の「マギ」と同じ漢字を使用するものを，次の①〜④のうちから一つ選びなさい。

　①　人工授フン　　②　孤軍フン闘　　③　国際フン争

　④　思慮フン別

(2)　文章中に，下線部A「まさに鬼の形相だ。旋盤の鬼。鬼気迫る表情」とあるが，そのときの原口の心情を説明した内容として最も適当なものを，次の①〜④のうちから一つ選びなさい。

　①　心の言葉に対する強い憤りと人間が鍛えあげた技術はどんなことにも対応できるという固い信念。

　②　臨機応変にあらゆる不都合に対応するコンピューターの時代が来ることに対する焦りといらだち。

　③　人間の中にしみついた旋盤を扱う技術は絶対だ，というおごり高ぶる気持ちとゆるぎない自信。

　④　心の言葉に対する強い憤りと，長年かけて身につけた技術では太刀打ちできないという敗北感。

(3)　文章中に，下線部B「原口の声が耳の奥にわんわんとこだまし始

めた。風もないのに，体の中で何かが揺れた」とあるが，そのとき
の心の心情を説明した内容として最も適当なものを，次の①〜④の
うちから一つ選びなさい。

① 原口のものづくりに対する強い思いを聞き，自分のこれまでの
  言動が不適切だったと気付いて，深く反省し動揺している。

② 原口の言葉を聞き，心の中に知らず知らずのうちに育まれてい
  た，ものづくりに対する思いがこみあげ揺さぶられている。

③ 鉄の塊をフライスで切った時の感触が原口の声でよみがえり，
  自分はどの道に進めばよいのか迷い，心が揺れ動いている。

④ 工場からもれる機械音と原口の声が重なり，心の中のいちばん
  深いところにまっすぐ響き，魂を揺さぶられ感動している。

(☆☆☆◎◎◎)

【3】次の文章を読み，以下の(1)〜(4)の問いに答えなさい。

　思春期以前の少年は世界に包まれて生きていた。少年は世界と一体
となって生きていて，だから，外へ外へと思いを広げていけるように
感じていた。楽しいときでも，悲しいときでも，苦しいときでも，世
界の流れに身をまかせて生きていて，世界とは異質な自分を意識する
ことがなかった。

　それが，思春期に至って，A世界とは異質な自分というものを意識
せざるをえなくなる。世界に一体化できず，世界の流れに身をまかせ
られない自分があるのを意識せざるをえない。意識は，世界と自然に
つながって生きているという実感を，もうもつことができない。世界
に包まれ，世界と一体となることのできない自分，世界を外れ，世界
とのあいだに隙間のできた自分を，意識せざるをえない。

　思春期の意識の核をなすのが，この違和感だ。思春期の孤独，a不
安，反抗，友愛，倦怠，失意，果断，情熱は，すべてこの違和感から
発してくる。世界と一体化できない自分が立ちあらわれ，その自分に
世界との根本的な違和感が突きつけられるのが，思春期というものだ。
その位置から過去を振りかえると，世界に包まれ，世界と一体化して

生きていた少年時代は，自分というもののなかった時期，なくて済んだ時期ということができる。

　が，思春期の違和感は当人の体と心の自然な成長によってもたらされたものだから，容易に解消はできない。いや，B<u>完全な解消は不可能</u>だといってよい。世界をはみだすようにして存在する自分は，それがひとたび立ちあらわれたとなると，それをもう一度世界のなかに溶かしこむことはできない。世界とは異質な自分を自覚するに至った思春期の意識は，もう，自分のない少年時代の意識に還っていくことはできない。違和感をかかえ，違和感を生きる力として生きていくほかはない。自分を世界に向かって解消するのでなく，C<u>自分と向き合って生きるほかはない</u>。

（長谷川宏『高校生のための哲学入門』による）

(1)　文章中の下線部a「不安」の対義語として最も適当なものを，次の①～④のうちから一つ選びなさい。

　① 安心　　② 動揺　　③ 平然　　④ 無事

(2)　文章中の下線部A「世界とは異質な自分」とはどのような自分か，最も適当なものを，次の①～④のうちから一つ選びなさい。

　① 世界に包まれ一体化して生きている自分

　② 少年時代の意識に還っていける自分

　③ 世界をはみだすようにして存在する自分

　④ 外へ外へと思いを広げていける自分

(3)　文章中の下線部B「完全な解消は不可能」とあるが，その理由として最も適当なものを，次の①～④のうちから一つ選びなさい。

　① 少年時代の意識の核をなす違和感は，当人の体と心の自然な成長によってもたらされたものだから。

　② 世界からはみだすようにして存在していた自分から，世界とは異質な自分に変わってしまったから。

　③ 世界に包まれて生きていた少年の意識のまま，世界とは異質な自分を自覚することはできないから。

　④ 世界と一体となって，世界の流れに身をまかせて生きていた少

年の意識に戻ることはできないから。

(4) 文章中の下線部C「自分と向き合って生きるほかはない」とあるが,「自分と向き合って生きる姿」を説明したものとして,最も適当なものを,次の①～④のうちから一つ選びなさい。

① 思春期の違和感から逃れるために,自分の心と体の自然な成長によって再び世界と一体化するときを待つ姿。

② 思春期の違和感が体と心の自然な成長によってもたらされたものと考えて,違和感を生きる力としていく姿。

③ 違和感を世界に向かって解消するために,異質な自分を自覚し世界に自分のよさを伝えながら生きていく姿。

④ 世界に違和感をもつ自分を自覚して,体と心の自然な成長を促すために,自らすすんで世界をかえていく姿。

(☆☆☆◎◎◎)

【4】次の漢詩を読み,以下の(1)～(3)の問いに答えなさい。

元二が安西に使いするを送る　王維

渭城の朝雨軽塵を浥し
客舎青青柳色新たなり
君に勧む更に尽くせ一杯の酒
西のかた陽関を出ずれば故人無からん

(注1)　安西……西域の政治軍事のかなめだった安西都護府

(注2)　渭城……いまの陝西省咸陽市の東北，渭水の川の北岸

(注3)　陽関……漢代に置かれた関所。いまの甘粛省敦煌県の西南にあった，西域との交通の重要拠点

(1)　この漢詩の三句目の「君」は誰を指しているか(ア)，また四句目の「故人」とは，ここではどのような意味か(イ)。(ア)，(イ)の組み合わせとして最も適当なものを，次の①〜④のうちから一つ選びなさい。

①　(ア)　王維　　(イ)　恩師　　②　(ア)　王維　　(イ)　旧友

③　(ア)　元二　　(イ)　恩師　　④　(ア)　元二　　(イ)　旧友

(2)　この漢詩の特徴を表す文章として最も適当なものを，次の①〜④のうちから一つ選びなさい。

①　形式は七言絶句であり，一句目，二句目，四句目の最後の字が押韻している。

②　形式は七言律詩であり，二句目，三句目，四句目の最後の字が押韻している。

③　形式は七言絶句であり，一句目と二句目，三句目と四句目を対句にしている。

④　形式は七言律詩であり，それぞれの句を「起句・承句・転句・結句」という。

(3)　この漢詩の解釈として最も適当なものを，次の①〜④のうちから一つ選びなさい。

①　友と酒を酌み交わしながら，春の美しい景色を眺める時間を慈しみ，永遠に続いてほしいと願う詩。

②　別れの酒を酌み交わして夜が明けた今，はるか西方の安西に旅立つ友人を見送る気持ちを詠んだ詩。

③　旅立つ友人の無事を祈るとともに，いつまでも恩師への感謝の気持ちをもち続けてほしいと願う詩。

④　雨が静かに降る春の朝，恩師を見送ることをためらい，友と一緒に引き留めたい気持ちを詠んだ詩。

(☆☆☆◎◎◎)

【5】小学校学習指導要領社会について，次の(1)，(2)の問いに答えなさい。

(1) 次の文は，「第1　目標」から抜粋したものである。（　ア　）～（　エ　）にあてはまる語句等の組合せとして最も適当なものを，以下の①～⑤のうちから一つ選びなさい。

> (3) 社会的事象について，よりよい社会を考え（　ア　）に問題解決しようとする態度を養うとともに，（　イ　）を通して，地域社会に対する誇りと愛情，（　ウ　），我が国の国土と歴史に対する愛情，我が国の将来を担う国民としての自覚，（　エ　）ことの大切さについての自覚などを養う。

	①	②	③	④	⑤
ア	主体的	主体的	実践的	主体的	実践的
イ	調査活動と表現活動	多角的な思考や理解	総合的な思考や理解	多角的な思考や理解	調査活動と表現活動
ウ	地域の伝統に対する愛情	地域の伝統に対する愛情	地域社会の一員としての自覚	地域社会の一員としての自覚	地域の伝統に対する愛情
エ	国民としての義務を果たす	世界の国々の人々と共に生きていく	国民としての義務を果たす	世界の国々の人々と共に生きていく	世界の国々の人々と共に生きていく

(2) 次の文章は，「第3　指導計画の作成と内容の取扱い」から抜粋したものである。（　オ　），（　カ　）にあてはまる語句の組合せとして最も適当なものを，以下の①～⑥のうちから一つ選びなさい。

> 2　(1)　各学校においては，地域の実態を生かし，児童が興味・関心をもって学習に取り組めるようにするとともに，観察や見学，聞き取りなどの調査活動を含む具体的な体験を伴う学習やそれに基づく表現活動の一層の充実を図ること。また，社会的事象の特色や意味，社会に見られる課題などについて，多角的に考えたことや選択・判断したことを論理的に説明したり，立場や根拠を明確にして議論したりするなど（　オ　）に関わる学習を一層重視すること。

2　(2)　学校図書館や公共図書館，コンピュータなどを活用して，情報の収集やまとめなどを行うようにすること。また，（　カ　）において，地図帳を活用すること。

	①	②	③	④	⑤	⑥
オ	探究活動	言語活動	社会活動	探究活動	言語活動	社会活動
カ	第４学年以降	第４学年以降	第４学年以降	全ての学年	全ての学年	全ての学年

(☆☆☆◎◎◎)

【6】次の略年表を見て，以下の(1)，(2)の問いに答えなさい。

年	できごと
1167	平清盛が太政大臣になる
1185	壇ノ浦の戦いがおこる
1192	源頼朝が征夷大将軍になる
1221	承久の乱がおこる
	↕ (A)
1333	鎌倉幕府がほろびる

(1)　次の四つの文は，略年表中の(A)の期間におきたできごとを示したものである。年代の古いものから順に並べたとき，正しいものはどれか。最も適当なものを，以下の①～④のうちから一つ選びなさい。

ア　元寇がおこった。

イ　北条泰時が御成敗式目(貞永式目)を定めた。

ウ　幕府が永仁の徳政令を出した。

エ　京都に六波羅探題を置いた。

並べ方	古い ──────→ 新しい
①	ア → ウ → エ → イ
②	イ → エ → ウ → ア
③	ウ → ア → イ → エ
④	エ → イ → ア → ウ

(2)　次の四つの文は，略年表中の時期に広まった新しい仏教について，

述べたものである。新しい仏教に関する記述として，適当でないものを，次の①～④のうちから一つ選びなさい。

① 時宗を開いた一遍は，念仏の札を配ったり，踊念仏を取り入れたりするなどして，布教の旅をした。

② 臨済宗を宋から伝えた道元は，座禅によって自分の力でさとりを開くことを説いた。

③ 日蓮宗(法華宗)を開いた日蓮は,「南無妙法蓮華経」と題目を唱えれば人も国家も救われると説いた。

④ 法然の弟子の親鸞は，阿弥陀如来を信じる浄土真宗を農村に広めた。

(☆☆☆◎◎◎)

【7】次の文章は，日本銀行が行う政策について述べたものである。文章中の(ア)～(エ)にあてはまる語句の組合せとして最も適当なものを，以下の①～⑥のうちから一つ選びなさい。

> 日本銀行は，(ア)のときには，国債を(イ)ことで，銀行の資金量を(ウ)させる方法などを用いて物価の変動をおさえ，景気の安定を図っている。このような政策のことを(エ)という。

①	ア	好景気	イ	買う	ウ	減少	エ	財政政策
②	ア	好景気	イ	売る	ウ	減少	エ	財政政策
③	ア	好景気	イ	売る	ウ	増加	エ	金融政策
④	ア	不景気	イ	売る	ウ	増加	エ	財政政策
⑤	ア	不景気	イ	買う	ウ	減少	エ	金融政策
⑥	ア	不景気	イ	買う	ウ	増加	エ	金融政策

(☆☆☆◎◎◎)

【8】次の表は，日本国憲法や法律に基づく権利や義務について示したものである。表中の(ア)～(エ)にあてはまる語句の組合せとして

最も適当なものを，以下の①〜⑥のうちから一つ選びなさい。

表　日本国憲法や法律に基づく権利や義務

権利や義務が 発生する年齢	内容
18　歳	（　ア　）を持つ。
25　歳	（　イ　）に就くことができるようになる。
30　歳	（　ウ　）に就くことができるようになる。
（　エ　）歳	介護保険料を納付しなければならない。

① ア　選挙権　　　　イ　衆議院議員　　ウ　市区町村長
　　エ　40

② ア　選挙権　　　　イ　参議院議員　　ウ　市区町村長
　　エ　50

③ ア　選挙権　　　　イ　衆議院議員　　ウ　都道府県知事
　　エ　40

④ ア　被選挙権　　　イ　参議院議員　　ウ　都道府県知事
　　エ　40

⑤ ア　被選挙権　　　イ　衆議院議員　　ウ　都道府県知事
　　エ　50

⑥ ア　被選挙権　　　イ　参議院議員　　ウ　市区町村長
　　エ　50

(☆☆☆○○○)

【9】日本と世界の農業について，次の(1)，(2)の問いに答えなさい。

(1)　次の資料は，ある農作物について，2018年の全国の収穫量に占める割合上位5道県を示したものである。（　A　）〜（　C　）にあてはまる農作物の組合せとして最も適当なものを，以下の①〜⑥のうちから一つ選びなさい。

資料　全国の収穫量に占める割合上位5道県（2018年）

	A		B		C	
千葉県	13.8%	熊本県	14.6%	長崎県	30.8%
埼玉県	12.3%	千葉県	12.9%	千葉県	16.1%
茨城県	11.0%	山形県	10.1%	鹿児島県	9.2%
群馬県	4.3%	新潟県	5.5%	香川県	8.1%
北海道	4.3%	長野県	5.5%	兵庫県	5.7%

	①	②	③	④	⑤	⑥
A	ピーマン	ピーマン	ねぎ	ねぎ	~~ピーマン~~	ねぎ
B	すいか	メロン	すいか	すいか	~~メロン~~	メロン
C	びわ	かき	びわ	かき	~~かき~~	びわ

※⑤削除

（「データでみる県勢2020年版」より作成）

(2)　次の①～③のカードは，米・ばれいしょ・りんごの2018年の世界における生産量上位5か国を，④～⑥のカードは，米・ばれいしょ・りんごの2018年の日本における収穫量上位5道県を順に示したものである。米を示しているものとして最も適当なものを，①～③，④～⑥のうちからそれぞれ一つずつ選びなさい。

①	②	③	④	⑤	⑥
1 中国	1 中国	1 中国	1 北海道	1 新潟県	1 青森県
2 インド	2 インド	2 アメリカ合衆国	2 鹿児島県	2 北海道	2 長野県
3 インドネシア	3 ウクライナ	3 ポーランド	3 長崎県	3 秋田県	3 岩手県
4 バングラデシュ	4 ロシア	4 トルコ	4 茨城県	4 山形県	4 山形県
5 ベトナム	5 アメリカ合衆国	5 イラン	5 千葉県	5 宮城県	5 福島県

（「世界国勢図会 2020/21」「データでみる県勢 2020年版」より作成）

（☆☆☆○○○）

【10】小学校学習指導要領算数について，次の(1)，(2)の問いに答えなさい。

(1)　次の文章は，「第3　指導計画の作成と内容の取扱い」から抜粋したものである。（　ア　），（　イ　）にあてはまる最も適当な語句を，以下の＜解答群＞からそれぞれ一つずつ選びなさい。

　　数量や図形についての(ア)を豊かにしたり，表やグラフを用いて表現する力を高めたりするなどのため，必要な場面においてコンピュータなどを適切に活用すること。また，第1章総則の第3の1の(3)のイに掲げるプログラミングを体験しながら(イ)を身に付けるための学習活動を行う場合には，児童の負担に配慮しつつ，例えば第2の各学年の内容の〔第5学年〕の「B図形」の(1)における正多角形の作図を行う学習に関連して，正確な繰り返し作業を行う必要があり，更に一部を変えることでいろいろな正多角形を同様に考えることができる場面などで取り扱うこと。

<解答群>

① 表現　　　② 思考　　③ 感覚　　④ 情報活用能力

⑤ 論理的思考力　　⑥ 問題発見・解決能力

(2) 次の四つの文は，「第2　各学年の目標及び内容」で示された各学年の「2　内容」から抜粋したものである。第2学年の記述として最も適当なものを，次の①～④のうちから一つ選びなさい。

　　① 度数分布を表す表やグラフの特徴及びそれらの用い方を理解すること。
　　② 棒グラフの特徴やその用い方を理解すること。
　　③ 円グラフや帯グラフの特徴とそれらの用い方を理解すること。
　　④ 身の回りにある数量を分類整理し，簡単な表やグラフを用いて表したり読み取ったりすること。

(☆☆☆◎◎◎)

【11】次の(1)～(6)の問いに答えなさい。

(1) $-3^2-(-2)^2\times(-7)$ を計算すると，[アイ]である。

(2) $\sqrt{24}\times5\sqrt{2}\div\sqrt{3}$ を計算すると，[ウエ]である。

(3) まわりの長さが26cmで，縦の長さが横の長さよりも短い長方形がある。この長方形の面積が42cm²のとき，横の長さは[オ]cmである。

(4) 次の図のように，長方形ABCDの辺AD，BC上にそれぞれ点E，Fをとり，線分EFを折り目として長方形を折り返す。この折り返しによって頂点A，Bが移った点をそれぞれA′，B′とする。

∠A′EF＝115°のとき，∠xの大きさは[カキ]度である。

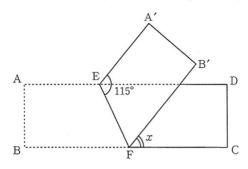

(5) 大小2つのさいころを同時に1回投げ，大きいさいころの出た目の数をa，小さいさいころの出た目の数をbとする。

このとき，$\dfrac{b}{a}$が偶数となる確率は$\dfrac{[\ ク\ ]}{[\ ケコ\ ]}$である。

ただし，さいころを投げるとき，1から6までのどの目が出ることも同様に確からしいものとする。

(6) 次の図は，あるクラスの児童30人が1か月間に図書館から借りた本の冊数をヒストグラムに表したものである。

このとき，借りた本の冊数の中央値は[サ].[シ]である。

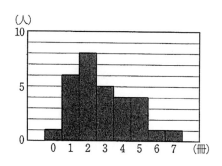

(☆☆☆◎◎◎)

【12】 次の図のように，1辺が2cmの立方体を横につなぎ合わせてできる立体の辺の長さの合計と表面積を考える。例えば，2個の立方体をつなぎ合わせてできる立体の辺の長さの合計は32cm，表面積は40cm²となる。

このとき，以下の(1)，(2)の問いに答えなさい。

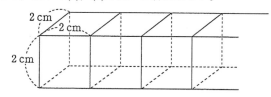

立方体の個数 （個）	1	2	・・・
立体の辺の長さの合計 （cm）	24	32	・・・
立体の表面積 （cm²）	24	40	・・・

(1) 4個の立方体をつなぎ合わせてできる立体の辺の長さの合計は [アイ]cmとなる。

(2) n個の立方体をつなぎ合わせてできる立体の表面積をScm²とする。Sをnを用いて表すと，

$$S=[\ ウエ\ ]n+[\ オ\ ]$$

となる。

(☆☆☆◎◎◎)

【13】 小学校学習指導要領理科について，次の(1)，(2)の問いに答えなさい。

(1) 次の文章は，「第1 目標」から抜粋したものである。文章中の（ ア ）～（ ウ ）にあてはまる語句の組合せとして最も適当なものを，以下の①～⑥のうちから一つ選びなさい。

> 自然に親しみ，理科の見方・考え方を働かせ，見通しをもって観察，実験を行うことなどを通して，自然の事物・現象についての問題を科学的に解決するために必要な資質・能力を次のとおり育成することを目指す。
>
> (1) （ ア ）についての理解を図り，観察，実験などに関する基本的な技能を身に付けるようにする。
>
> (2) （ イ ）などを行い，問題解決の力を養う。
>
> (3) （ ウ ）を愛する心情や主体的に問題解決しようとする態度を養う。

[語群]
a：科学 　b：自然 　　　　　　c：自然の事物・現象
d：生命 　e：予想，仮説，考察 　f：観察，実験

① ア：a イ：e ウ：b 　② ア：a イ：f ウ：d
③ ア：b イ：e ウ：a 　④ ア：b イ：f ウ：d
⑤ ア：c イ：f ウ：a 　⑥ ア：c イ：f ウ：b

(2) 次の①～④の各文は，「第2 各学年の目標及び内容」で示された各学年の「2 内容」から一つずつ抜粋したものである。第4学年の記述として最も適当なものを，次の①～④のうちから一つ選びなさい。

① 雨水の行方と地面の様子について追究する中で，既習の内容や生活経験を基に，雨水の流れ方やしみ込み方と地面の傾きや土の粒の大きさとの関係について，根拠のある予想や仮説を発想し，表現すること。

② 日なたと日陰の様子について追究する中で，差異点や共通点を

101

基に，太陽と地面の様子との関係についての問題を見いだし，表現すること。

③　流れる水の働きについて追究する中で，流れる水の働きと土地の変化との関係についての予想や仮説を基に，解決の方法を発想し，表現すること。

④　土地のつくりと変化について追究する中で，土地のつくりやでき方について，より妥当な考えをつくりだし，表現すること。

(☆☆☆◎◎◎◎)

【14】日本付近の気象について，次の(1)，(2)の問いに答えなさい。

(1)　次図は，天気図の一部を示している。低気圧の地表付近での風の吹き方を，以下の①〜④のうちから，Xの前線名を，あとの⑤〜⑧のうちから，それぞれ最も適当なものを一つずつ選びなさい。

図

(→は低気圧周辺の地表付近での風の向き)

①　②　③　④

(前線名)　⑤　温暖前線　⑥　寒冷前線　⑦　へいそく前線
　　　　　⑧　停滞前線

(2)　上図のY−Zにおける地表面に対して垂直な断面を考えるとき，前線付近の大気の様子を模式的に表したものとして，最も適当なものを，次の①〜④のうちから一つ選びなさい。

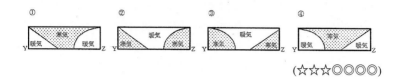

(☆☆☆◎◎◎)

【15】金属の性質と密度について，次の(1)，(2)の問いに答えなさい。

(1) 次の性質a～eの中から，金属に共通する性質を全て選んだ組合せとして最も適当なものを，以下の①～⑥のうちから一つ選びなさい。

[性質]
a：みがくと光を受けて輝く。
b：たたくと広がり，引っぱるとのびる。
c：磁石につく。
d：電流が流れやすい。
e：熱が伝わりやすい。

① a, b, c, d, e　　② a, b, c, d
③ a, b, c, e　　　④ a, b, d, e
⑤ b, c, d　　　　⑥ b, d, e

(2) 次図は，水を60cm³入れた100cm³のメスシリンダーに，質量44.8gの物質を完全に沈めたときの水面の様子を表した模式図である。次表から，この物質として最も適当なものを，以下の①～⑤のうちから一つ選びなさい。ただし，水と沈めた物質の温度は，表の物質の密度を測ったときと同じであるものとする。

図　　　　　表

物質名	密度 〔g／cm³〕
金	19.32
銀	10.50
銅	8.96
鉄	7.87
亜鉛	7.14

① 金　② 銀　③ 銅　④ 鉄　⑤ 亜鉛

(☆☆☆◎◎◎)

【16】仕事について，次の(1)，(2)の問いに答えなさい。

(1)　次の図Aに示すてこの働きを利用した道具であるくぎぬき，はさみ，ピンセット，せんぬきのうち，支点が力点と作用点の間にある道具を全て選んだ組合せとして最も適当なものを，以下の①～⑥のうちから一つ選びなさい。

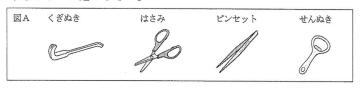

①　くぎぬき，はさみ，ピンセット

②　くぎぬき，はさみ，せんぬき

③　くぎぬき，ピンセット，せんぬき

④　くぎぬき，はさみ

⑤　くぎぬき，せんぬき

⑥　はさみ，せんぬき

(2)　次の図Bはてこを，図Cは滑車を，図Dは輪軸を用いた装置を示している。それぞれの装置を用いて，質量60kgの物体を持ち上げたい。この物体を持ち上げるためにはそれぞれX，Y，Zの矢印方向へ何Nの力で引けばよいか。X，Y，Zに働かせる力の大きさの組合せとして最も適当なものを，以下の①～⑥のうちから一つ選びなさい。ただし，装置に働く摩擦，装置の質量については考えないものとし，100gの物体に働く重力の大きさを1Nとする。

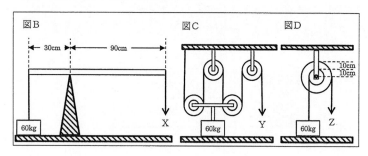

① X：20N　　　Y：20N　　　Z：30N

② X：20N　　　Y：15N　　　Z：30N

③ X：180N　　Y：60N　　　Z：120N

④ X：180N　　Y：150N　　Z：120N

⑤ X：200N　　Y：150N　　Z：300N

⑥ X：200N　　Y：200N　　Z：300N

(☆☆☆◎◎◎)

【17】ヒトの体のしくみと働きについて，次の(1)，(2)の問いに答えなさい。

(1) 次の文は，肝臓の働きについて説明したものである。文中の（　ア　）〜（　ウ　）にあてはまる語句の組合せとして最も適当なものを，以下の①〜⑥のうちから一つ選びなさい。

> 　肝臓は，吸収された栄養分を体に必要な別の物質に作り変えたり，たくわえたりするだけでなく，（　ア　）が消化されるのを助ける胆汁を作ったり，体内の活動によって生じた有害な（　イ　）を害の少ない物質である（　ウ　）に変えたりするなどの働きをもっている。

① ア：脂肪　　　　イ：尿素　　　　ウ：アンモニア

② ア：脂肪　　　　イ：アンモニア　ウ：尿素

③ ア：デンプン　　イ：尿素　　　　ウ：アンモニア

④ ア：デンプン　　イ：アンモニア　ウ：尿素

⑤ ア：タンパク質　イ：尿素　　　　ウ：アンモニア

⑥ ア：タンパク質　イ：アンモニア　ウ：尿素

(2) 次図は，ヒトの体内において血液が循環する経路を模式的に表したものであり，図中のA〜Dは，大動脈，大静脈，肺動脈，肺静脈のいずれかの血管，矢印は血液の流れる方向である。A〜Dのそれぞれの血管を流れる血液の組合せとして最も適当なものを，以下の①〜④のうちから一つ選びなさい。

図

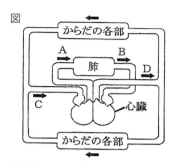

① 血管A：動脈血　　　血管B：静脈血　　　血管C：動脈血
　　血管D：静脈血

② 血管A：静脈血　　　血管B：動脈血　　　血管C：静脈血
　　血管D：動脈血

③ 血管A：動脈血　　　血管B：静脈血　　　血管C：静脈血
　　血管D：動脈血

④ 血管A：静脈血　　　血管B：動脈血　　　血管C：動脈血
　　血管D：静脈血

(☆☆☆◎◎◎◎)

【18】次の文章は，小学校学習指導要領外国語の「第2　各言語の目標及び内容等　英語　2　内容」から抜粋したものである。空欄にあてはまる語句を，（　A　）はア～ウから一つ，（　B　）はエ～カから一つ選び，その組合せとして最も適当なものを，以下の①～⑥のうちから一つ選びなさい。

> 　具体的な課題等を設定し，コミュニケーションを行う目的や場面，状況などに応じて，情報を整理しながら考えなどを形成し，これらを表現することを通して，次の事項を身に付けることができるよう指導する。
> ア　身近で簡単な事柄について，伝えようとする内容を整理した上で，簡単な語句や基本的な表現を用いて，（　A　）こと。
> イ　身近で簡単な事柄について，音声で十分に慣れ親しんだ簡

単な語句や基本的な表現を(　B　)しながら読んだり，語順を
意識しながら書いたりすること。

A　ア　相手に配慮しながら，伝え合う
　　イ　工夫して質問をしたり質問に答えたりする
　　ウ　自分の考えや気持ちなどを伝え合う
B　エ　推測
　　オ　整理
　　カ　確認

①　ア・オ　　　②　ア・カ　　　③　イ・エ　　　④　イ・オ
⑤　ウ・エ　　　⑥　ウ・カ

(☆☆☆○○○○○)

【19】次の対話は，小学校の学級担任(HRT)Sato先生，外国語指導助手
(ALT)Tomと児童との授業中のやり取りの一場面である。[　(1)　]～
[　(3)　]にあてはまる最も適当なものを，以下の＜解答群＞からそれ
ぞれ一つずつ選びなさい。

HRT :　　Hello. Today, we are going to talk about countries around the
　　　　world. [　(1)　] This is Japan. We live in Japan. Tom is from
　　　　Australia. Where is Australia on this map, Tom?

ALT :　　Well. It's here. There are many countries around the world.
　　　　Where do you want to go, Sato *sensei*?

HRT :　　I want to go to Spain. How about you, Tom?

ALT :　　OK. I brought the national flag of the country where I want to
　　　　go. It's in my bag. Please guess. [　(2)　]

Student 1 :　Please give us some hints.

ALT :　　OK. The first hint. There are four colors.

Student 2 :　What colors are they?

ALT :　　The second hint. They are red, white, black, and gold.

Student 3 :　Umm. Another hint, please.

ALT :　　　There is a bird in the center.

Student 4 :　Oh, it's Egypt.

ALT :　　　That's right. Fantastic. I want to go to Egypt.

Student 5 :　[　(3)　]

ALT :　　　I want to see the Pyramids and the Sphinx, and ride a camel.

　　　　　　Where do you want to go?

Student 5 :　I want to go to New Zealand.

＜解答群＞

① Let's make a story.

② Look at this world map.

③ Please give us another hint.

④ How many mountains are there in Japan?

⑤ What did you see?

⑥ What color do I like?

⑦ Which country's flag is it?

⑧ What kind of bag is it?

⑨ Why do you want to go there?

(☆☆☆○○○○)

【20】次の対話は，小学校の学級担任(HRT)と外国語指導助手(ALT)との授業の準備の一場面である。

　対話の内容に合うように，以下の(1)，(2)の質問に対する答えとして最も適当なものを，①～④のうちからそれぞれ一つずつ選びなさい。

ALT :　　I think today's class went well. What do you think?

HRT :　　Yes, definitely. Our students learned the phrase "Do you like 〜?"
　　　　　The next topic will be "What color do you like?" What do you think
　　　　　we should do in the beginning of the next class?

ALT :　　How about reviewing today's chants?

HRT :　　Sounds great. It will help the students to get used to key expressions.
　　　　　Do you have any ideas for the main activity?

ALT : What about an interview game? The students will ask each other their favorite colors in pairs and fill in their worksheets.

HRT : I see. That's a good idea. I think the students should guess their partners' favorite colors before the interviews.

ALT : Yes. It's important to create opportunities where the students have clear purposes for speaking.

HRT : Yes. The necessity of the activity will increase by guessing before asking. By doing this kind of activity, the students will become more familiar with the expressions used for asking and answering questions. They will enjoy speaking English while doing activities, which motivates them to speak English.

ALT : I agree with you. I'll make a worksheet for the next class.

HRT : Thank you. Then, I'll make a skit for our demonstration.

ALT : OK.

(1) Question : According to the passage, why is it important for the students to guess their partners' favorite colors before the interviews?

    Answer : Because they can [   ] for speaking.

  ① have clear purposes

  ② fill in their worksheets

  ③ repeat simple words

  ④ make a skit

(2) Question : According to the passage, which statement is true?

    Answer : [   ]

  ① The students will play a game using simple words and phrases to prepare for the next class.

  ② The ALT will use worksheets to practice writing the target expressions several times at home.

  ③ The students will get motivated to enjoy speaking English while doing the activities.

  ④ The ALT will make a skit after school as a demonstration for the next class.

(☆☆☆◯◯◯◯)

解答・解説

【1】④

〈解説〉ア　空欄の後に,「主体的・対話的で深い学びの実現を図る」と
あることから,「資質・能力」が当てはまるのは明らかである。
イ　言語能力を育成する中心的な役割を担う国語科においては,言語
活動を通して資質・能力を育成するとしていることを押さえておきた
い。

【2】(1)　③　　(2)　①　　(3)　②

〈解説〉(1)　「悔し紛れ」の「紛」を使っている漢字を選ぶ。①は「人工
受粉」,②は「孤軍奮闘」,③は「国際紛争」,④は「思慮分別」であ
る。　(2)　鬼気迫る表情,鬼の形相で言った言葉であることから,固
い信念に基づいた強い憤りによるものであることが読み取れる。②の
「焦りといらだち」,③の「おごり高ぶる気持ち」,④の「敗北感」は,
いずれも不適切である。　(3)　前後の文章を読むと,原口の言葉がきっ
かけで心が強く揺さぶられたことが分かる。そのことから,「思い
がこみあげ揺さぶられている」とする②が適切である。①の「深く反
省し動揺している」,③の「迷い,心が揺れ動いている」や④の「感
動している」は,いずれも適切ではない。

【3】(1)　①　　(2)　③　　(3)　④　　(4)　②

〈解説〉(1)　選択肢の他の対義語は,それぞれ次の通り。動揺－安定(平
静),平然－愕然,無事－有事。　(2)　下線部Aの直後に「世界に一体
化できず,世界の流れに身をまかせられない自分」と表現しているが,

最後の段落であらためて,「世界をはみだすようにして存在する自分」と別の表現で述べている。 (3) この文章における「思春期」の対比は「少年時代」であるので,下線部Bの直前の段落で述べている「世界と一体化して生きていた少年時代は,自分というもののなかった時期,なくて済んだ時期ということができる」という要点を踏まえて,答えを選ぶとよい。 (4) 自分と向き合って生きることを説明しているものを選ぶ。①は「思春期の違和感から逃れる」とあることから不適。③や④は,意識を外に向けている内容であり不適。筆者は最後の段落で,「違和感をかかえ,違和感を生きる力として生きていくほかはない」と述べている。

【4】(1) ④ (2) ① (3) ②

〈解説〉(1) 元二が安西に使者として派遣されるのであるから,「君」は「元二」。「故人」は「旧友,古くからの友人」という意味である。(2) 「七言絶句」とは,一句七言で四句からなる短い詩形の漢詩である。一句目が起句,二句目が承句,三句目が転句,四句目が結句である。「七言律詩」は,七言八句からなる詩形の漢詩で,第三と第四の句,第五と第六の句が対句となり,末字の押韻もある。「五言絶句」,「七言絶句」,「五言律詩」,「七言律詩」を説明できるようにしておきたい。 (3) ① 「景色」の話をしているわけではないので不適。③ 後半の「恩師への感謝の気持ち」が読み取れないので不適。④ 「恩師を見送ることをためらい」が不適。

【5】(1) ④ (2) ⑤

〈解説〉(1) 目標(3)は学びに向かう力,人間性等に関するものである。中央教育審議会答申(平成28年12月)において,社会科等の改善について示している事項の中で,「学びに向かう力・人間性等」については,主体的に学習に取り組む態度と,多面的・多角的な考察や深い理解を通して涵養される自覚や愛情などとして,整理されている。「主体的」は教科の目標の柱書でも使われ,「多角的」は目標(2)でも使われてい

る，それぞれキーワードとなる言葉である。 (2) 第3学年の目標(1)に「地図帳や各種の具体的資料を通して」と明記されている。今回の学習指導要領改訂で，地図帳の使用開始が第4学年から第3学年となり，「地図帳」が各学年の目標に初めて表記された。

【6】(1) ④ (2) ②

〈解説〉(1) ア 1274(文永11)年の文永の役と1281(弘安4)年の弘安の役を合わせて元寇という。 イ 御成敗式目(貞永式目)が定められたのは1232年である。 ウ 永仁の徳政令が出されたのは1297年である。 エ 京都に六波羅探題が置かれたのは1221年，承久の乱の直後のことである。 (2) 道元が宋から伝えたのは，臨済宗ではなく曹洞宗である。臨済宗を伝えたのは栄西である。

【7】⑥

〈解説〉日本銀行が物価の安定を図るために行う政策を，金融政策という。不景気のときは，金融緩和のための買いオペレーションが行われる。日本銀行が市中銀行から国債を買い上げることで通貨を供給し，市中銀行の資金量を増加させ，物価の変動をおさえ景気の安定を図る。一方，財政政策は，政府が歳入や歳出を通じて，所得の公正な分配や景気変動の安定化などを図る経済政策のことである。

【8】③

〈解説〉ア 18歳で持つのは，選挙権である。2015(平成27)年の公職選挙法等の改正で，選挙権年齢は20歳から18歳に引き下げられた。 イ 衆議院議員の被選挙権は25歳以上，参議院議員の被選挙権は30歳以上である。 ウ 市区町村長の被選挙権は25歳以上，都道府県知事の被選挙権は30歳以上である。 エ 介護保険料は，40歳以上の国民が納付しなければならない。

【9】(1) ③ (2) ①, ⑤

〈解説〉(1) Aはピーマンかねぎだが，首都圏の県が上位を占めていることから，ねぎである。ピーマンであれば，茨城県・宮崎県・高知県が上位に入るはずである。Bはすいかかメロンだが，熊本県が最も多いのはすいかである。メロンであれば，茨城県・北海道が上位に入る。Cはびわかかきだが，長崎県が圧倒的に多いのはびわである。かきであれば，和歌山県が最も多く生産している。 (2) ①はアジアの国が上位に並んでいることから，米である。②も1位，2位の中国とインドは①と同じだが，3位以下のウクライナとロシアからばれいしょと判断できる。③は残りのりんごとなる。④は九州地方の鹿児島県と長崎県が入っていることから，ばれいしょと判断できる。⑤は1位が新潟県で，北海道と東北の県が並んでいることから，米である。⑥は1位が青森県で，長野県と東北の県が並んでいることから，りんごである。

【10】(1) ア ③ イ ⑤ (2) ④

〈解説〉(1) 「2 内容の取扱いについての配慮事項 (2)」のコンピュータなどの活用に関する配慮事項からの出題である。 ア 「数量や図形についての感覚を豊かに」することは，第1学年から第3学年までの目標(1)の中などで示されており，算数科においては，このフレーズをひとまとまりで押さえておきたい。 イ 小学校学習指導要領(平成29年告示)総則には，各教科等の特質に応じて実施することの一つとして，「児童がプログラミングを体験しながら，コンピュータに意図した処理を行わせるために必要な論理的思考力を身に付けるための学習活動」が示されている。 (2) 今回の学習指導要領改訂では，小学校と中学校間との統計教育の円滑な接続のため，従前の「数量関係」領域の資料の整理と読みの内容を中心に，統計に関わる領域「データの活用」が新たに設けられた。学年別で特徴的な事項としては，第2学年が簡単な表やグラフ，第3学年が棒グラフ，第4学年が折れ線グラフと二次元表，第5学年が円グラフと帯グラフ，平均，第6学年が度数分布を表すグラフ，代表値などである。それらのことを理解していれば，

①は第6学年，②は第3学年，③は第5学年，④は第2学年であることが分かる。

【11】(1)　ア　1　　イ　9　　(2)　ウ　2　　エ　0　　(3)　オ　7
(4)　カ　5　　キ　0　　(5)　ク　5　　ケ　3　　コ　6
(6)　サ　2　　シ　5

〈解説〉(1)　$-3^2-(-2)^2\times(-7)=-9-4\times(-7)=-9+28=19$

(2)　$\sqrt{24}\times5\sqrt{2}\div\sqrt{3}=2\sqrt{6}\times5\sqrt{2}\div\sqrt{3}=2\times5\times\sqrt{6}\times\sqrt{2}$
$\div\sqrt{3}=10\times\sqrt{6\times2\div3}=10\times2=20$　(3)　横の長さを$x$cmとすると，縦の長さは$\frac{26}{2}-x=13-x$〔cm〕と表される。ただし，$\frac{13}{2}<x<13$　この長方形の面積が42cm²のとき，$x(13-x)=42$　$x^2-13x+42=0$　$(x-6)(x-7)=0$　$x=6$, 7　$\frac{13}{2}<x<13$より$x=7$　横の長さは7cmである。

(4)　折り返したから，$\angle AEF=\angle A'EF=115°$，$\angle EFB=\angle EFB'$
AD//BCより，平行線の錯角は等しいから，$\angle EFB=\angle FED=180°-\angle AEF=180°-115°=65°$　$\angle x=180°-\angle BFB'=180°-2\angle EFB=180°-2\times65°=50°$　(5)　大小2つのさいころを同時に1回投げるとき，全ての目の出方は$6\times6=36$〔通り〕。このうち，大きいさいころの出た目の数をa，小さいさいころの出た目の数をbとするとき，$\frac{b}{a}$が偶数となるのは，$(a, b)=(1, 2), (1, 4), (1, 6), (2, 4), (3, 6)$の5通り。よって，求める確率は$\frac{5}{36}$　(6)　中央値は資料の値を大きさの順に並べたときの中央の値。借りた本の冊数はグラフより，(0冊1人，1冊6人，2冊8人，3冊5人，4冊4人，5冊4人，6冊1人，7冊1人)。児童の人数は30人で偶数だから，借りた本の冊数の少ない方から15番目の2冊と16番目の3冊の平均値$\frac{2+3}{2}=2.5$〔冊〕が中央値。

【12】(1)　ア　4　　イ　8　　(2)　ウ　1　　エ　6　　オ　8
〈解説〉(1)　つなぎ合わせる立方体を1個増やすごとに，立体の辺の長さの合計は$2\times4=8$で，8cmずつ増えるから，立体の辺の長さの合計は初

項24〔cm〕，公差8〔cm〕の等差数列である。よって，4個の立方体を
つなぎ合わせてできる立体の辺の長さの合計は24＋8(4－1)＝48〔cm〕
となる。　(2)　つなぎ合わせる立方体を1個増やすごとに，立体の表
面積は4〔cm²〕×4〔面〕＝16〔cm²〕ずつ増えるから，立体の表面積
は初項24〔cm²〕，公差16〔cm²〕の等差数列である。よって，n個の立
方体をつなぎ合わせてできる立体の表面積をScm²とするとS＝24＋
16(n－1)＝16n＋8となる。

【13】(1)　⑥　　(2)　①
〈解説〉(1)　目標(1)は知識及び技能，目標(2)は思考力，判断力，表現力
等，目標(3)は学びに向かう力，人間性等に関するものである。小学校
学習指導要領(平成29年告示)理科の目標の柱書には，「自然に親しみ，
理科の見方・考え方を働かせ，見通しをもって観察，実験を行うこと
などを通して，自然の事物・現象についての問題を科学的に解決する
ために必要な資質・能力を次のとおり育成することを目指す」と示さ
れている。そして，資質・能力を育成する三つの目標の冒頭の言葉は
いずれも，この柱書に示されているものでもあり，理科という教科の
特徴を表した言葉なのである。　(2)　出題されたのは，各学年におけ
る内容のうちの思考力，判断力，表現力等に関する内容である。理科
の思考力，判断力，表現力等に関する目標(2)にある問題解決の力の育
成については，学年を通して育成を目指す問題解決の力が学年別に示
されている。第3学年では「主に差異点や共通点を基に」，第4学年で
は「主に既習の内容や生活経験を基に」，第5学年では「主に予想や仮
説を基に」，第6学年では「主により妥当な考えをつくりだす」といっ
た問題解決の力の育成が目指されている。それらより，①は第4学年，
②は第3学年，③は第5学年，④は第6学年の内容であることがわかる。

【14】(1)　風の吹き方…①　　前線名…⑥　　(2)　③
〈解説〉(1)　北半球では，低気圧には反時計回りに風が吹き込む。一方，
高気圧は時計回りに風が吹き出す。Xが表す三角で表された記号の前

線は，寒冷前線である。なお，もう一方の半円で表された記号の前線は温暖前線である。　(2)　寒冷前線では，寒気は暖気の下にもぐりこみ，暖気は急激に上昇させられる。温暖前線では，暖気は寒気の上を緩やかに上昇する。

【15】(1)　④　　(2)　③

〈解説〉(1)　a　すべての金属の表面には，金属特有の光沢(金属光沢)がある。　b　金属はすべてたたくと薄く広がる性質(展性)や，引っぱるとのびる性質(延性)がある。　c　磁石につく金属は鉄など限られたものだけで，すべての金属が磁石につくわけではない。　d・e　金属はすべて熱や電気をよく通す。　(2)　図のメスシリンダーの水面の目盛りは65.0cm³となっていることから，物質の体積は5.0cm³であることが分かる。これより，この物質の密度は$\frac{44.8}{5.0}$＝8.96〔g/cm³〕と求められる。

【16】(1)　④　　(2)　⑤

〈解説〉(1)　図Aに示された道具の支点，力点，作用点の位置は以下の通りである(それぞれ「支」「力」「作」と記述)。

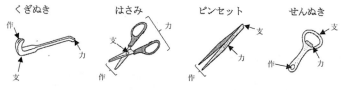

(2)　60kgの物体に働く重力は600Nである。　X　図Bでは，30〔cm〕×600〔N〕＝90〔cm〕×X〔N〕の関係が成り立つので，X＝200〔N〕となる。　Y　図Cでは，物体は4本のひもで吊り下げられていることから，物体にはひもを引く力の4倍の力が加えられる。よってYに働かせる力は$\frac{600}{4}$＝150〔N〕となる。　Z　図Dでは，10〔cm〕×600〔N〕＝20〔cm〕×Z〔N〕の関係が成り立つので，Z＝300〔N〕となる。

【17】(1) ② (2) ②

〈解説〉(1) 肝臓には，体に必要な物質の合成や栄養分の貯蔵，有害物質の解毒・分解作用などの働きがある。解毒作用の一つとして，有毒なアンモニアを毒性の低い尿素につくり変えている。また，脂肪の消化を助ける胆汁も肝臓で合成されている。 (2) Bの肺静脈には，肺で二酸化炭素を放出し，酸素を受け取った動脈血が流れる。その血液は心臓にいったん戻り，Dの大動脈を通って全身に送られる。よって大動脈にも動脈血が流れる。全身の細胞に酸素を渡し，細胞から二酸化炭素を受け取った血液はCの大静脈を流れ心臓に戻る。その後Aの肺動脈を通って肺に送られるので，Cの大静脈とAの肺動脈には静脈血が流れる。血管の名称とそこに流れる血液の名称は必ずしも一致しないので気を付けること。

【18】⑤

〈解説〉出題されたのは，外国語科における思考力，判断力，表現力等に関する内容である。 A 出題された指導事項アは，「聞くこと」，「話すこと［やり取り］」，「話すこと［発表］」の領域に関するものである。選択肢のアとイはいずれも，中学年対象の外国語活動における思考力，判断力，表現力等の内容の一部である。 B 出題された指導事項イは，「読むこと」，「書くこと」の領域に関するものである。自分のこと，友達や家族，日常生活について，絵や写真等，言語外情報を伴って示された簡単な語句や基本的な表現を推測しながら読んだり，語順を意識しながら書いたりすることが示されている。

【19】(1) ② (2) ⑦ (3) ⑨

〈解説〉(1) 「これが日本です」，「この地図でオーストラリアはどこにあるでしょうか」などの会話文が続いていることから，空欄には「この地図を見てください」という②を入れるのが適切である。 (2) 「私が行きたい国の旗を持ってきました。カバンに入っています。当ててみてください」という会話文が空欄の前にあり，空欄の後で「ヒントを

ください」と言っていることから，⑦の「どこの国の旗でしょうか」を入れるのが適切。　(3)　ALTの先生が「エジプトに行きたいです」と言って，空欄の後にエジプトに行きたい理由を述べていることから，空欄には「どうして行きたいのですか」という⑨を入れるのが適切。

【20】(1)　①　　(2)　③

〈解説〉こうした読解問題では，質問文を先に読んで本文を見ていく方が解答時間の節約になる。　(1)　質問の内容は，「なぜ，生徒がパートナーの好きな色を，質問の前に推測することが大切なのでしょうか」である。HRT(学級担任)の3つ目の会話文に「パートナーへの質問の前に，生徒にパートナーの好きな色を推測させるべきですね」とあり，それに対してALTが「はい。はじめに推測することで，会話の目的が明確になりますね」と言っている。　(2)　①の「授業内でゲームをする」は本文に書かれていない。②は「ALTが家でワークシートを使って，授業目標の表現を書く練習をする」なので，これを読んだだけでも不自然な内容であることが分かる。ワークシートは会話の最後の部分で出てきており，ALTが「次の授業のためにワークシートを作ります」と言っている。したがって，この選択肢の内容とは一致しない。③は，HRTの4つ目の会話文に書かれている内容と一致する。④は，本文中で「スキットを作ります」と言っているのはALTではなくHRTであるため，不適である。

2021年度　実施問題

※問題文中の「小学校学習指導要領」は，平成29年3月告示(文部科学省)
　とする。

【1】次の文章は，小学校学習指導要領国語の「第3　指導計画の作成と
　内容の取扱い」から抜粋したものである。
　　（　ア　），（　イ　）にあてはまる語句の組み合わせとして最も適当な
　ものを，下の①～④のうちから一つ選びなさい。

> 　　第2の内容の指導に当たっては，（　ア　）などを目的をもって
> 計画的に利用しその機能の活用を図るようにすること。その際，
> 本などの種類や配置，探し方について指導するなど，児童が必
> 要な本などを選ぶことができるよう配慮すること。なお，児童
> が読む図書については，（　イ　）のため偏りがないよう配慮して
> 選定すること。

①　ア　公共図書館　　イ　読書活動
②　ア　学校図書館　　イ　読書活動
③　ア　公共図書館　　イ　人間形成
④　ア　学校図書館　　イ　人間形成

(☆☆◎◎◎)

【2】次の文章を読み，あとの(1)～(3)の問いに答えなさい。

> 　お留伊は，町いちばんの絹問屋の娘で，歳は十五になる。眼鼻だちはすぐれて美しいが，その美しさは冷たく，勝気な，驕った心をそのまま描いたように見える。また，幼いころから鼓のすぐれた腕を持っていた。正月の慶事として，「鼓くらべ」が催される。お留伊は，師匠の仁右衛門から，これまでに幾度も，城主の御前で鼓を披露するように勧められていた。懸命に稽古に励む中，お留伊は旅絵師の老人と出会う。正月の御前披露を控えた年の瀬も間近のころ，老人は，「人と優劣を争うことなどはおやめなさいまし。音楽はもっと美しいものでございます。」と，お留伊をたしなめるのであった。

　金沢城二の曲輪に設けられた新しい楽殿では，城主前田侯をはじめ重臣たち臨席のもとに，嘉例の演能を終って，すでに，鼓くらべが数番も進んでいた。

　これには色々な身分の者が加わるので，城主の席には御簾が下されている。お留伊は控えの座から，その御簾の奥をすかし見しながら，幾度も aソウシンの顫えるような感動を覚えた。……然しそれは気臆れがしたのではない。楽殿の舞台でつぎつぎに披露される鼓くらべは，まだどの一つも彼女を慄れさせるほどのものがなかった。彼女の勝は確実である。そしてあの御簾の前に進んで賞を受けるのだ。遠くから姿を拝んだこともない大守の手で，一番の賞を受けるときの自分を考えると，その誇らしさと名誉の輝かしさに身が顫えるのであった。

　やがて，ずいぶん長いときが経ってから，遂にお留伊の番がやって来た。

「落着いてやるのですよ」

　師匠の仁右衛門は自分の方でおろおろしながら繰返して云った。

「……御簾の方を見ないで，いつも稽古するときと同じ気持でおやりなさい，大丈夫，大丈夫きっと勝ちますから」

　Aお留伊は静かに微笑しながらうなずいた。

　相手は矢張り能登屋のお宇多であった。曲は「真の序」で，笛は観世幸太夫が勤めた。……拝礼を済ませてお留伊は左に，お宇多は右に，互の座を占めて鼓を執った。

　そして曲がはじまった。お留伊は自信を以て打った，鼓はその自信によく応えて呉れた。使い慣れた道具ではあったが，かつてそのときほど快く鳴り響いたことはなかった。……三ノ地へかかったとき，早くも充分の余裕をもったお留伊は，ちらと相手の顔を見やった。

　お宇多の顔は蒼白め，その唇はひきつるように片方へ歪んでいた。それは，どうかして勝とうとする心をそのまま絵にしたような，烈しい執念の相であった。

　その時である，お留伊の脳裡にあの旅絵師の姿がうかびあがって来た，殊に，いつもふところから出したことのない左の腕が！

　——あの人は観世市之丞さまだった。

　お留伊は愕然として，夢から醒めたように思った。

　老人は，市之丞が鼓くらべに勝ったあとで自分の腕を折り，それも鼓を持つ方の腕を，自ら折って行衛をくらましたと云ったではないか。……いつもふところへ隠している腕が，それだ。——市之丞さまだ，それに違いない。

　そう思うあとから，眼のまえに老人の顔があざやかな幻となって描きだされた，それからあの温雅な声が，耳許ではっきり斯う囁くのを聞いた。……音楽はもっと美しいものでございます。お留伊は振返った。そして其処に，お宇多の懸命な顔をみつけた。眸のうわずった，すでに血の気を喪った唇を片方へひき歪めている顔を。

　——音楽はもっと美しいものでございます，人と優劣を争うことなどおやめなさいまし，音楽は人の世で最も美しいものでございます。老人の声が再び耳によみがえって来た。_B……お留伊の右手がはたと止った。

　お宇多の鼓だけが鳴り続けた。お留伊はその音色と，意外な出来事に驚いている客たちの動揺を聴きながら，鼓をおろしてじっと眼をつむった。老人の顔が笑いかけて呉れるように思え，今まで感じたこと

のない，新しいよろこびが胸へ溢れて来た。そして自分の体が眼に見えぬいましめを解かれて，柔かい青草の茂っている広い広い野原へでも解放されたような，軽い活々とした気持でいっぱいになった。

　——早く帰って，あの方に鼓を打ってあげよう，この気持を話したら，きっとあの方はよろこんで下さるに違いないわ。お留伊はそのことだけしか考えなかった。

「どうしたのです」

　舞台から下りて控えの座へ戻ると，師匠はすっかり取乱した様子で詰った。「……あんなに旨く行ったのに，なぜやめたのです」

「打ち違えたのです」

「そんな馬鹿なことはない，いやそんな馬鹿なことは断じてありません，あなたはかつてないほどお上手に打った。わたくしは知っています，あなたは打ち違えたりはしなかった」

「わたくし打ち違えましたの」

　Ｃお留伊は微笑しながら云った。「……ですからやめましたの，済みませんでした」

「あなたは打ち違えはしなかった，あなたは」

　仁右衛門は躍起となって同じことを何十回となく繰返した。

「……あなたは打ち違えなかった，そんな馬鹿なことはない」と。

(山本周五郎　『鼓くらべ』による)

(1)　文章中の下線部ａ「ソウシン」の「シン」と同じ漢字を用いるものを，次の①〜④のうちから一つ選びなさい。

　①　粉骨砕シン　　②　シン機一転　　③　一シン一退

　④　温故知シン

(2)　文章中に，下線部Ａ「お留伊は静かに微笑しながらうなずいた」，下線部Ｃ「お留伊は微笑しながら云った」とあるが，そのときのそれぞれの心情を説明した内容の組み合わせとして最も適当なものを，あとの①〜⑥のうちから一つ選びなさい。

【下線部A】

ア　師匠の慌てぶりを微笑ましく思う気持ち

イ　一番の賞を受けとる自信に満ちた気持ち

ウ　密かな闘争心を持って演奏に臨む気持ち

エ　蒼白めるほど狼狽する相手を蔑む気持ち

【下線部C】

オ　鼓くらべの結果を老人に伝えたいという気持ち

カ　失敗をした自分のことが受け止めきれない気持ち

キ　一片の後悔もない心から晴れ晴れとした気持ち

ク　取り乱している師匠を安心させようとする気持ち

① アとオ　　② イとキ　　③ イとク

④ ウとカ　　⑤ ウとク　　⑥ エとキ

(3)　文章中の下線部B「……お留伊の右手がはたと止った」とあるが，お留伊が鼓を止めた理由について最も適当なものを，次の①～④のうちから一つ選びなさい。

①　鼓くらべの相手であるお宇多の，どうにかして勝とうとする懸命な姿を目の当たりにして，これ以上競い，自分が一番の賞を得たとしても，お宇多の思いに勝つことができないと思い始めたから。

②　鼓くらべの相手であるお宇多の，勝ちたいという心をあらわにした歪んだ顔は，勝つことに固執していたお留伊自身の姿でもあることに思い至り，競って鼓を打つことの意味を急に見失ったから。

③　鼓くらべの最中に，お留伊の脳裏にふと旅絵師の姿が浮かび上がり，音楽はもっと美しいものであると耳許で囁く声を聞いたため，一刻も早く旅絵師に自分の思い上がりをわびようと思ったから。

④　鼓くらべの最中に，ふところから左の腕を出した旅絵師の姿が

　脳裏に浮かび上がり，旅絵師と市之亟さまが同一人物であること
に気づいて驚いたため，曲の途中で鼓を打ち間違えてしまったか
ら。

（☆☆☆◎◎◎）

【３】次の文章を読み，下の(1)～(4)の問いに答えなさい。

　ローカルな世界は，その地域が生みだした伝統的なものをもってい
る。伝統的なものの考え方，伝統的な自然とのつき合い方，伝統的な
技術，伝統的な a習慣…。ローカルな世界を肯定的にとらえようとす
れば，そのローカルな世界をつくっている，伝統的なものをも評価せ
ざるをえなくなる。ところが戦後の雰囲気のなかでは，伝統的という
言葉は，封建的とか，国家主義的といったニュアンスと結びつけて，
用いられることが多かった。だから伝統的なものを評価しようとする
と，　ア　的，反動的という批判を覚悟しなければならなかった。

　私たちは，ローカルな世界を支えている伝統的な自然と人間の関係
や，人間と人間の関係と，　ア　的，国家主義的なものとは根本的
に違うのだということを説明しなければならなかったのである。ロー
カルな世界にこだわることと，グローバルな世界に生きることとは矛
盾しないのだと語らなければならなかった。

　しかし，いまではそんな必要性も，ほとんどなくなってきている。
この面では，私たちの社会は大きく変化した。いわば，Aローカルな
ものの価値がみえる時代が，つくられはじめたのである。有機農業を
すすめようとすれば，その地域のローカルな農業技術から学ばなけれ
ばならない。しかもそのことは，地球環境を守ることとも矛盾しない。

　小さな世界が守られてこそ，大きな世界も維持できることを私たち
は学んだ。そのとき，私たちは，ローカルという単語を，B戦後的な
知性の惰性で切り捨てようとはしなくなった。

（内山節　『「里」という思想』による）

(1)　文章中の下線部a「習慣」と同じ構成の熟語を，次の①～④のう

124

ちから一つ選びなさい。

① 虚実　　② 握手　　③ 基礎　　④ 徹夜

(2)　文章中の空欄　ア　にあてはまる言葉として最も適当なものを，次の①～④のうちから一つ選びなさい。

① 保守　　② 民主　　③ 革新　　④ 社会

(3)　文章中の下線部A「ローカルなものの価値がみえる時代」とあるが，その説明として最も適当なものを，次の①～④のうちから一つ選びなさい。

① その地域を支えている伝統的な自然と人間の関係や人間同士の関係が，他の地域と比較する必要がないとされる時代。

② その地域が生み出した考え方や自然とのつきあい方などがグローバルな世界と矛盾しないことが理解されている時代。

③ その地域が生み出した考え方や知識・技術が，伝統的なものの考え方と違って，グローバルな視点で理解される時代。

④ その地域が生み出した農業技術等を他の地域にも広める意義について，理解はされているが評価はされていない時代。

(4)　文章中の下線部B「戦後的な知性の惰性」とあるが，その説明として最も適当なものを，次の①～④のうちから一つ選びなさい。

① 伝統的なものをもつ，小さな世界が守られてこそ，大きな世界も維持できるという考えが広まった社会状況。

② 封建的・国家主義的なものとの違いが理解され，その地域が生み出した伝統的なものが評価される社会状況。

③ 有機農業をすすめるならば，地域のローカルな農業技術から学ぼうとする考えが当たり前になった社会状況。

④ 封建的・国家主義的なものとの関わりが疑われるために，伝統的なものを肯定的に捉えられにくい社会状況。

(☆☆◎◎◎)

【4】次の『おくのほそ道』の一部を読み，下の(1)～(3)の問いに答えなさい。

　　最上川は，陸奥_{みちのく}より出でて，山形を水上_{みなかみ}とす。碁点_{ごてん}・隼_{はやぶさ}などいふ恐しき難所_{なんじょ}あり。板敷山_{いたじきやま}の北を流れて，はては酒田_{さかた}の海に入る。左右山おほひ，茂みの中に船を下す。これに稲積みたるをや，稲船_{いなぶね}といふならし。白糸_{しらいと}の滝は，青葉のひまひまに落ちて，仙人堂，岸にのぞみ_{いう}て立つ。_A水みなぎつて，舟あやふし。

　　　　_B五月雨_{さみだれ}を集めて早し最上川

(1)　下線部Aの現代語訳として最も適当なものを，次の①～④のうちから一つ選びなさい。

　①　水を満々とたたえていて勢いが強く，舟が危うくなることがある。

　②　水の量が少ない川だが，流れが速く舟が転覆しそうになり心配だ。

　③　川の水の量が満ち足りてきて，舟を安全にすすめることができる。

　④　水を満々とたたえていて流れが遅く，舟がすすむかどうか不安だ。

(2)　下線部Bの句の表現技法として最も適当なものを，次の①～④のうちから一つ選びなさい。

　①　五月雨と最上川を対句法で用いることで，リズムや調子を整える印象を与えている。

　②　初句切れにすることで，たくさんの雨量だった五月雨を強調する効果を与えている。

　③　名詞で終わる体言止めにすることで，読み手に余韻が残るような印象を与えている。

　④　倒置法を用いることで，最上川の雄大さや水流の速さを強調する効果を与えている。

(3)　下線部B中の「五月雨」と同じ季節を表す季語として最も適当な
　　ものを，次の①～④のうちから一つ選びなさい。

①　若鮎　　②　山桜　　③　稲妻　　④　初鰹

(☆☆☆◎◎)

【5】小学校学習指導要領社会について，次の(1)，(2)の問いに答えなさい。

(1)　次の文は，「第2　各学年の目標及び内容」の中の第3学年「1　目
　　標」から抜粋したものである。文中の（　ア　）～（　ウ　）にあては
　　まる内容として適当でないものを，下の①～④のうちから一つ選び
　　なさい。

> (1)　（　ア　），（　イ　），（　ウ　）について，人々の生活との
> 　　関連を踏まえて理解するとともに，調査活動，地図帳や各
> 　　種の具体的資料を通して，必要な情報を調べまとめる技能
> 　　を身に付けるようにする。

①　身近な地域や市区町村の地理的環境
②　地域の安全を守るための諸活動や地域の産業と消費生活の様子
③　地域の伝統と文化や地域の発展に尽くした先人の働き
④　地域の様子の移り変わり

(2)　次の文は，「第3　指導計画の作成と内容の取扱い」から抜粋した
　　ものである。文中の（　エ　），（　オ　）にあてはまる最も適当な語
　　句を，下の①～⑥のうちから二つ選びなさい。

> 1　(3)　我が国の47都道府県の名称と位置，世界の大陸と主な
> 　　海洋の名称と位置については，学習内容と関連付けながら，
> 　　その都度，（　エ　）や（　オ　）などを使って確認するなどし
> 　　て，小学校卒業までに身に付け活用できるように工夫して
> 　　指導すること。

①　新聞　　　　　　　　　②　地図帳　　　　　③　地域人材
④　情報通信ネットワーク　⑤　学校図書館　　　⑥　地球儀

(☆☆☆◎◎◎)

【6】次の略年表を見て，(1)，(2)の問いに答えなさい。

(1) 略年表中の(ア)～(オ)にあてはまる語句を，語群のa～jから選び，その組み合わせとして最も適当なものを，下の①～⑥のうちから一つ選びなさい。

年	お　も　な　で　き　ご　と
1872	政府は(ア)を公布し，小学校から大学校までの学校制度を定めた
1873	徴兵令を発布する
1894	(イ)戦争が始まる（～95）
1918	(ウ)が本格的な政党内閣をつくる
1925	治安維持法・(エ)法を公布する
1951	日本はサンフランシスコ平和条約と(オ)条約を結び，翌年，独立を回復した

[語群]

a　日清　　　　　　b　伊藤博文　　c　国家総動員
d　教育勅語　　　　e　原敬　　　　f　日露
g　日米安全保障　　h　普通選挙　　i　日中平和友好
j　学制

	①	②	③	④	⑤	⑥
ア	j	j	j	d	d	d
イ	a	f	a	f	a	f
ウ	b	e	e	e	b	b
エ	h	c	h	c	h	c
オ	g	i	g	g	i	i

(2) 略年表中の時期の世界のおもなできごとに関する記述として適当でないものを，次の①～⑤のうちから一つ選びなさい。

① 「民族主義」「民権主義」「民生主義」の三つからなる「三民主義」を唱えた孫文が臨時大総統になり，中華民国の建国が宣言された。

② イギリスでは，世界恐慌への対策として，農業や工業の生産の調整をし，積極的に公共事業をおこして失業者を助け，労働組合を保護するブロック経済を行った。

③ ロシアでは，戦争や皇帝の専制に対する不満から，ロシア革命がおこり，レーニンはソビエト政権を樹立した。

④ インドでは，第一次世界大戦後に自治を認めるという約束をイギリスが守らなかったため，ガンディーの指導によって，非暴力・不服従の抵抗運動が高まった。

⑤ 第一次世界大戦後のヨーロッパでは，民主主義が発展した一方，ファシズムと呼ばれる政治運動がイタリアで生まれた。

(☆☆☆◎◎◎)

【7】次の四つの文は，地球環境問題に関わることがらについて記したものである。それぞれの文中の(ア)〜(エ)にあてはまる語句の組み合わせとして最も適当なものを，あとの①〜⑤のうちから一つ選びなさい。

○ (ア)の排出によるオゾン層の破壊は，人々に健康被害をもたらすことがわかっている。

○ (イ)は，異常気象，干ばつ，感染症による病気の増加や生態系の変化などをもたらす恐れがある。

○ 1992年の国連環境開発会議(地球サミット)では，地球環境の保全と(ウ)開発の実現をめざすことが討議された。

○ 温室効果ガスが原因の地球温暖化の対策として，近年では，太陽光や(エ)などの再生可能エネルギーの利用が広がるなど，二酸化炭素排出量の削減に向けた取り組みがなされている。

　①　ア　ネオン　　イ　地球温暖化　　ウ　急速な
　　　エ　天然ガス
　②　ア　フロン　　イ　地球温暖化　　ウ　持続可能な
　　　エ　風力
　③　ア　ネオン　　イ　大気汚染　　ウ　持続可能な
　　　エ　風力
　④　ア　フロン　　イ　大気汚染　　ウ　急速な
　　　エ　風力
　⑤　ア　フロン　　イ　地球温暖化　　ウ　持続可能な
　　　エ　天然ガス

(☆☆☆◎◎◎)

【8】労働三法に関する記述として適当でないものを，次の①～⑤のうちから一つ選びなさい。

　①　労働時間，休日などの労働条件に関して，最低基準が定められている。

　②　労働者の採用について，その性別にかかわりなく均等な機会を与えなければならないことが定められている。

　③　労働組合の正当な行為については，刑事・民事上の免責を規定し，使用者の不当労働行為の禁止が定められている。

　④　労働争議の処理や争議行為の制限規定などが，定められている。

　⑤　未成年者や年少者の雇用契約においては，その保護を図るため，いくつかの制限が定められている。

(☆☆☆◎◎◎)

【9】日本と世界の貿易について，次の(1)，(2)の問いに答えなさい。

　(1)　次のア～ウは，2018年の千葉港，大阪港，博多港いずれかの主要貿易品目(上位5品目)と割合を示したものである。千葉港，大阪港，博多港の組み合わせとして最も適当なものを，あとの①～⑥のうちから一つ選びなさい。

130

ア			
輸出品目	%	輸入品目	%
集積回路	12.3	衣類	15.1
コンデンサー	6.8	肉類	6.7
プラスチック	4.9	家庭用電気機器	3.3
個別半導体	4.0	金属製品	3.0
科学光学機器	4.0	鉄鋼	2.9

イ			
輸出品目	%	輸入品目	%
集積回路	25.2	魚介類	7.4
自動車	23.2	衣類	5.6
タイヤ・チューブ	5.2	家具	5.5
半導体製造装置	4.7	絶縁電線・ケーブル	5.0
二輪自動車	4.0	肉類	3.8

ウ			
輸出品目	%	輸入品目	%
石油製品	23.7	石油	56.9
鉄鋼	18.0	液化ガス	16.7
自動車	17.2	自動車	8.3
有機化合物	16.7	鉄鋼	3.4
プラスチック	5.6	有機化合物	3.2

（「日本国勢図会 2019／20 年版」より作成）

	①	②	③	④	⑤	⑥
千葉港	ア	ア	イ	イ	ウ	ウ
大阪港	ウ	イ	ウ	ア	イ	ア
博多港	イ	ウ	ア	ウ	ア	イ

(2) 次の資料は，2017年の日本の輸入相手国・地域の上位3か国である，中国，アメリカ合衆国，オーストラリアの輸入相手国・地域を示したものである。グラフは，それぞれの国について，2001年と2017年の輸入相手国・地域の上位5か国・地域とその割合(%)を示している。グラフ中のA〜Dにあてはまる国名の組み合わせとして最も適当なものを，下の①〜⑥のうちから一つ選びなさい。

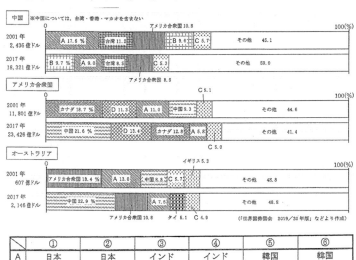

（「世界国勢図会 2019／20 年版」などより作成）

	①	②	③	④	⑤	⑥
A	日本	日本	インド	インド	韓国	韓国
B	韓国	ロシア	韓国	ロシア	日本	ロシア
C	ドイツ	イタリア	フランス	日本	ドイツ	日本
D	メキシコ	ブラジル	メキシコ	メキシコ	ブラジル	ブラジル

（☆☆☆◎◎◎）

【10】小学校学習指導要領算数について，次の(1)，(2)の問いに答えなさい。

(1) 次の文章は，「第3　指導計画の作成と内容の取扱い」から抜粋したものである。（　ア　），（　イ　）にあてはまる最も適当な語句を，下の解答群からそれぞれ一つずつ選びなさい。

> 1　指導計画の作成に当たっては，次の事項に配慮するものとする。
> (1)　単元など内容や時間のまとまりを見通して，その中で育む資質・能力の育成に向けて，数学的活動を通して，児童の（　ア　）で深い学びの実現を図るようにすること。その際，（　イ　）を働かせながら，日常の事象を数理的に捉え，算数の問題を見いだし，問題を自立的，協働的に解決し，学習の過程を振り返り，概念を形成するなどの学習の充実を図ること。

＜解答群＞
① 主体的・対話的　　　② 基礎的・基本的
③ 統合的・発展的　　　④ 知識及び技能
⑤ 思考力・判断力・表現力　⑥ 数学的な見方・考え方

(2) 次の四つの文や文章は，「第2　各学年の目標及び内容」で示された各学年の「2　内容」から抜粋したものである。第4学年の記述として最も適当なものを，次の①～④のうちから一つ選びなさい。

> ①　乗法が用いられる場面を式に表したり，式を読み取ったりすること。
> ②　四則の混合した式や(　　)を用いた式について理解し，正しく計算すること。
> ③　除法の意味について理解し，それが用いられる場合について知ること。また，余りについて知ること。
> ④　$\frac{1}{2}$・$\frac{1}{3}$など簡単な分数について知ること。

(☆☆☆◎◎◎)

132

【11】 次の(1)～(6)の問いに答えなさい。

(1) $4\div\left(-\dfrac{2}{5}\right)+(-7)^2$ を計算すると，[アイ]である。

(2) 一次方程式 $\dfrac{3}{2}x-\dfrac{2x-1}{3}=7$ の解は，$x=$[ウ]である。

(3) $\sqrt{18n+54}$ の値が整数となるような自然数 n のうち，最も小さい n の値は[エ]である。

(4) 二次方程式 $x^2-4x-1=0$ の解は $x=$[オ]$\pm\sqrt{[\ カ\ ]}$ である。

(5) 次の図のように，1，3，5，7の数字が1つずつ書かれた4枚のカードがある。このカードをよくきってから1枚ずつ2回続けてひき，ひいた順に左からカードを並べて2けたの整数をつくる。このとき，2けたの整数が3の倍数となる確率は $\dfrac{[\ キ\ ]}{[\ ク\ ]}$ である。ただし，ひいたカードはもとに戻さないものとし，どのカードをひくことも同様に確からしいものとする。また，それ以上約分できない形で答えること。

(6) 時速 x km で走っている車の制動距離(車のブレーキがききはじめてから停止するまでに走行する距離)を y m とする。

　ある車の制動距離を一定条件のもと測定すると，y は x の2乗に比例し，時速40kmでの制動距離は12mであった。このとき，時速60kmでの制動距離は[ケコ]mである。

(☆☆☆◎◎◎)

【12】 図1のように，AB＝3cm，AD＝5cm，AE＝8cmの直方体がある。このとき，次の(1)，(2)の問いに答えなさい。

(1) 5点D，E，F，G，Hを頂点とする四角錐をつくるとき，この四角錐の体積は[アイ]cm³である。

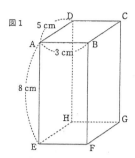

図1

(2)　この直方体において，図2のように，辺AE，CG上にAP＝2cm，GQ＝2cmとなる点P，Qをそれぞれとり，直方体の側面に，点Pから点Qまで，辺BFと交わるように糸をかける。この糸の長さが最も短くなるときの糸の長さは[　ウ　]√[　エ　]cmである。

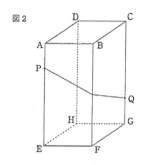

図2

(☆☆☆◎◎◎)

【13】小学校学習指導要領理科について，次の(1)，(2)の問いに答えなさい。

(1)　次の文章は，「第1　目標」から抜粋したものである。文章中の(ア)～(ウ)には育成すべき三つの資質・能力が示されており，それぞれにあてはまる資質・能力は下のA～Eのいずれかが該当する。(ア)～(ウ)にあてはまる資質・能力の組み合わせとして最も適当なものを，あとの①～⑥のうちから一つ選びなさい。

> 　自然に親しみ，理科の見方・考え方を働かせ，見通しをも
> って観察，実験を行うことなどを通して，自然の事物・現象
> についての問題を科学的に解決するために必要な資質・能力
> を次のとおり育成することを目指す。
>
> 　(1) （　ア　）
> 　(2) （　イ　）
> 　(3) （　ウ　）

A　自然の事物・現象についての理解を図り，観察，実験などに関する基本的な技能を身に付けるようにする。

B　自然の事物・現象についての実感を伴った理解を図り，科学的な見方や考え方を養う。

C　観察，実験などを行い，問題解決の力を養う。

D　観察，実験などを行い，問題解決の能力と自然を愛する心情を育てる。

E　自然を愛する心情や主体的に問題解決しようとする態度を養う。

①　A，B，C　　②　A，B，E　　③　A，C，D　　④　A，C，E
⑤　B，D，E　　⑥　C，D，E

(2)　次のA～Dは，「第2　各学年の目標及び内容」で示された各学年の「2　内容」から，第3学年～第6学年の四つの学年の内容を抜粋したものである。A～Dを左から第3学年，第4学年，第5学年，第6学年の順に並べたものとして最も適当なものを，あとの①～⑥のうちから一つ選びなさい。

A
> 　（ア）　乾電池の数やつなぎ方を変えると，電流の大きさや
> 　　　向きが変わり，豆電球の明るさやモーターの回り方が変
> 　　　わること。

B
> (ア)　電気は，つくりだしたり蓄えたりすることができる
> 　　　こと。
> (イ)　電気は，光，音，熱，運動などに変換することがで
> 　　　きること。
> (ウ)　身の回りには，電気の性質や働きを利用した道具が
> 　　　あること。

C
> (ア)　電気を通すつなぎ方と通さないつなぎ方があること。
> (イ)　電気を通す物と通さない物があること。

D
> (ア)　電流の流れているコイルは，鉄心を磁化する働きが
> 　　　あり，電流の向きが変わると，電磁石の極も変わること。
> (イ)　電磁石の強さは，電流の大きさや導線の巻数によっ
> 　　　て変わること。

①　C→A→D→B　　②　C→D→A→B　　③　C→D→B→A
④　D→A→C→B　　⑤　D→C→A→B　　⑥　D→C→B→A

(☆☆☆◎◎◎)

【14】電流のはたらきを調べるため，モーターに電池をつなぎ実験を行っ
た。このとき，次の(1)，(2)の問いに答えなさい。

(1)　電池の電圧が一定のとき，図の回路と比べ，電流の向きが逆にな
る回路を，次のア〜エのうちから，モーターの回転が速くなる回路
を，下のオ〜クのうちからそれぞれ選び，その組み合わせとして最
も適当なものを，あとの①〜⑦のうちから一つ選びなさい。ただし，
導線の抵抗は考えないものとする。

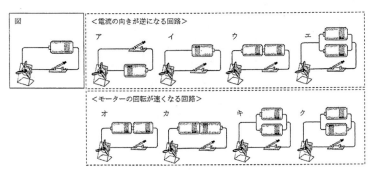

① ア，オ　　② ア，カ　　③ イ，オ　　④ イ，カ
⑤ ウ，キ　　⑥ ウ，ク　　⑦ エ，キ

(2) (1)において，図の回路に流れる電流の大きさを測定するときの電流計の正しいつなぎ方を示した回路図を，次の①～④のうちから，また，回路に流れている電流の大きさが予想できないとき，最初につなぐマイナス端子を，次の⑤～⑦のうちから，それぞれ最も適当なものを一つずつ選びなさい。

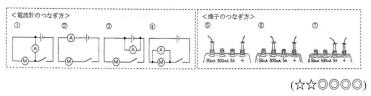

(☆☆○○○○)

【15】次の柱状図は，ある地域のA～Cの3地点で，ボーリングによる地下の地質調査を行った結果をまとめたものである。このとき，あとの(1)，(2)の問いに答えなさい。ただし，この地域の地層は，上下の逆転やずれはなく，各層は平行に重なっているものとする。

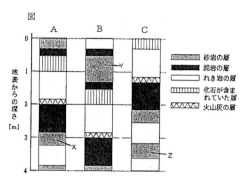

(1) 次の文章の(ア)～(ウ)にあてはまる言葉の組み合わせとして最も適当なものを，下の①～④のうちから一つ選びなさい。

> 　風化によってもろくなった岩石は，風や流水により少しずつ侵食されていく。侵食によってけずりとられた，れき・砂・泥は，下流へ(ア)され，流れがゆるやかなところや海底・湖底などに(イ)する。地層はこのような繰り返しによって作られ，順々に上に重なるので，できた地層はふつう下の地層ほど古い。地層として(イ)した土砂などは，長い年月の間に押し固められて岩石になる。このようにしてできた岩石には，れき岩，砂岩，泥岩などがある。れき岩，砂岩，泥岩は，岩石をつくる土砂の粒の大きさによって分けられ，粒の角は(ウ)ものが多い。

① ア：堆積　　イ：運搬　　ウ：丸みをおびている

② ア：堆積　　イ：運搬　　ウ：角ばっている

③ ア：運搬　　イ：堆積　　ウ：丸みをおびている

④ ア：運搬　　イ：堆積　　ウ：角ばっている

(2) 図中のX，Y，Zの砂岩の層を，堆積した時代の古いものから順に左から並べたものとして最も適当なものを，次の①～⑥のうちから一つ選びなさい。ただし，図中の火山灰の層は同じ時期に形成されたものである。

① X→Y→Z　② X→Z→Y　③ Y→X→Z

④ Y→Z→X　⑤ Z→X→Y　⑥ Z→Y→X

(☆☆☆◎◎◎)

【16】次の表のA〜Eは脊椎動物を魚類，両生類，ハ虫類，鳥類，哺乳類に分類したものである。このとき，下の(1)，(2)の問いに答えなさい。

表

分類	A	B	C	D	E
動物の例	メダカ マグロ	カエル サンショウウオ	ワニ ヘビ	スズメ ダチョウ	ウマ ライオン

(1) 次の文章は，哺乳類の特徴についてまとめたものである。（ ア ），（ イ ）にあてはまる語句の組み合わせとして最も適当なものを，下の①〜⑥のうちから一つ選びなさい。

> 哺乳類であるヒトは，母親の子宮内の胎盤からへそのおを通して酸素や栄養分をもらい，ある程度成長してからうまれる。このようなうまれ方を，（ ア ）という。また，外界の温度が変化しても体温をほぼ一定に保つことができる（ イ ）動物である。

① ア：卵生　イ：変温　② ア：卵生　イ：常温

③ ア：卵生　イ：恒温　④ ア：胎生　イ：変温

⑤ ア：胎生　イ：常温　⑥ ア：胎生　イ：恒温

(2) 脊椎動物の表中にある分類と動物の組み合わせとして適当でないものを，次の①〜⑤のうちから一つ選びなさい。

① A：サメ　② B：ヤモリ　③ C：カメ

④ D：ペンギン　⑤ E：シャチ

(☆☆◎◎◎◎)

【17】うすい硫酸をA〜Dのビーカーにそれぞれ30cm³ずつ取り，BTB液を数滴加えた。その後，水酸化バリウム水溶液をビーカーA〜Dにそれぞれ10cm³，20cm³，30cm³，40cm³加え，中和によってできた塩をろ過して取り出し，乾燥させてから質量をはかった。このときの結果は表

のようになった。下の(1), (2)の問いに答えなさい。

表

ビーカー	A	B	C	D
うすい硫酸の体積[cm³]	３０	３０	３０	３０
水酸化バリウム水溶液の体積[cm³]	１０	２０	３０	４０
乾燥させた塩の質量[g]	0.40	0.80	1.2	1.2
ＢＴＢ液の変化	黄	黄	緑	青

(1)　この実験と同じように，中和反応がおこる酸性の水溶液とアルカリ性の水溶液の組み合わせを，次の①～⑥のうちから二つ選びなさい。

① 塩酸と石灰水

② 炭酸水と塩酸

③ 水酸化ナトリウム水溶液とアンモニア水

④ 石灰水とアンモニア水

⑤ 炭酸水とアンモニア水

⑥ 石灰水と水酸化ナトリウム水溶液

(2)　この実験のうすい硫酸を，さらに水で2倍にうすめ20cm³はかり取り，実験で使用したものと同じ濃度の水酸化バリウム水溶液を30cm³加えた。このときできた塩をろ過して取り出し，乾燥させてから質量をはかると何gになるか。最も適当なものを，次の①～⑥のうちから一つ選びなさい。

① 0.10g　② 0.20g　③ 0.30g　④ 0.40g　⑤ 0.60g

⑥ 0.80g

(☆☆☆◎◎◎)

【18】次の文は，小学校学習指導要領　第4章　外国語活動「第2　各言語の目標及び内容等　英語　2　内容」から抜粋したものである。空欄にあてはまる語句を，（　A　）はア～ウから一つ，（　B　）はエ～カから一つ選び，その組み合わせとして最も適当なものを，あとの①～⑥のうちから一つ選びなさい。

> 　具体的な課題等を設定し，コミュニケーションを行う目的や
> 場面，状況などに応じて，情報や考えなどを表現することを通
> して，次の事項を身に付けることができるよう指導する。
> ア　自分のことや身近で簡単な事柄について，簡単な語句や基
> 　本的な表現を使って，（　A　），伝え合うこと。
> イ　身近で簡単な事柄について，自分の考えや気持ちなどが伝
> 　わるよう，（　B　）して質問をしたり質問に答えたりすること。

A
- ア　動作を交えながら
- イ　サポートを受けながら
- ウ　相手に配慮しながら

B
- エ　協力
- オ　意識
- カ　工夫

① ア・オ　　② ア・カ　　③ イ・エ　　④ イ・オ
⑤ ウ・エ　　⑥ ウ・カ

(☆☆☆○○○○)

【19】次の対話は，小学校の学級担任(HRT)Mr. Suzuki，外国語指導助手
(ALT)Patrickと児童との授業中のやりとりの一場面である．　ア
～　ウ　にあてはまる最も適当なものを，あとの＜解答群＞からそ
れぞれ一つずつ選びなさい。

HRT : 　　　　Hello, everyone.

Students : 　　Hello, Mr. Suzuki and Patrick.

ALT : 　　　　Hello, everyone. 　ア

Students : 　　OK.

HRT : 　　　　Look at this picture. What is this?

Student 1 : 　Hmm... it's ... *Chiba-jo*?

ALT : 　　　　That's right. Everyone, repeat after me. Chiba Castle.

Students : 　　Chiba Castle.

ALT : 　　　　Good!

Student 2 : 　What will we do today?

HRT : 　　　　　イ

Student 2 :	Wow! Really?
Student 3 :	Great!
HRT :	I like this town very much. How about you, Patrick?
ALT :	Me, too. I really like this town. I want to know more about it.
HRT :	Everyone, please be proud of your hometown.
ALT :	Yes, I think you should, too. First, tell me your favorite places in your hometown. 　ウ
Student 4 :	I want to go to Chiba Park.
Student 5 :	I want to go to Makuhari Messe.
ALT :	Thank you. Now, please make pairs and ask friend the same question.

＜解答群＞

① That's all for today.

② Where do you want to go?

③ When did you go there?

④ Let's talk about food today.

⑤ Let's enjoy today's English class.

⑥ Where did you go?

⑦ You will introduce your hometown in English.

⑧ Did you go to Chiba Castle?

⑨ You will ask your friends about castles.

(☆☆☆○○○○)

【20】次の対話は，小学校の学級担任(HRT)と外国語指導助手(ALT)との授業の準備の一場面である。

　対話の内容に合うように，あとの(1)，(2)の質問に対する答えとして最も適当なものを，①～④のうちからそれぞれ一つずつ選びなさい。

HRT :	I think today's class was good. What do you think?
ALT :	I think so, too. Our students learned the phrase about "I went to ～." They were talking a lot with their partners.

HRT : Yes, they did. At the beginning of the next class, I want the students to review that expression. Do you have any ideas?

ALT : How about short conversation practice?

HRT : Nice idea!　How about having the students talk about their favorite memories of summer vacation?

ALT : Sounds good. First of all, let's have a model conversation between you and me.

HRT : Then the students will talk in pairs about the topic. I think it's a good idea, but it may be difficult for the students to continue the conversation.

ALT : That's true. We need to show them how to keep the conversation going.

HRT : Right. We can tell them that they can say the same things that their partners said. For example, if you say, "I went to Tokyo," I can say, "Oh, you went to Tokyo."

ALT : I agree with you. Let's try it in the next class.

HRT : Thank you.

(1) Question : Which is mentioned as a good way to keep students talking?

Answer: Students should ☐ 1 ☐ what their partners said.

① compliment

② ignore

③ criticize

④ repeat

(2) Question : Which is true about this conversation?

Answer : ☐ 2 ☐

① Short conversation practice should be done only between the HRT and ALT.

② Short conversation practice should be done only between students.

③ Teachers want to show how to continue conversations.

④　Teachers want to show how to write dialogues.

(☆☆☆○○○○)

解答・解説

【1】④

〈解説〉学校図書館の活用は，小学校学習指導要領では，第1章　総則，第2章　各教科の 国語，社会，総合的な学習の時間，特別活動において主体的・対話的で深い学びのための手立てとして示されている。公共図書館の活用は，第2章　第2節　社会　第3　指導計画の作成と内容の取扱い 2　(2)のみで示されている。児童が読む図書の選定は，人間形成のため幅広く，偏りがないようにし，豊かな人間性の形成に資するよう配慮することが学習指導要領解説(平成29年7月)に示されている。

【2】(1)　①　　(2)　②　　(3)　②

〈解説〉(1)　aは総身(からだじゅうの意)で，①は粉骨砕身，②は心機一転，③は一進一退，④は温故知新。　(2)　Aでは，枠囲み後の第二段落目後半に，「一番の賞を受けるときの自分を考えると，その誇らしさと名誉の輝かしさに身が顫える」とあることから，その心情からの言葉とわかる。また，Cでは，音楽で人と争うことを自分からやめたお留伊は，その自分に納得し「新しい喜び」「活々とした気持」「解放感」でいっぱいになっていることから，キが当てはまる。(3)　①　演奏中お留伊は，自信をもって快く演奏しているので不適。③　老人の言葉は甦っているが，わびようと思ってはいないので不適。④　お留伊は打ち間違えていないので不適。　②　鼓を止めたのは，お宇多の表情から音楽を競うことの歪みにはっきりと気付いたからである。

【3】(1) ③　(2) ①　(3) ②　(4) ④

〈解説〉(1)「習慣」は習(ならう，なれる)と慣(かさねて習ってなれる)で，似た意味の2字で構成されている。「基礎」が，基(土台)と礎(どだい石)で似た意味の2字で構成されている。「虚実」は対になる意味の2字で構成，「握手」は動作とその対象の2字で構成，「徹夜」は動作とその対象の2字で構成されている。　(2)　直前の一文から，伝統的なものを評価することは「封建的，国家主義的」なものを評価するというニュアンスで受け止められることになり，それは民主的，革新的，社会的とは反対の保守的，反動的という批判を受けることになると筆者は述べている。　(3) ①　他の地域と比較する必要について文章中に述べられてないことから不適。　③　冒頭の三文に，伝統的なものの考え方は「その地域が生み出した考え方や知識・技術」とともにローカルな世界をつくっていると述べられており，「伝統的なものの考え方と違って」の部分が論旨と矛盾するため不適。　④　第三段落に「しかもそのことは，地球環境を守ることとも矛盾しない」と評価されていることが述べられており，「評価はされていない」の部分が論旨と矛盾するため不適。　②　傍線部A直後の文から，最も適当であると読みとることができる。　(4)「戦後的な知性」とは第一段落にある「伝統的という言葉が封建的，国家主義的というニュアンスで用いられ，伝統的なものを評価することは保守的，反動的という批判を受けがちであった社会状況」のことを指している。「惰性」とはその考え方が吟味されず続いていることである。そのことを表現しているのが④である。

【4】(1) ①　(2) ③　(3) ④

〈解説〉(1)「水みなぎつて，舟あやふし」は，川の水が満ち溢れて，流れが激しく，舟に危険が迫っているの意であり，①が適切。

(2)「五月雨を集めて早し最上川」の句は，最上川が梅雨の雨を集めて水嵩を増し，非常に速い速さで流れている大河の様子を描いている。①「五月雨と最上川を対句法で」が誤りで不適。　②「初句切れ」

145

が誤り(本句は二句切れ)で不適。　④　倒置法と解釈する表現上の手がかり(助詞等)がなく不適。　③　体言止めを使うことで，句がより印象的になり，余韻が生まれることでイメージが膨らみやすくなる。
(3)　「五月雨」は夏(仲夏)の季語。「若鮎」は春，「山桜」は春，「稲妻」は秋，「初鰹」は夏の季語である。

【5】(1)　③　　(2)　②・⑥
〈解説〉(1)　①，②，④は，第3学年の目標に明記されているが，③は，第4学年の目標に含まれている。　(2)　学習指導要領解説(平成29年7月)では，都道府県や世界の国の位置，大陸や主な海洋との関係を地図帳や地球儀で確認したり，学習した事柄を日本や世界の白地図に整理したりすることが大切であることが示されている。

【6】(1)　③　　(2)　②
〈解説〉(1)　ア　1872年に公布された学制は，日本最初の近代学校制度に関する基本法令である。教育勅語は日本の教育の基本方針を示した明治天皇の勅語で，1890年に発布された。　イ　1894年に始まった戦争は日清戦争である。日露戦争は1904年に始まった。　ウ　1918年に本格的な政党内閣をつくったのは，原敬である。伊藤博文は1885年に初代内閣総理大臣となった人物だが，政党内閣は組織していない。エ　1925年に公布された普通選挙法では，満25歳以上の男子に選挙権が与えられた。　オ　1951年に結ばれた日米安全保障条約は，日本の安全保障のためとして米軍の日本駐留を定めたものである。
(2)　②　ブロック経済とは，本国と植民地を特恵関税制度で結びつけブロックを形成し，他国がこの地域と貿易することを阻害する排他的な経済制度のことである。1930年代を中心に行われた。

【7】②
〈解説〉ア　オゾン層を破壊するのは，冷却剤・半導体洗浄・スプレーガス等に使用されてきたフロンである。1985年のウィーン条約と1987年

のモントリオール議定書により国際的に規制が進んでいる。

イ　巨大な台風の発生，記録的な洪水や干ばつなどの異常気象，生態系の変化，農作物の被害，感染症のリスクを高めるなどの原因と考えられるのは，地球温暖化である。気温・海水温の上昇が地球に異変をもたらしている。　ウ　1992年にリオデジャネイロで開催された国連環境開発会議(地球サミット)は，人類共通の課題である地球環境の保全と持続可能な開発のための具体的な方策を得ることを目的として開催された。　エ　再生可能エネルギーとは，自然の営みの中で再生され，枯渇の心配がなく，発電時に二酸化炭素を排出しないものである。太陽光・地熱・水力・太陽熱・風力・バイオマス・波力などが該当する。

【8】②

〈解説〉労働三法とは，労働基準法・労働組合法・労働関係調整法のことである。労働基準法には，労働条件の最低基準が定められている。①と⑤は労働基準法についての記述である。労働組合法は，労働者が使用者との交渉で対等の立場に立つことを促進し，労働者の地位を向上させることを目的とする法律である。③は労働組合法についての記述である。労働関係調整法は，労働争議の予防や解決を図るのが目的である。④は労働関係調整法についての記述である。②は男女雇用機会均等法についての記述である。

【9】(1)　⑥　　(2)　①

〈解説〉(1)　千葉港は，工業地帯に位置しており，石油，液化天然ガスなどエネルギー資源の輸入が多い。輸出でも石油製品の輸出が多いのが特徴であることから，ウである。大阪港の特徴は，輸出では集積回路，コンデンサーなどの電気機器が多い一方，他の都市の港と比べて自動車が少ないことも特徴的である。また，輸入では，大都市圏を抱えることから衣類や食料品等が多くそれらからアである。博多港は，食品工業が盛んな北九州工業地帯に近いため，食料品の輸入が多いこ

とからイである。　(2)　中国の主要輸入品は電気機器，鉱物性燃料，一般機器などである。そのうち電気機器は台湾，韓国から，一般機械は日本からの輸入が多くなっている。アメリカ合衆国は，カナダ・メキシコとNAFTA(北米自由貿易協定)を結んでいる(経済産業省資料より)。カナダとDのメキシコは貿易額の上位国となっている。残るCはEUで最大の貿易相手国であるドイツである。

【10】(1)　ア　①　　イ　⑥　　(2)　②
〈解説〉(1)　学習指導要領解説(平成29年7月)では，児童や学校の実態，指導の内容に応じ，「主体的な学び」，「対話的な学び」，「深い学び」の視点から授業改善を図ることが重要であることや，日常の事象や数学の事象について，「数学的な見方・考え方」を働かせ，数学的活動を通して，問題を解決するよりよい方法を見いだしたり，意味の理解を深めたり，概念を形成したりするなど，新たな知識・技能を見いだしたり，それらと既習の知識と統合したりして思考や態度が変容する「深い学び」を実現することが求められることが示されている。
(2)　いずれも各学年のA数と計算における知識及び技能の内容である。①は第2学年，③は第3学年，④は第2学年の指導内容である。

【11】(1)　ア　3　　イ　9　　(2)　ウ　8　　(3)　エ　5　　(4)　オ　2
　　　カ　5　　(5)　キ　1　　ク　3　　(6)　ケ　2　　コ　7
〈解説〉(1)　$4 \div \left(-\dfrac{2}{5}\right) + (-7)^2 = 4 \times \left(-\dfrac{5}{2}\right) + 49 = -10 + 49 = 39$

(2)　一次方程式 $\dfrac{3}{2}x - \dfrac{2x-1}{3} = 7$　両辺を6倍して，$9x - 2(2x-1) = 42$

$9x - 4x + 2 = 42$　$5x = 40$　$x = 8$　　(3)　$\sqrt{18n+54}$ の値が整数となるためには，$\sqrt{}$ の中が(自然数)²の形になればよい。$\sqrt{18n+54} = $

$\sqrt{18 \times (n+3)} = \sqrt{3^2 \times 2(n+3)}$ より，このような $n+3$ は $2 \times$(自然数)² と表され，このうちで最も小さい n の値は $n+3 = 2 \times 2^2$ より，$n = 5$

(4)　2次方程式 $x^2 - 4x - 1 = 0$ を解の公式で解くと，$x = -(-2) \pm$

$\sqrt{(-2)^2-1\cdot(-1)}=2\pm\sqrt{5}$ (5) できる2桁の整数は全部で${}_4P_2=4\cdot$

$3=12$〔個〕。このうち，2桁の整数が3の倍数となるのは，各位の数の

和が3の倍数となる15，51，57，75の4個だから，求める確率は $\dfrac{4}{12}$

$=\dfrac{1}{3}$ (6) yはxの2乗に比例するから，時速60kmでの制動距離は

$12\times\dfrac{60^2}{40^2}=27$ より，27m。

【12】(1) ア 4 イ 0 (2) ウ 4 エ 5

〈解説〉(1) 問題の四角錐の底面を長方形EFGHと考えると，高さは辺

DHだから，四角錐の体積は $\dfrac{1}{3}\times EF\times EH\times DH=\dfrac{1}{3}\times3\times5\times8=40$

〔cm³〕 (2) 下図に展開図の一部を示す。糸の長さが最も短くなるの

は，展開図上でかけた糸が直線になるときで，そのときの長さは線分

PQの長さに等しい。点Pから辺CGへ垂線PRを引いて，△PQRで三平方

の定理を用いると，$PQ=\sqrt{PR^2+QR^2}=\sqrt{(3+5)^2+(8-2-2)^2}=\sqrt{80}$

$=4\sqrt{5}$〔cm〕

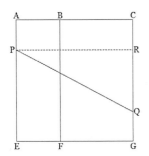

【13】(1) ④ (2) ①

〈解説〉(1) 育成すべき三つの資質・能力のうち，(ア)には，「知識及び

技能」としてAが，(イ)には，「思考力，判断力，表現力等」としてC

が，(ウ)には，「学びに向かう力，人間性等」としてEが，それぞれあ

てはまる。 (2) 第3学年は電気の通り道，第4学年は電流の働き，第

5学年は電流がつくる磁力，第6学年は電気の利用で構成されている。

　各学年の内容については，学習内容ごとに系統的に覚えておきたい。

【14】(1)　③　　(2)　②，⑦

〈解説〉(1)　図の回路と比べ，電流の向きが逆になる回路は，乾電池の向きが逆であるイであり，モーターの回転が速くなる回路は，乾電池2個が直列につながれているオである。　(2)　電流計は回路に対して直列につないで測定する。また，電流の大きさが分からない場合は，電流計が壊れないように，単位が大きいマイナス端子を最初につなぐ。

【15】(1)　③　　(2)　⑤

〈解説〉(1)　れき岩，砂岩，泥岩など，流水や風の作用などによって堆積して固まってできた岩石を堆積岩という。　(2)　地層の上下の逆転やずれはなく，各層は平行に重なっていることから，柱状図のA地点のXとC地点のZを比べると，地層累重の法則よりZのほうがXより古い。また，火山灰の層は同じ時期に形成されたものであることから，X，Y，ZのうちYのみが火山灰の層より後に堆積しており，XやZに比べて新しいことが分かる。

【16】(1)　⑥　　(2)　②

〈解説〉(1)　脊椎動物のうち，哺乳類のみが胎生である。また，哺乳類と鳥類は，恒温動物であり，外界の温度に関係なく体温をほぼ一定に保つことができる。　(2)　②のヤモリは，ハ虫類であり誤りである。両生類であるイモリと合わせて覚えておきたい。

【17】(1)　①，⑤　　(2)　④

〈解説〉(1)　酸性の水溶液(塩酸，炭酸水)とアルカリ性の水溶液(石灰水，水酸化ナトリウム水溶液，アンモニア水)の組み合わせになっているものを選ぶ。　(2)　BTB溶液の変化より，うすい硫酸と水酸化バリウム水溶液は，1：1の割合でちょうど中和する。うすい硫酸30cm³の中和が終了した際，乾燥した塩の質量は1.2gであることから，2倍にうすめ

た硫酸20cm³の中和が終了した際，乾燥させた塩の質量は，$\dfrac{1.2 \times \frac{20}{2}}{30} =$ 0.4〔g〕となる。

【18】⑥

〈解説〉思考力，判断力，表現力等の育成を目指す内容で，情報を整理しながら考えなどを形成し，英語で表現したり，伝え合ったりすることに関する事項の指導内容である。

【19】ア　⑤　　イ　⑦　　ウ　②

〈解説〉ア　ここでのALTの発言を受けて，児童たちがOKと発言していることから，空欄に入るのはWhereやWhenなどの疑問詞やDidで始まる疑問文ではないことが分かる。①のThat's all for today.は「今日はここまで」という意味なので，授業開始の最初の場面である問題箇所では不適。④のLet's talk about food today.「今日は食事について話します」は，その直後に千葉城の話になっていることから不適。授業の内容を説明する⑦や⑨は，空欄イの直前に児童が「今日は何をしますか」と質問していることから，文脈に合わない。従ってこの空欄に当てはまるのは⑤のLet's enjoy today's English class.「今日の英語の授業を楽しみましょう」となる。　イ　この空欄の前を見ると，児童が「今日は何をしますか」と質問しており，空欄の後には子どもたちが「やった！」と喜んでいる。従ってこの空欄部分には⑦か⑨の授業内容を説明する文が入る。そしてその後の部分の会話を見ていくと，内容はcastle「お城」のことよりもhometown「故郷」に集中している。従って，この空欄部分に入れるのは⑦の「英語で自分の故郷を紹介してもらいます」が適切だと分かる。　ウ　この空欄の直前では「故郷の中で自分が一番好きな場所を教えて下さい」と言っており，空欄の直後を見ると，子どもたちが「千葉公園に行きたい」「幕張メッセに行きたい」と答えている。従って，空欄に入る質問文はWhere do you want to go?「どこに行きたいですか？」が適切。

【20】(1)　④　　(2)　③

〈解説〉(1)　HRTの4つ目の会話文の後半部分で，「子どもたちが会話を続けるのは難しいかも知れません」という文がある。これにどう対応するかというのが続きの部分に書かれており，HRTの5つ目の会話文で「例えば相手が"東京に行ってきた"と言ったら，"へえ，東京に行ったんだね"と返事する」という提案がなされている。従って，この問題に対する答えは④repeat「(相手の発言を)繰り返す」となる。

(2)　ALTの3つ目やHRTの4つ目の会話文で，「先生たちが見本の会話をして，子どもたちがそれを真似して会話する」となっているので，選択肢①と②は不適。ALTの4つ目の会話文で，We need to show them how to keep the conversation going.となっているので，③の「先生たちは，会話を続ける方法を子どもたちに見せたい」が適切。

※問題文中の「小学校学習指導要領」は，平成29年3月告示(文部科学省)
とする。

【1】次の文章を読み，あとの(1)〜(4)の問いに答えなさい。

> 風呂場で息子の岳の頭を刈るのが，私の役目であった。岳は，
> 三，四年生の頃まではおとなしく頭を刈られていたが，五年生
> になると，急に大人びてきて，私に散髪されるのをいやがるよ
> うになった。
> 　ある日，岳のむさくるしい頭を見かねた私は，風呂場へ連れ
> て行き，電気バリカンで岳の頭を刈ろうとした。その時，岳は
> おさえていた私の手首を握り，頭だけふり返ると，私を睨みつ
> けた。それは岳には珍しく本当に怒っている，という顔だった。

「なんだ！」
　と，私は言った。
「おとうはよ，こんなふうに勝手に自分の好きなようにヒトの頭を刈
っていって面白いか！」
　と，岳は言った。何時になく強い調子だったので，私はすこしおど
ろいてしまった。
「どういうことだ？」
　と，私も成り行き上すこし荒々しい口調で言った。
「おとうはよ，いつも命令ばかりだよな。自分の好きなように命令ば
っかりしてよ，命令を聞かないといかって(怒って)よ，それでいかっ
てばっかりいてよ」
　と，岳は言った。そこまで言うと鼻のつけねのへんを赤くし，私を
睨みつけながらふいにボロボロと大粒の涙をこぼしはじめた。
　岳のそんな反応を見るのははじめてだったので私はそこで本当に驚

いてしまった。やつの頭を鷲づかみにしていた手をはなし，同時に空
回ししていた電気バリカンのスイッチを切った。

「なんだ？　坊主にされるのが厭なのか？」

　と，私は言った。

「そんなことは言ってないよ」

　岳は私を睨みつけるのをやめ，さっきまでそうしていたように，風
呂場の窓にむかって頭をいくらか下げ，しばらく黙りこんだ。

「じゃあなんだっていうんだ」

　と，私は語気を荒くしたまま言った。

「なんだっていうんだよ……」

　もう一度言った。

　しかし岳は何も答えなかった。黙っていることで，なんとなくやつ
の言おうとしていることが私にはわかってくるような気がした。私も
すこし黙り，次に何を言おうか考えた。しかし特に何か効果的な文句
が浮かんでくるということもなかった。そして_Aその気配はなんとな
くひとつのことにかたまりつつあった。

「もう坊主にするのが厭なのか？」

　と，私はそのことをもう一度，こんどは静かな口調で言った。岳は
黙ったままだった。

「厭なのか？」

　と，私はさらにもう一度言った。

「うん」

　と，岳は私に背中を向けたままひくい声で言い，足もとのタイルを
足の親指でゆっくりなぞった。

「じゃあどういう頭がいいんだ？」

　と，私は言った。岳は何も答えず，妙に長い_a沈黙がつづいた。ふい
に，

「どおって……」

　と，岳がひくくてかすれた声で言った。

「坊主じゃなけりゃどういう恰好がいいんだよ」

岳はすぐには答えず_B右足の親指でゆっくり何度もタイルの一辺をなぞり続けた。それから前と同じ，ひくくてかすれた声で，

「別にどおっていうわけでもないけれど，でも，とにかくこういうふうに頭を刈られるのはいやなんだ，もう……」

と，岳は言った。

「おれにバリカンでやられるのがいやだっていうわけか？」

と，私は言った。

岳はまたしばらく黙りこみ，それから喋りながら，自分の言うことを，ひとつずつたしかめていく，というようなかんじで，

「別におとうにやられるからいやだというわけではなくて，こうやって，突然おとうのきまぐれで，勝手に風呂場に連れてこられて，それで，好きなように，おとうの好きなように，どんどん，刈られていく，っていうのが，ぼくはいやなんだ……」

と，言った。

喋りおわると，岳はまた右足の親指でゆっくりタイルをなぞりはじめた。喋っているときはそちらの方に自分の全神経を集中させるから，足でタイルをなぞり続けている余裕がなかったのかもしれないな，と私はその足の動きを見つめながら考えていた。それにしても岳の言っていることは_Cなかなかに説得力があった。

「そうか……」

と，私は言った。しかしだからどうすべきなのか，ということはその時点ではよくわからなかった。

「じゃあ，どうしたらいいんだ……？」

と，私はそのつぎに言った。岳は何も答えなかった。

「今度からは床屋に行って床屋に刈ってもらうようにするか？」

と，私は言った。

「おまえの好きなようにさ，おまえの行きたい時に行って……」

「うん」

と，岳は私に背中を向けたままかすかに聞こえるような声で言った。

(椎名誠『続　岳物語』による)

155

(1)　文章中の波線部a「沈黙」を用いた次のたとえの［　ア　］にあてはまる最も適当なものを下の①～④のうちから一つ選びなさい。

> 沈黙は金，［　ア　］は銀

①　快活　　②　騒然　　③　寡黙　　④　雄弁

(2)　文章中の下線部A「その気配はなんとなくひとつのことにかたまりつつあった」とあるが，私は岳の気持ちをどのように受け止めているか。最も適当なものを次の①～④のうちから一つ選びなさい。

①　岳の沈黙の中に私の思い通りにはなりたくないという気持ちがあることを感じ取っている。

②　岳が何も答えないのは，私への怒りがますます高まっているからだろうと思い始めている。

③　黙り込んでいる岳は，私とはわかりあえないと思っているのではないかと感じ取っている。

④　頭を下げたままの岳は，抑えきれないほどの悲しみを抱いているようだと思い始めている。

(3)　文章中の下線部B「右足の親指でゆっくり何度もタイルの一辺をなぞり続けた」とあるが，このときの岳の内面を表したものとして最も適当なものを次の①～④から一つ選びなさい。

①　自分の真意をなかなか理解せず，問いを繰り返してくる私に対していらいらしている。

②　自分の胸の内にある言葉をはき出すことで，父を傷つけてしまわないか心配している。

③　私の問いに対して，どのように答えたらよいものか，言葉を選びながら逡巡している。

④　いつもとは違って，乱暴な行動をとった私のことをなかなか受け止められないでいる。

(4)　文章中の下線部C「なかなかに説得力があった。」とあるが，なぜ私はそのように思ったのか。最も適当なものを次の①～④のうちから一つ選びなさい。

① 私のやり方を断固として受け入れぬ強さと，自尊心が備わっているのを感じたから。

② 抵抗した岳が思いのほか強く私の手首を握ったことから親への反発心を感じたから。

③ 私の自分勝手な言動を受け止めようとしている岳に，惣者への協調性を感じたから。

④ 岳の言葉から，私が思っていた以上に岳が精神的に成長していることを感じたから。

(☆☆☆◎◎◎)

【2】次の文章を読み，あとの(1)～(4)の問いに答えなさい。

　鳥は，本当に自由なのだろうか。私はそうではないと思う。鳥はいわば空の中に閉じこめられている。魚も同様で，水の中に閉じこめられている。鳥は空を「空」とは呼ばず，魚も水を「水」と名づけることはない。人間がするようには自分の住む世界を_A対ショウとして捉えることがないからだ。人間は言葉を用い，空を「空」と呼び，海を「海」と名づけた。いわば世界と自分をはっきりと分けて認識している。その意味で人間は，世界に閉じこめられてはいない。言い換えれば人間は，鳥や魚と同じような意味では「自然(＝世界)」の中に生きていない。おそらくこのことが，人間，とりわけ若い皆さんが世界と自分との間にズレを感じる理由だ。

　重要なことは，このズレがあるからこそ，_B人間はほかの動物のように自足することができず，自分が生きる世界を絶えずつくり替えていかなければならないということ。例えば，森を切り拓き，田畑をつくる。これこそ人間だけが持っている自由であり，人間が自由である証しなのだが，見方を変えれば，その自由に閉じこめられているともいえなくはない。人間は，自分が生きている世界と自分との間に越えがたいズレを感じながら，(孤独ではあるけれども)自由に，世界を学び，世界を自分に合うようにつくり替える努力を積み重ねてきた。それが歴史ということ。私たちは今，その結果としての世界を生きてい

るのだ。

　　［　ア　］現代において，人間が行っている世界のつくり替えは，あまりにも高度で複雑だ。［　イ　］，地下鉄を通したり，ジェット機を飛ばしたりしているが，そのために何が必要かを挙げてみればわかる。［　ウ　］，言葉を知らなければならない。世界の仕組みを理解して記述するには，数学がなければならない。物理学も工学も欠かせない。いくつものことを積み重ねて，ようやくジェット機が一機，空を飛べる。

　　そうした数学や物理学，工学は，自然そのものではなく，人間が自然を学びながらつくり出した体系であるから，学ぶことには二段階あることになる。星の運行から暦をつくり，めぐる季節の知識を生かした耕作や狩猟を行うなど，自然を学ぶことが第一段階だとすれば，自然を学んだ人間がつくり出したものを学ぶことが第二段階だ。現代を生きる我々には，この「二重の学び」が宿命づけられており，この第二段階のために特に必要とされているのが学校ということになる。

　　　　(前田英樹『何のために「学ぶ」のか〈中学生からの大学講義〉1』による)

(1)　文章中の下線部A「対ショウ」と同じ漢字を含む熟語を次の①〜④のうちから一つ選びなさい。

　　①　総称　　②　印象　　③　照会　　④　詳細

(2)　文章中の下線部B「人間はほかの動物のように自足することができず」とあるが，人間が自足できないとはどういうことか説明したものとして最も適当なものを次の①〜④のうちから一つ選びなさい。

　　①　人間は動物と異なりズレを感じて生きてはいないので，自分の生きる世界を絶えずつくり替えていく必要があること。

　　②　人間は動物と同様に世界に閉じ込められていないので，世界と自分の間に生じる違和感をぬぐうことができないこと。

　　③　人間は動物と同様に自由に見えるが，実は自由の中に閉じ込められているため，世界をつくり替える必要がないこと。

　　④　人間は動物と異なり世界と自分を分けて認識しているため，世

界をつくり替えないと自分の状態に満足できないこと。

(3) 文章中の空欄ア・イ・ウの順に当てはまる言葉の組み合わせとして最も適当なものを次の①～④のうちから一つ選びなさい。

① そして － 例えば － だから

② しかし － 例えば － まず

③ また － そして － 例えば

④ ところが － なぜなら － つまり

(4) この文章の見出しとして最も適当なものを次の①～④のうちから一つ選びなさい。

① 学ぶとは認識を重ねること

② 人間は自然からすべて学ぶ

③ 人間は自由だからこそ学ぶ

④ 学ぶとは現代を生きること

(☆☆☆◎◎◎)

【3】次の漢詩を読み，下の(1)～(3)の問いに答えなさい.

静夜思

牀前看月光
疑是地上霜
挙頭望山月
低頭思故郷

(1) この漢詩で，韻を踏んでいる字の組み合わせとして最も適当なものを次の①～④のうちから一つ選びなさい。

① 光・霜・郷　　② 光・霜・月　　③ 霜・月・郷
④ 光・月・郷

(2) この漢詩の解説として最も適当なものを次の①〜④のうちから一つ選びなさい。

① 唐代の詩人である李白の五言絶句。寝台の前を照らす月の光を見て幻想的な世界に引き込まれる様子が比喩表現によって描かれ，それに端を発して，遠く離れた故郷に思いをはせる気持ちが表現されている。

② 唐代の詩人である李白の五言律詩。寝台の前を照らす月の光を見て幻想的な世界に引き込まれる様子が比喩表現によって描かれ，それに端を発し，故郷を離れたことを後悔している気持ちが表現されている。

③ 唐代の詩人である李白の五言絶句。寝台の前を照らす月の光を見て幻想的な世界に引き込まれる様子が比喩表現によって描かれ，目の前にある山や月を見て故郷を思い出した喜びの気持ちが表現されている。

④ 唐代の詩人である李白の五言律詩。寝台の前を照らす月の光を見て幻想的な世界に引き込まれる様子が比喩表現によって描かれ，それに端を発し，故郷を思い，悲しみに暮れている気持ちが表現されている。

(3) 六年生の学級で「静夜思」等の漢詩を教材とした学習を行うことを計画した。小学校学習指導要領国語に示されている内容に最も沿っているものを次の①〜④のうちから一つ選びなさい。

① 第五学年及び第六学年〔知識及び技能〕(3) 我が国の言語文化に関する指導事項では，「親しみやすい古文や漢文，近代以降の文語調の文章を読んで，古典の世界に親しむこと。」が示されているので，漢詩に詠まれた情景を読みとったり，作品に表れた作者の思いを想像したりしながら，漢詩に対する興味・関心を深めることができるような学習活動を行う。

② 第五学年及び第六学年〔知識及び技能〕(3) 我が国の言語文化

に関する指導事項では,「親しみやすい古文や漢文,近代以降の文語調の文章を音読するなどして,言葉の響きやリズムに親しむこと。」が示されているので,複数の漢詩の中から,お気に入りを選んで繰り返し音読をするなど,漢詩のもつ心地よい響きやリズムを実感できるような学習活動を行う。

③ 第五学年及び第六学年〔知識及び技能〕(3) 我が国の言語文化に関する指導事項では,「親しみやすい古文や漢文,近代以降の文語調の文章の特徴を生かして音読し,古典特有のリズムを通して,古典の世界に親しむこと。」が示されているので,漢詩の音読・暗唱を繰り返しながら,文語の決まりや訓読の仕方を理解することができるような学習活動を行う。

④ 第五学年及び第六学年〔知識及び技能〕(3) 我が国の言語文化に関する指導事項では,「現代語訳や語注などを手掛かりに作品を読むことを通して,古典に表れたものの見方や考え方を知ること。」が示されているので,複数の漢詩を揃えて繰り返し音読し,自分たちと昔の人とは考え方や感じ方に違いがあることに気付くことができるような学習活動を行う。

(☆☆◎◎◎)

【4】小学校学習指導要領社会について,次の(1),(2)の問いに答えなさい。

(1) 次の文は,「第1 目標」から抜粋したものである。(ア)～(ウ)にあてはまる語句の組み合わせとして最も適当なものを,あとの①～⑥のうちから一つ選びなさい。

> (1) 地域や我が国の国土の地理的環境,現代社会の仕組みや働き,地域や我が国の歴史や伝統と文化を通して社会生活について理解するとともに,様々な資料や(ア)を通して情報を適切に調べまとめる技能を身に付けるようにする。
>
> (2) 社会的事象の特色や相互の関連,意味を(イ)に考えたり,社会に見られる課題を把握して,その解決に向けて社

会への関わり方を選択・判断したりする力，考えたことや選択・判断したことを適切に表現する力を養う。

(3)　社会的事象について，よりよい社会を考え主体的に（　ウ　）しようとする態度を養うとともに，（　イ　）な思考や理解を通して，地域社会に対する誇りと愛情，地域社会の一員としての自覚，我が国の国土と歴史に対する愛情，我が国の将来を担う国民としての自覚，世界の国々の人々と共に生きていくことの大切さについての自覚などを養う。

	①	②	③	④	⑤	⑥
ア	言語活動	体験活動	調査活動	体験活動	調査活動	言語活動
イ	具体的	論理的	多角的	多角的	具体的	論理的
ウ	探究	問題解決	問題解決	探究	問題解決	探究

(2)　次の記述は，「第2　各学年の目標及び内容」の中の各学年の内容である。第5学年に関するものはどれか。最も適当なものを，次の①～④のうちから一つ選びなさい。

①　自然災害から人々を守る活動

②　我が国の国土の自然環境と国民生活との関連

③　グローバル化する世界と日本の役害

④　市の様子の移り変わり

(☆☆☆◎◎◎)

【5】次のア～オのカードは，それぞれ，7～9世紀の人物について説明したものである。あとの(1)，(2)の問いに答えなさい。

ア
皇位をめぐる争いである壬申の乱に勝って天皇に即位し，政治の改革を進めた。

イ
橋や用水池をつくるなどの社会事業を進めながら，民衆の間に仏教を広めた。

ウ
国司の経験をもち，地方の貧しい農民の暮らしについての貧窮問答歌をよんだ。

	エ
	遣唐使とともに唐に渡って仏教を学び，天台宗を伝えて比叡山に延暦寺を建てた。

	オ
	長岡京に都を移し，さらにその後，平安京をつくり，乱れた政治を立て直そうとした。

(1) ア～オのカードにあてはまる人物を，解答群のa～jからそれぞれ一人ずつ選び，その組み合わせとして最も適当なものを，次の①～⑥のうちから一つ選びなさい。

	ア	イ	ウ	エ	オ
①	e	g	d	i	h
②	e	a	f	b	c
③	e	a	f	i	c
④	j	g	d	b	h
⑤	j	a	f	b	h
⑥	j	g	d	i	c

〈解答群〉

a 鑑真　　　　b 空海　　　　c 桓武天皇　　　d 山上憶良

e 天智天皇　　f 柿本人麻呂　g 行基　　　　h 聖武天皇

i 最澄　　　　j 天武天皇

(2) 次の文章は，ア～オのカードの人物が活躍した7～9世紀のアジアに関わるできごとについて記したものである。内容として適当でないものを，次の①～④のうちから一つ選びなさい。

① 西アジアの都市バグダッドでは，ムハンマドがイスラム教をおこした。ムハンマドの後継者は，各地を征服してイスラム教を広めた。

② シルクロードを通じて東西の交流が盛んになった。東大寺の正倉院に納められている美術工芸品には，インドや西アジアなどの文化の影響が見られる。

③ 隋にかわって唐が大帝国を築き，唐の都の長安は栄えた。日本からは遣唐使が送られ，唐の進んだ政治制度や文化を持ち帰った。

④ 白村江の戦いでは，唐と新羅の連合軍が倭国(日本)の軍に勝利した。その後，新羅は唐の勢力を追い出し，朝鮮半島を統一した。

(☆☆☆◎◎◎)

【6】次の①～⑤は，社会の変化にともなって主張されるようになった「新しい人権」について記したものである。「新しい人権」に関する記述として適当でないものを，次の①～⑤のうちから一つ選びなさい。

① きれいな空気や水，住みよい環境を求める権利として「環境権」が主張されるようになった。

② 商標(商品名など)，特許，意匠(デザイン)などに関する権利は，「知的財産権」と呼ばれる。

③ 「知る権利」が認められ，公正で透明性の高い政治の実現のために，情報公開制度が設けられている。

④ 自分の顔や姿などを無断で写真やビデオや絵などに使われたり，公表されたりしない権利として「著作権」がある。

⑤ 医療におけるインフォームド・コンセントや臓器提供意思表示カードは，「自己決定権」を尊重するものである。

(☆☆☆◎◎◎)

【7】次の表は，政府による財政の役割についてまとめたものである。目的に関するA～C，方法に関するD～Fにあてはまる記述を，解答群のア～カから一つずつ選び，その組み合わせとして最も適当なものを，あとの①～⑥のうちから一つ選びなさい。

表　財政の役割

機能	目的	方法
資源配分の調整	A	D
所得の再分配	B	E
経済の安定化	C	F

〈解答群〉

目的

ア 個人や企業にまかせることができない事業を行う

イ 景気変動による失業やインフレなどを防ぐ

ウ 所得の多い人と少ない人の経済格差を是正する

方法

 エ 累進課税

 オ 財政政策

 カ 社会資本の整備

	目的			方法		
	A	B	C	D	E	F
①	ア	イ	ウ	オ	エ	カ
②	イ	ア	ウ	エ	カ	オ
③	ア	ウ	イ	カ	エ	オ
④	イ	ウ	ア	エ	オ	カ
⑤	ウ	イ	ア	オ	カ	エ
⑥	ウ	ア	イ	カ	オ	エ

(☆☆☆◎◎◎)

【8】2020年に開催される東京オリンピック・パラリンピックの競技会場がおかれる9都道県(北海道，宮城県，福島県，茨城県，埼玉県，東京都，千葉県，神奈川県，静岡県)について，次の(1)，(2)の問いに答えなさい。

(1) 次のア～カは，上の9都道県のうちの6都県における産業について記したものである。都県名とア～カの組み合わせとして最も適当なものを，あとの①～⑥のうちから一つ選びなさい。

 ア 高速道路沿線に工業団地がつくられ，電気機械の工場が増えた。平成29年の桃の収穫量は全国2位である。

 イ 埋め立て地に石油化学などの工場が進出し，工業地域を形成した。平成29年の貿易額全国1位の空港がある。

 ウ 高速道路や鉄道で大都市圏と結びつき発展した。平成29年のパルプ・紙・紙加工品出荷額は全国1位である。

 エ 世界や日本の各地から最新の情報が集まる。平成29年の印刷業・同関連業の事業所数は全国1位である。

 オ 近郊農業が盛んで，平成29年の農業産出額は全国3位である。

 カ 最も多く作付されている銘柄米は「ひとめぼれ」である。平成29年の牡蠣(かき)養殖の収穫量は全国2位である。

 (「農林水産統計」「平成29年全国港別貿易額表」「平成29年工業統

計速報」より作成)

	ア	イ	ウ	エ	オ	カ
①	茨城県	東京都	福島県	静岡県	宮城県	千葉県
②	宮城県	千葉県	静岡県	東京都	茨城県	福島県
③	茨城県	静岡県	福島県	千葉県	東京都	宮城県
④	宮城県	静岡県	茨城県	千葉県	東京都	福島県
⑤	福島県	千葉県	静岡県	東京都	茨城県	宮城県
⑥	福島県	東京都	茨城県	静岡県	宮城県	千葉県

(2) 次の資料は，日本の第三次産業の就業者数と業種別人口の割合の変化を示したものである。上の9都道県のうち，産業別人口に占める第三次産業の割合が7割を超えるものは6都道県であり(平成27年)， ┊┈┈┊ はその都道県名を示している。(ア)，(イ)にあてはまる業種名，(ウ)，(エ)にあてはまる県名の組み合わせとして最も適当なものを，あとの①〜⑥のうちから一つ選びなさい。

日本の第三次産業の就業者数と業種別人口の割合の変化

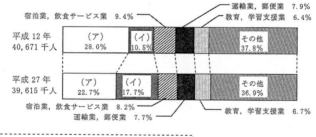

9都道府県のうち，産業別人口に占める第三次産業の割合が7割を超える都道県

・　東京都　　・　北海道
・　神奈川　　・　埼玉県
・　(ウ)　　　・　(エ)

※四捨五入の関係で合計が100%にならない場合がある。

(「平成27年国勢調査」より作成)

166

	(ア)	(イ)	(ウ)	(エ)
①	情報通信業	医療，福祉	千葉県	福島県
②	医療，福祉	情報通信業	茨城県	静岡県
③	情報通信業	卸売業，小売業	千葉県	静岡県
④	医療，福祉	卸売業，小売業	茨城県	福島県
⑤	卸売業，小売業	医療，福祉	千葉県	宮城県
⑥	卸売業，小売業	情報通信業	茨城県	宮城県

(☆☆☆◎◎◎)

【9】小学校学習指導要領算数について，次の(1)，(2)の問いに答えなさい。

(1) 次の文は，「第3 指導計画の作成と内容の取扱い」から抜粋したものである。[ア]，[イ]にあてはまる最も適当な語句を，下の解答群からそれぞれ一つずつ選びなさい。

> 3 [ア]の取組においては，次の事項に配慮するものとする。
> (1) [ア]は，基礎的・基本的な知識及び技能を確実に身に付けたり，思考力，判断力，表現力等を高めたり，算数を学ぶことの楽しさや意義を実感したりするために，重要な役割を果たすものであることから，各学年の内容の「A数と計算」「B図形」，「C測定」，「C変化と関係」及び「D[イ]」に示す事項については，[ア]を通して指導するようにすること。

解答群　① 数学的活動　　② 算数的活動　　③ 言語活動
　　　　④ データの活用　⑤ 資料の活用　　⑥ 数量関係

(2) 次のA～Cは，「第2 各学年の目標及び内容」で示されている各学年の「2 内容」から，異なる三つの学年の内容を抜粋したものである。A～Cを指導する順に左から並べたものをあとの①～⑥のうちから一つ選びなさい。

> A 度数分布を表す表やグラフの特徴及びそれらの用い方を理解すること。
> B 折れ線グラフの特徴とその用い方を理解すること。
> C ものの個数について，簡単な絵や図などに表したり，それらを読み取ったりすること。

① A→B→C　　② A→C→B　　③ B→A→C

④ B→C→A　　⑤ C→A→B　　⑥ C→B→A

(☆☆☆◎◎◎)

【10】次の(1)～(6)の問いに答えなさい。

(1) $(-8)^2-6\times(-3)^2$を計算すると，[　アイ　]である。

(2) 連立方程式 $\begin{cases} x+2y=11 \\ \dfrac{1}{2}x-\dfrac{1}{6}y=2 \end{cases}$ の解は，$x=$[　ウ　]，$y=$[　エ　]である。

(3) $\sqrt{3}+\sqrt{a}=\sqrt{48}$ が成り立つとき，整数aの値は[　オカ　]である。

(4) 大小2つの数があり，その2つの数の和は18で，積は65になる。この2つの数のうち，小さい方の数は[　キ　]である。

(5) 男子2人，女子3人の合計5人の中から，くじびきで2人の委員を選ぶ。このとき，2人の委員のうち少なくとも1人が男子となる確率は，$\dfrac{[\ \ ク\ \ ]}{[\ \ ケコ\ \ ]}$である。

(6) 次図のように，線分ABを直径とする円があり，その円周上に$\overset{\frown}{AB}$を3等分する2点P，Qをとる。

AB＝8cmのとき，△QABの面積は[　サ　]$\sqrt{[\ \ シ\ \ ]}$cm²である。

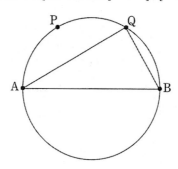

(☆☆☆◎◎◎)

【11】 下図のように，関数 $y=\dfrac{1}{2}x^2$ グラフ上に2点A，Bを，関数 $y=-\dfrac{1}{6}x^2$ のグラフ上に2点C，Dを，四角形ABCDが長方形となるようにそれぞれとる。ただし，点A，Dの x の座標は正とする。このとき，次の(1)，(2)の問いに答えなさい。

(1)　点Bの x 座標が−4のとき，点Aの y 座標は ［　ア　］ である。

(2)　長方形ABCDが正方形になるとき，点Aの座標は $\left(［　イ　］，\dfrac{［　ウ　］}{［　エ　］}\right)$ である。

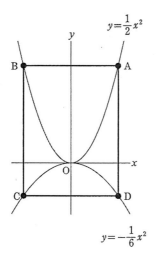

$$y=\dfrac{1}{2}x^2$$

$$y=-\dfrac{1}{6}x^2$$

(☆☆☆◎◎◎)

【12】 小学校学習指導要領理科について，次の(1)，(2)の問いに答えなさい。

(1)　次の文は，「第1　目標」から抜粋したものである。文中の（　ア　）〜（　ウ　）には，語群のA〜Fのいずれかが該当する。その組み合わせとして最も適当なものをあとの①〜⑥のうちから一つ選びなさい。

> 　（　ア　），理科の見方・考え方を働かせ，見通しをもって（　イ　）ことなどを通して，自然の事物・現象についての問題を（　ウ　）ために必要な資質・能力を次のとおり育成することを目指す。

(1)　自然の事物・現象についての理解を図り，観察，実験などに関する基本的な技能を身に付けるようにする。

(2)　観察，実験などを行い，問題解決の力を養う。

(3)　自然を愛する心情や主体的に問題解決しようとする態度を養う。

[　語群　]

A：科学的に考察する

B：科学的に解決する

C：予想や仮説を立てる

D：観察，実験を行う

E：自然に親しみ

F：生命を尊重し

① ア：E　　イ：C　　ウ：B

② ア：F　　イ：D　　ウ：A

③ ア：E　　イ：C　　ウ：A

④ ア：F　　イ：B　　ウ：A

⑤ ア：E　　イ：D　　ウ：B

⑥ ア：F　　イ：A　　ウ：B

(2)　次の文は，「第2　各学年の目標及び内容」から抜粋したものである。文中の（　エ　）～（　カ　）には，語群のG～Lのいずれかが該当する。その組み合わせとして最も適当なものをあとの①～⑥のうちから一つ選びなさい。

第4学年	空気と水の性質について，体積や圧し返す力の変化に着目して，それらと圧す力とを（　エ　）調べる活動を通して，次の事項を身に付けることができるよう指導する。
第5学年	物の溶け方について，溶ける量や様子に着目して，水の温度や量などの条件を（　オ　）調べる活動を通して，次の事項を身に付けることができるよう指導

```
                する。
    第6学年     燃焼の仕組みについて，空気の変化に着目して，
                物の燃え方を( カ )調べる活動を通して，次の事
                項を身に付けることができるよう指導する。
```

[語群]

G：多面的に

H：同時に

I：比較しながら

J：関係付けて

K：制御しながら

L：変化させながら

① エ：I　　　オ：K　　　カ：L

② エ：H　　　オ：I　　　カ：G

③ エ：H　　　オ：G　　　カ：L

④ エ：J　　　オ：K　　　カ：G

⑤ エ：I　　　オ：L　　　カ：G

⑥ エ：J　　　オ：H　　　カ：L

(☆☆○○○○○)

【13】表は火山の特徴をまとめたものである。表中の(Ⅰ)，(Ⅱ)
には，それぞれ〔大きい〕，〔小さい〕のいずれかが該当する。あとの
(1)，(2)の問いに答えなさい。

表

火山の形	ドーム状の形	円すい状で傾斜のやや急な形	傾斜のゆるやかな形
模式図			
噴火のようす	激しい ←	→ 穏やか	
マグマのねばりけ	(Ⅰ) ←	→ (Ⅱ)	
冷え固まった溶岩の色	白っぽい ←	→ 灰 色 ←	→ 黒っぽい
例	昭和新山 雲仙普賢岳	浅間山 桜島	マウナロア キラウエア

171

(1)　火山に関係する説明文として，誤っているものを次の①〜⑥のうちから二つ選びなさい。

①　マグマのねばりけが小さいとき，マグマは流れにくいので，ドーム状の形の火山になる。

②　マグマのねばりけが小さいとき，溶岩は薄く広がり，傾斜のゆるやかな形となることが多い。

③　マグマのねばりけが小さいとき，噴火のようすは比較的穏やかである。

④　マグマが冷え固まった溶岩の色は，ねばりけが小さいと白っぽく，大きいと黒っぽくなる。

⑤　マグマのねばりけが大きいとき，火口付近に溶岩ドームという溶岩のかたまりを作ることがある。

⑥　マグマのねばりけが大きいと，火山ガスが抜けにくく，圧力が高まって，激しい噴火になることが多い。

(2)　次の文は，マグマが冷え固まってできた岩石について説明したものである。文中の(　ア　)〜(　エ　)には，語群のA〜Gのいずれかが該当する。その組み合わせとして最も適当なものを下の①〜⑥のうちから一つ選びなさい。

> 　マグマが冷え固まってできた岩石を(　ア　)という。この岩石のうち，地表や地表近くで急に冷え固まった岩石を(　イ　)という。地下の深いところでゆっくり冷え固まった岩石を(　ウ　)という。マグマが地下深くのマグマだまりなどでゆっくり冷え固まると，石基の部分がなく，大きな鉱物の結晶どうしが組み合わさった岩石のつくりとなる。このようなつくりを(　エ　)という。

[　語群　]

A：火成岩　　B：深成岩　　　C：変成岩　　　D：火山岩

E：斑晶　　　F：等粒状組織　　G：斑状組織

①　ア：A　　イ：C　　ウ：B　　　エ：E

② ア：A　　イ：D　　ウ：B　　エ：G

③ ア：D　　イ：A　　ウ：B　　エ：F

④ ア：D　　イ：B　　ウ：A　　エ：G

⑤ ア：A　　イ：D　　ウ：B　　エ：F

⑥ ア：D　　イ：A　　ウ：B　　エ：E

(☆☆☆◎◎◎◎)

【14】マグネシウムが飛び散らない容器を使い，実験を行った。マグネシウムの質量を変えて行い，マグネシウムが全て反応したとき，表のような結果となった。下の(1)，(2)の問いに答えなさい。

表

加熱前の質量（g）	0.3	0.6	0.9	1.2
加熱後の質量（g）	0.5	1.0	1.5	2.0

(1)　このときの化学変化を化学反応式で表したとき，最も適当なものを次の①～⑥のうちから一つ選びなさい。

① $Mg + O_2 \rightarrow 2MgO$　　　② $2Mg + O_2 \rightarrow 2Mg_2O_2$

③ $2Mg + O_2 \rightarrow 2MgO_2$　　④ $Mg + O_2 \rightarrow MgO_2$

⑤ $Mg + O \rightarrow MgO$　　　　⑥ $2Mg + O_2 \rightarrow 2MgO$

(2)　1.5gのマグネシウムを加熱した後，質量を量ると2.3gであった。このとき，反応しないで残っているマグネシウムの質量は何gか。最も適当なものを次の①～⑥のうちから一つ選びなさい。

① 0.1g　　② 0.2g　　③ 0.3g　　④ 0.4g　　⑤ 0.5g

⑥ 0.6g

(☆☆☆◎◎◎◎)

【15】図はある生物を介しての物質の循環の様子を模式的に表したものである。あとの(1)，(2)の問いに答えなさい。

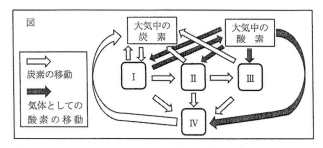

(1)　図中のⅠ，Ⅱ，Ⅲには，どのような生物があてはまるか。最も適当なものを次の①～⑥のうちから一つ選びなさい。

①　Ⅰ　イナゴ　　　Ⅱ　ヘビ　　　　Ⅲ　フクロウ

②　Ⅰ　アジサイ　　Ⅱ　イモリ　　　Ⅲ　カタツムリ

③　Ⅰ　カナブン　　Ⅱ　ハクサイ　　Ⅲ　ヤモリ

④　Ⅰ　ネズミ　　　Ⅱ　カエル　　　Ⅲ　ハエ

⑤　Ⅰ　ナズナ　　　Ⅱ　フクロウ　　Ⅲ　トカゲ

⑥　Ⅰ　イネ　　　　Ⅱ　イナゴ　　　Ⅲ　カエル

(2)　図中のⅣに属している生物として，最も適当なものを語群Xから一つ選びなさい。また，そのはたらきの説明として最も適当なものを語群Yから一つ選び，その組み合わせとして最も適当なものを下の①～⑥のうちから一つ選びなさい。

　　［　語群X　］　　A　アオカビ　　B　ススキ　　　C　ドクダミ

　　　　　　　　　　　D　クモ　　　　E　ネズミ

　　［　語群Y　］　　F　生産者として無機物から有機物を作り出す。

　　　　　　　　　　　G　消費者として生産者が作り出した有機物を取り入れる。

　　　　　　　　　　　H　分解者として生物から出された有機物を無機物にまで分解する。

　　　　　　　　　　　I　消費者として無機物から有機物を作り出す。

　　　　　　　　　　　J　分解者として消費者から出された無機物を有機物にまで分解する。

①　A，H　　②　B，G　　③　C，F　　④　D，J　　⑤　E，I

⑥　D，F

(☆☆☆◎◎◎)

【16】図1の装置を用いて，50g，75g，150gの各小球をさまざまな高さから転がし，X点に置いた木片に衝突させ，木片の動いた距離を測定した。グラフ1はその結果をまとめたものである。

　下の(1)，(2)の問いに答えなさい。ただし，小球が持っている力学的エネルギーは木片を動かすエネルギーとしてすべて使われるものとする。

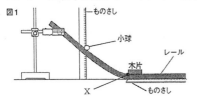
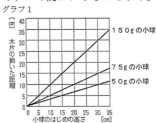

(1)　グラフ1をもとに，30cmの高さからさまざまな質量の小球をX点に置いた木片に衝突させたとき，小球の質量と木片の動いた距離との関係を表したグラフとして最も適当なものを次の①～⑤のうちから一つ選びなさい。

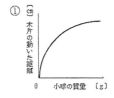

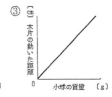

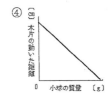
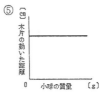

175

(2)　この装置を用いて115gの小球を30cmの高さから転がすと，木片は何cm動くか。最も適当なものを次の①〜⑥のうちから一つ選びなさい。

①　21cm　　②　23cm　　③　25cm　　④　27cm　　⑤　29cm

⑥　31cm

(☆☆☆◎◎◎)

【17】次の文は，小学校学習指導要領外国語の「第2　各言語の目標及び内容等　英語　3　指導計画の作成と内容の取扱い」から抜粋したものである。空欄にあてはまる語句を，（　A　）はア〜ウから一つ，（　B　）はエ〜カから一つ選び，その組み合わせとして最も適当なものを下の①〜⑥のうちから一つ選びなさい。

> 単元など内容や時間のまとまりを見通して，その中で育む資質・能力の育成に向けて，（　A　）を図るようにすること。その際，具体的な課題等を設定し，児童が外国語によるコミュニケーションにおける見方・考え方を働かせながら，コミュニケーションの目的や場面，状況などを意識して活動を行い，英語の音声や語彙，表現などの知識を，（　B　）の領域における実際のコミュニケーションにおいて活用する学習の充実を図ること。

A
- ア　指導の効率化や言語活動の更なる充実
- イ　基本的な表現などの学習内容を繰り返し指導し定着
- ウ　児童の主体的・対話的で深い学びの実現

B
- エ　三つ
- オ　四つ
- カ　五つ

①　ア・オ　　②　ア・カ　　③　イ・エ　　④　イ・オ

⑤　ウ・エ　　⑥　ウ・カ

(☆☆☆◎◎◎)

【18】次の対話は，小学校の学級担任(HRT)と児童との授業中のやりとりの一場面である。

　[1]～[3]にあてはまる最も適当なものを，下の解答群からそれぞれ一つずつ選びなさい。

HRT:　　　　　This my routine.

(The HRT has already put some picture cards on the blackboard.)

I usually get up at five thirty. And I always cook breakfast for my family.

[1]

Shota:　　　　Six thirty.

HRT:　　　　　Oh, you get up six thiry. Please start with "I get up."

Let's say it together.

HRT＆Shota:　I get up at six thirty.

HRT:　　　　　Very good, Sohta. How about you, Yukina?

Yukina:　　　　I usually get up at six fifteen.

HRT:　　　　　[2]

Yukina:　　　　I walk my dog and eat breakfast.

HRT:　　　　　How about you,Kaho?

Kaho:　　　　　I help my mother.

HRT:　　　　　Good. Now, make pairs. You are going to ask about your partner's routine.

[3] Listen to the answers carefully.

Are you ready?

Students:　　　Yes!

解答群

　　①　Can you guess who I am?

　　②　Do you usually get up at six thirty?

　　③　Please match the picture with the correct answer.

　　④　What time do you get up?

⑤　Let's check the answer.

⑥　Ask three questions.

⑦　Please help me.

⑧　What do you see in this picture?

⑨　What do you usually do before you leave for school?

(☆☆☆○○○)

【19】次の対話は，小学校の学級担任(HRT)と外国語指導助手(ALT)との会話の一場面である。

この対話を読んであとの(1)，(2)の問題に答えなさい。

ALT:　Good mornig, Ms.Yamada.

HRT:　Good morning, Mr.Green. How was your weekend?

ALT:　It was exciting. I went surfing with my friend. Chiba has many good surfing spots. [　①　]

HRT:　Definitely. You know, we will host the Tokyo Olympic and Paralympic Games next year.

Surfing will take place in Ichinomiya Town in Chiba.

ALT:　Yes, I know. I'd love to watch it next year if I have the chance. [　②　]

HRT:　Well, you can also watch wrestling fencing, taekwondo, sitting volleyball, goalball, wheelchair fencing, and para taekwondo in Chiba. I hope to watch some athletic events, and I'll also do some volunteer work during the games.

[　③　]

ALT:　That'll be great.

HRT:　It's time to go the classroom. Shall we talk about our next English teaching plan after school?

ALT:　Sure. We are going to give our students the topic of the Tokyo Olympic and Paralympic Games in the next unit, aren't we? [　④　]

HRT:　Right. We want the students to become interested in global sporting events through the unit. And by the end of the unit, we want them to be able to express their opinions about the athletic events they want to watch, using "What do you want to watch?" and "I want to watch ～." I'll evaluate the students, so plesse help them with their conversations.

ALT: I see. They must be interested in the next unit.

HRT: I hope so. See you later.

ALT: See you then.

(1) Choose the part of the conversation from [　①　]～[　④　] where the following sentence best fits.

I heard Chiba will have some other Olympic or Paralympic athletic events.

(2) Based on the content of the conversation between the HRT and the ALT, choose the following combination which best represents the main roles of the HRT.

　ア　To make a teaching plan which attracts the students' interests.

　イ　To teach the names of athletic events with natural pronunciation.

　ウ　To evaluate whether the students can communicate about what they want to watch.

　エ　To correct the students' English during a small talk about the Olympic and Paralympic Games.

①　アとエ　　②　イとウ　　③　アとウ　　④　イとエ

(☆☆☆◎◎◎)

解答・解説

【１】(1)　④　　(2)　①　　(3)　③　　(4)　④

〈解説〉(1)　イギリスの思想家カーライルの『衣装哲学』内の言葉である。雄弁は大事だが，沈黙すべきときを心得ていることはもっと価値があるということを表す。　(2)　下線部Aの直後で「私」が問うているように，坊主にするのを岳が嫌がっている可能性に「私」は思い至るのである。　(3)　下線部Bの後には「自分の言うことを，ひとつずつたしかめていく，というようなかんじ」という表現も見受けられる。岳は父親に対して自分の意見を初めて主張するに際して，ためらいを見せているのである。　(4)　私は，自分の頭髪を他人の権限で刈られることを拒絶した息子に，成長を感じたのである。

【２】(1)　②　　(2)　④　　(3)　②　　(4)　③

〈解説〉(1)　「対象」とは目標となるものを指す。「対称」は，つり合っていることを言い，「対照」は，照らし合わせることである。

(2)　下線部Bの内容は，同段落において詳述される。そして，下線部の直前に「このズレがあるからこそ」とあるように，下線部の内容を導くのが，前段落で述べられる人間と動物の違いである。　(3)　空欄の前後の関係に着目することが大切である。アの前後では単純なこと，複雑なことという正反対の事柄が述べられており，逆接の接続詞が入る。イ以下で挙げられるのは具体例である。ウ以下ではジェット機が空を飛ぶに至るまでのプロセスが順に説明されている。　(4)　冒頭の段落で強調されている通り，人間を他の動物と分かつものは，世界と自分を区別して認識していること，すなわち自由であることである。

【３】(1)　①　　(2)　①　　(3)　②

〈解説〉(1)　原則的には偶数句末尾と第一句末尾に着目すればよい。
(2)　絶句は四句からなり，律詩は八句からなる。「低頭」とは物思い

に沈む様を言う。 (3)「古典の世界に親しむこと」は中学校における指導事項である。小学校における指導事項は「言葉の響きやリズムに親しむこと」が中心となる。

【4】(1) ③ (2) ②

〈解説〉(1)(2) 学習指導要領(平成29年告示)からの出題である。問題に関しては，覚えているかどうかだけである。問題は覚え方，理解の仕方である。今回は目標と各学年の目標及び内容が出題された。目標については，中央教育審議会答申を踏まえて改訂されている。社会科全体の流れというものを掴むことが重要である。各学年の目標及び内容に関しては，該当学年と他の学年との関連性などを意識しながら読み進めるとよい。このように考えると，ただ学習指導要領の文章を覚えるだけではなく，学習指導要領の解説編も，改訂の趣旨などを中心に熟読しなければならないのは明白であろう。このような学習をつみ重ねていけば，「暗記」という概念はなくなり，「理解」できるようになるはずである。

【5】(1) ⑥ (2) ①

〈解説〉(1) 人物について書かれたカードから人物を答える問題である。いずれも，小学校で学習する人物である。アは壬申の乱に勝利した人物なので天武天皇。イは社会事業と仏教を広めたという記述から行基。ウは貧窮問答歌から山上憶良，エは天台宗から最澄。空海は真言宗。オは平安京から桓武天皇である。 (2) 世界史の問題である。①に関して，ムハンマドがイスラム教をおこしたのはメッカである。

【6】④

〈解説〉新しい人権とは，時が経ち人々の間に人権に対する考え方が深まり，また社会や経済が大きく変動していく中で，人としての権利を守るために生まれた基本的人権である。日本国憲法には明記されていないが，基本的人権として保障していく必要があるものである。代表的

なものとして，環境権，知る権利，プライバシーの権利，自己決定権
などがある。選択肢を見ると，環境権は①，知る権利は③，自己決定
権は⑤に書かれてあり，内容も正しい。②か④であるが，②は自分が
つくったものを守るという観点から新しい人権にあてはまる。④であ
るが，これは「プライバシーの権利」に関する記述である。「著作権」
は②の「知的財産権」に含まれる。よって④が誤り。

【7】③

〈解説〉経済に関する問題である。高校公民で詳しく書いてある内容であ
るが，小学生でも経済に興味があれば，累進課税ぐらいは知っている
かもしれない。資源配分の調整は，政府が税金を使って社会資本の整
備を行うことである。民間の経済活動に任せていると充足しにくい分
野へ行うものである。目的はアで，方法はカの社会資本の整備があて
はまる。所得の再分配は所得の格差を是正することである。目的はウ
で，方法は，高所得者から所得税を多く徴収するエの累進課税制度が
あてはまる。経済の安定化は，景気が過熱気味のときは抑制し，不況
のときは景気を回復させるようにすることである。目的はイで，方法
は，減税や増税などのオの財政政策があてはまる。

【8】(1)　⑤　　(2)　⑤

〈解説〉東京オリンピック・パラリンピックの競技会場がおかれる9都道
県に関する「地理」の問題である。時事問題ではない。　(1)　アは工
業団地よりも，桃の収穫量2位から福島県である。イは1位の空港が成
田国際空港であるので千葉県である。ウは大都市圏と結びつきという
文と，パルプ・紙から静岡県である。富士市の製紙・パルプ工業が有
名である。エは最新の情報や印刷業から東京都である。オは近郊農業
から茨城県である。カはひとめぼれとかきの養殖から宮城県である。
以上から順番に，福島・千葉・静岡・東京・茨城・宮城であるので，
⑤が答えである。　(2)　ウとエから考えたい。残りの5県，宮城・福
島・茨城・千葉・静岡の中で人口や産業から第三次産業の割合が高い

ところを考えてみるとよい。また，アとイに関してはイに注目して，15年間で増加した産業として該当するものを考えてみるとよい。

【9】(1)　ア　①　　イ　④　　(2)　⑥

〈解説〉(1)　小学校学習指導要領や小学校学習指導要領解説に関しての穴埋め問題は頻出であるので，内容をしっかり覚えよう。　(2)　Aは第6学年の内容，Bは第4学年の内容，Cは第1学年の内容である。

【10】(1)　10　　(2)　$x=5$　　$y=3$　　(3)　27　　(4)　5　　(5)　$\dfrac{7}{10}$
(6)　$8\sqrt{3}$

〈解説〉(1)　$(-8)^2-6\times(-3)^2=64-6\times9=64-54=10$　(2)　$x+2y=11\cdots$①　$\dfrac{1}{2}x-\dfrac{1}{6}y=2\cdots$②　②の両辺を6倍して，$3x-y=12\cdots$③　①+③×2より　$7x=35$　$x=5$　これを③に代入して，$3\times5-y=12$　$y=3$　よって，連立方程式の解は，$x=5$, $y=3$　(3)　$\sqrt{3}+\sqrt{a}=\sqrt{48}$　より　$\sqrt{a}=\sqrt{48}-\sqrt{3}=4\sqrt{3}-\sqrt{3}=3\sqrt{3}=\sqrt{27}$　よって，整数aの値は27である。　(4)　大小2つの数をα，βとすると，題意より　$\begin{cases}\alpha+\beta=18\\\alpha\beta=65\end{cases}$　だから，α，βは2次方程式　$x^2-18x+65=0$　の解。左辺を因数分解して　$(x-5)(x-13)=0$　より，この2つの数のうち，小さい方の数は5である。　(5)　男子2人，女子3人の合計5人の中から，くじびきで2人の委員を選ぶとき，全ての選び方は　${}_5C_2=\dfrac{5\times4}{2\times1}=10$〔通り〕。このうち，委員が2人とも女子となるのは　${}_3C_2={}_3C_1=3$〔通り〕　よって，2人の委員のうち少なくとも1人が男子となる確率は　$\dfrac{10-3}{10}=\dfrac{7}{10}$　(6)　円の中心をOとする。直径に対する円周角は90°だから，$\angle AQB=90°$　中心角の大きさは弧の長さに比例することと，弧BQに対する中心角と円周角の関係から，$\angle QAB=\dfrac{1}{2}\angle QOB=\dfrac{1}{2}\times\dfrac{180}{3}=30$〔°〕　よって，△QABは30°，60°，90°の直角三角形で，3辺の比は$2:1:\sqrt{3}$だから，$QB=\dfrac{AB}{2}=\dfrac{8}{2}=4$〔cm〕　$QA=\sqrt{3}\ QB=\sqrt{3}\times4=4\sqrt{3}$〔cm〕　△QAB$=\dfrac{1}{2}\times QB\times QA=\dfrac{1}{2}\times4\times$

$4\sqrt{3}=8\sqrt{3}$〔cm²〕

【11】(1)　8　　(2)　$\left(3, \dfrac{9}{2}\right)$

〈解説〉(1)　放物線はy軸に関して線対称だから，点Bのx座標が－4のとき，点Aのx座標は4　点Aは$y=\dfrac{1}{2}x^2$上にあるから，そのy座標は　$y=\dfrac{1}{2}×4^2=8$　(2)　点Aのx座標をtとすると，A$\left(t, \dfrac{1}{2}t^2\right)$，B$\left(-t, \dfrac{1}{2}t^2\right)$，D$\left(t, -\dfrac{1}{6}t^2\right)$　AB$=t-(-t)=2t$，AD$=\dfrac{1}{2}t^2-\left(-\dfrac{1}{6}t^2\right)=\dfrac{2}{3}t^2$　長方形ABCDが正方形になるとき，AB＝AD　だから，$2t=\dfrac{2}{3}t^2$　より　$t^2-3t=0$　$t(t-3)=0$　ここで，点Aのx座標は正だから，$t=3$　点Aの座標は$\left(3, \dfrac{9}{2}\right)$

【12】(1)　⑤　　(2)　④

〈解説〉(1)　学習指導要領の教科の目標と各学年の目標は必出事項なので必ず覚えておくこと。　(2)　いずれも，2内容　A物質・エネルギーに関する記述である。第4学年は，(1)空気と水の性質，第5学年は，(1)物の溶け方，第6学年は，(1)燃焼のしくみからの抜粋である。

【13】(1)　①，④　　(2)　⑤

〈解説〉(1)　①　マグマのねばりけが大きいほど流れにくくなるためドーム状の形の火山となる。　④　溶岩の色は含まれる有色鉱物の割合によって決まる。　(2)　火成岩のうち，マグマが地表や地表近くで急激に冷え固まってできたものが火山岩であり，石基と斑晶の斑状組織となっている。一方，マグマが地下深くでゆっくり冷え固まってできたものが深成岩であり，等粒状組織となっている。

【14】(1)　⑥　　(2)　③

〈解説〉(1)　酸素はO_2という2原子分子で存在している。酸化マグネシウムの化学式はMgOである。化学反応式では両辺で原子の数が合うように係数を定める。　(2)　1.5gのマグネシウムを加熱した後，結びついた酸素は2.3－1.5＝0.8〔g〕である。表よりマグネシウムと酸素は0.3：(0.5－0.3)＝3：2の質量の比で結びつくので，反応したマグネシウムは$0.8 \times \frac{3}{2} = 1.2$〔g〕となる。よって反応しなかったマグネシウムは1.5－1.2＝0.3〔g〕となる。

【15】(1)　⑥　　(2)　①

〈解説〉(1)　Ⅰは大気中の炭素を取り入れていることから生産者(植物)であることが分かる。Ⅱは一次消費者，Ⅲは二次消費者である。

(2)　Ⅳは分解者で，有機物である動物の排出物や遺骸，植物の枯死体を二酸化炭素などの無機物にまで分解する。分解者は菌類や細菌類が当てはまる。

【16】(1)　③　　(2)　②

〈解説〉(1)　グラフ1より，小球の初めの高さが同じとき，質量が2倍になると木片の動く距離も2倍になり，質量が3倍になると木片の動く距離も3倍になっている。　(2)　グラフ1より，小球の初めの高さが30cmで小球の質量が50gのとき，木片の動いた距離は10cmであるから，$10 \times \frac{115}{50} = 23$〔cm〕となる。

【17】⑥

〈解説〉学習指導要領の文言に関する穴埋め問題。暗記が必須だが，選択式なので，内容に対する理解から正答を導くこともできる。Aにあてはまる「児童の主体的・対話的で深い学びの実現」は，第1章総則において，「主体的・対話的で深い学びの実現に向けた授業改善を通して，創意工夫を生かした特色ある教育活動を展開する中で，〜児童に

生きる力を育むことを目指すものとする。」と明記されている。Bでは
「聞くこと」「読むこと」「話すこと[やり取り]」「話すこと[発表]」「書
くこと」の五つの領域におけるコミュニケーションにおいて知識を活
用させることを理解しておく。

【18】1　④　　2　⑨　　3　⑥

〈解説〉会話文穴埋め問題。話の流れを読んで適切な選択肢を選ぶ。
1　HRTが毎朝5時半に起きて家族に朝食を作っているという話をした
後に児童のShotaが6時半と答えていることから，空欄ではいつ起きる
のかを聞いているのだと推測できる。従って④「あなたは朝何時に起
きますか？」が適切。　2　起床時間の質問に答えたYukinaに対して
HRTがさらに質問をしている。Yukinaが「犬の散歩をして，朝食を食
べます。」と答えていることから，⑨の「いつも学校に行く前に何を
していますか？」が適切。　3　HRTがペアで英会話の練習をする課
題の説明をしている。相手に日課を聞いてどうするか，なので，⑥の
「3つ質問をしましょう。」が適切。

【19】(1)　②　　(2)　③

〈解説〉会話文穴埋め問題。問題文も英語で書かれているので，何を聞か
れているかを正確に読み取る必要もある。　(1)　与えられた一文を会
話文のどこに挿入するのが適切かを問う問題。挿入する文は「千葉で
は他の種目も行われると聞きました。」となるので，サーフィンが行
われるという話の後，千葉で行われる様々な種目が説明されている②
が適切。　(2)　HRTとALTの会話文で，HRTの役割を説明する文の組
み合わせを選ぶ問題。アの「児童の興味をひく指導計画を立てること」
とウの「児童が見たいことについて話し合いができるかどうかを評価
すること」が適切。

2019年度　実施問題

※問題文中の「小学校学習指導要領」は，平成29年3月告示(文部科学省)
　とする。

【1】次の文章を読み，あとの(1)〜(6)の問いに答えなさい。

> 久助君の学校に横浜から転校してきた太郎左衛門という少年
> は，都会ふうでみんなの目をひく少年であった。最初のうちは
> みんなも太郎左衛門を尊敬し，徐々に親しくなっていった。し
> かし，次第に太郎左衛門が嘘をつくといううわさがたちはじめ
> た。実際，久助君の周りの友達にも，太郎左衛門の嘘にだまさ
> れるものが出てきたのである。

　遂に，みんなが太郎左衛門の嘘のため，ひどい目に合わさ_Aれると
きが来た。それは五月のすえのよく晴れた日曜日の午後のことであっ
た。

　何しろ場合が悪かった。みんなが——というのは，徳一君，加市君，
兵太郎君，久助君の四人だが——退屈で困っていたときなのだ。

　麦畑は黄色になりかけ，遠くから蛙の声が村の中まで流れていた。
道は紙のように白く光を反射し，人はめったに通らなかった。

　みんなはこの世があまり平凡なのにうんざりしていた。どうしてこ
こには，小説の中のように出来事が起らないのだろう。

　久助君達は何か冒険みたいなことがしたいのであった。或いは英雄
のような行為をして，人々に_Bキョウレツな感動をあたえたいのであ
った。たとえば，今その道の角を某国のスパイが機密文書を，免状の
ように巻いて手に持って現れたとしたら，どんなにすばらしいだろう。
「スパイ待て！」と叫びながら，みんな何処までも追ってゆくだろ
う。^(注一)たといその時スパイがピストルをぶっ放して，こちらが道の上
にばったり倒れるとしても，ちっともかまやしないのだ。

　そう思っているところへ，その道角から太郎左衛門がひょっこり姿をあらわしたのである。そして彼はまっすぐみんなのところへ来ると，眼を輝かせていった。

「みんな知っている？　いつか僕等が献金してできた(注二)愛国号がね，(注三)新舞子の海岸に今来ていて，宙返りやなんか，いろんな曲芸をして見せるんだって。」

　何か出来事があればいいと思っていたやさきだから，みんなは太郎左衛門の言葉だったけれどすぐ信じてしまった。そしてまた，これはまんざら嘘でもなさそうだった。みんなが二銭ずつ献金をしたことはほんとうだし，新舞子の海岸には，その愛国号ではないにしても，よく飛行機が来ていることは，夏，海水浴にいった者なら誰でも知っているからである。

　見に行こう，ということにいっぺんで話がきまった。新舞子といえば，知多半島のあちら側の海岸なので，峠を一つ越してゆく道はかなり遠い。十二三粁はあるだろう。しかしみんなの体の中には，力がうずうずしていた。_C道は遠ければ遠いほどよかったのだ。

　太郎左衛門も加えて一行はすぐその場から出発した。家へそのことを云って来ようなどと思うものは一人もなかった。何しろ体は燕のように軽かった。燕のように飛んでいって燕のように飛んで帰れると思っていたのである。

　跳んだり，駈けたり，或いは，「帰りがくたびれるぞ。」などと賢こそうにお互いを制しあってしばらくは正常歩で歩いたりして，進んで行った。

　_D野にはあざやかな緑の上に，白い野薔薇の花が咲いていた。そこを通ると蜜蜂の翅音がしていた。白っぽい松の芽が，匂うばかり揃い伸びているのも見て行った。

　(注四)半田池をすぎ，長い峠道をのぼりつくした頃から，みんなは沈黙がちになって来た。そしてもし誰かがしゃべっていると，それがうるさくて腹立たしくなるのであった。知らないうちに，みんなの体に疲れがひそみこんだのだ。

だんだん，みんなは疲れのため頭の働きがにぶって来た。そしてあたりの光が弱ったような気がした。じっさい，日もだいぶ西にかたむいていたのだが。それでも，もうひきかえそうという者は誰もなかった。まるで命令を受けている者のように先へ進んで行った。

そして(注五)大野の町をすぎ，めざす新舞子の海岸についたのは，まさに太陽が西の海に没しようとしている日暮であった。

五人はくたびれて，醜くなって，海岸に脚をなげだした。そしてぼんやり海の方を見ていた。

愛国号はいなかった。また太郎左衛門の嘘だった！

しかしみんなは，もう嘘であろうが嘘でなかろうが，そんなことは問題ではなかった。たとい愛国号がそこにいたとしても，みんなはもう見ようとしなかったろう。

疲れのためににぶってしまったみんなの頭の中に，ただ一つこういう念いがあった。――

「とんだことになってしまった。これからどうして帰るのか。」

くたくたになって一歩も動けなくなって，はじめて，こう気づくのは，分別が足りないやり方である。自分達が，まだ分別の足りない子供であることを，みんなはしみじみ感じた。

(新美南吉『嘘』による。)

(注一)たとい　たとえ。たとえて言えば。
(注二)愛国号　国民が献納した飛行機。
(注三)新舞子　現在の愛知県知多市新舞子。
(注四)半田池　現在，愛知県半田市奥町四丁目にある農業用水池。
(注五)大野　　現在の愛知県常滑市大野町。

(1)　文章中の下線部A「れる」と同じ意味で使われているものとして最も適当なものを，次の①～④のうちから一つ選びなさい。

①　先生から名前を呼ばれる。
②　駅へは五分で行かれる。
③　昔のことが思い出される。
④　先生が絵本を読まれる。

(2)　文章中の下線部B「キョウレツ」の「レツ」の漢字と同じ部首を含むものを次の①～④のうちから一つ選びなさい。

①　支離滅レツ

②　文人ボッ客

③　年功序レツ

④　理路整ゼン

(3)　文章中の下線部C「道は遠ければ遠いほどよかったのだ」とあるが，その理由として最も適当なものを，次の①～④のうちから一つ選びなさい。

①　退屈な日常から脱して，わくわくする思いを強く感じることができると思ったから。

②　毎日の生活が平凡だったので，村から少しでも早く逃げ出したいと思っていたから。

③　これまでの生活に不満はなかったが，わくわくする思いを体験できると思ったから。

④　道のりが遠ければ遠いほど，みんなと一緒にいられる時間が長くなると思ったから。

(4)　この文章を国語の教材として扱い，文章中の下線部D「野にはあざやかな緑の上に，白い野薔薇の花が咲いていた。そこを通ると蜜蜂の翅音がしていた。白っぽい松の芽が，匂うばかり揃い伸びているのも見て行った」という表現を授業の中で取り上げ，登場する子供の心情や様子をどのように伝える効果があると考えられるか発表させた。発表内容として最も適当なものを，次の①～④のうちから一つ選びなさい。

①　目に映る風景を鮮やかな色や音などを取り入れた短い文を重ねてテンポ良く表現することにより，目的地に向かって景色に心を奪われながら歩く子供の様子を，里ののどかさとともに伝える効果。

②　目に映る風景を鮮やかな色や音などを取り入れた短い文を重ねてテンポ良く表現することにより，目的地に向かって楽しそうに

元気よく歩いている子供の様子を，時間の経過とともに伝える効果。

③　目に映る風景や聞こえてくる音などを「咲いていた」「していた」と短い文を重ねて表現することにより，目的地に向かって黙々と歩く様子を表し，子供が徐々に疲労していくことを伝える効果。

④　目に映る風景や聞こえてくる音などを「咲いていた」「していた」と短い文を重ねて表現することにより，目的地に向かってせかせかと歩く様子を表し，まだ子供の考えが浅いことを伝える効果。

(5)　文章中の下線部E「自分達が，まだ分別の足りない子供であることを，みんなはしみじみ感じた」時の子供の状況や心情を説明したものとして最も適当なものを，次の①～④のうちから一つ選びなさい。

①　自分達は英雄のような行為をして人々に感動をあたえることができる人であると考えていた。しかし，よく考えずに行動して，最後には愛国号を見るという目的すら忘れてしまうただの子供であることがはっきりと分かった。

②　太郎左衛門の嘘を見抜くことができず，結局は今回も太郎左衛門にだまされてひどい目にあわされてしまった。自分達はまだ太郎左衛門の嘘を見破るだけの力を身につけることができていない子供であることを改めて感じた。

③　太郎左衛門の言葉にすぐに飛びついてしまったが，本当かどうか，もっとしっかりと考えてから行動することが大切であった。道中，時間や体力を考えて判断することができないところが，まだ子供であると心に深く感じた。

④　愛国号を見ることが目的であったが，疲れのために一歩も動けなくなってしまった。頭の働きがにぶくなり，もう引き返そうという助言にも耳を貸さないで，最後には腹を立ててしまうような子供であることを深く反省した。

(6)　この文章を六年生の学級で国語の教材として扱い，「読む力」を高めるための学習を考えた。小学校学習指導要領国語に示されている内容に最も沿っているものを，次の①～④のうちから一つ選びなさい。

①　高学年〔思考力，判断力，表現力等〕C　読むこと　の言語活動例として，「学校図書館などを利用し，複数の本や新聞などを活用して，調べたり考えたりしたことを報告する活動」が示されているので，新美南吉の他の作品を読んで，新美南吉の作品の魅力について伝え合う学習を行う。

②　高学年〔思考力，判断力，表現力等〕C　読むこと　の言語活動例として，「詩や物語などを読み，内容を説明したり，考えたことなどを伝え合ったりする活動」が示されているので，登場人物の相互関係や心情を読み取り，登場人物の生き方から作品の主題について伝え合う学習を行う。

③　高学年〔思考力，判断力，表現力等〕C　読むこと　の指導事項として，「登場人物の気持ちの変化や性格，情景について，場面の移り変わりと結び付けて具体的に想像すること」が求められているので，複数の場面を関係付けながら，登場人物の気持ちの変化や性格を捉える学習を行う。

④　高学年〔思考力，判断力，表現力等〕C　読むこと　の指導事項として，「文章を読んで理解したことに基づいて，感想や考えをもつこと」が求められているので，文章の構造や内容の精査・解釈を行うなかで，自分の体験や既習の知識と結び付けて自分の考えを形成していく学習を行う。

(☆☆☆◎◎◎)

【2】次の文章を読み，あとの(1)～(4)の問いに答えなさい。

　人間というのは，特に考える動物ではない，はっきり言うと。むしろある程度以上は考えようとしない動物である。ある程度以上を考えるといっても，「よし，これからがんばるぞ」と言って考えるもので

はない。

　では，どうしたら考えるか。

　他者から与えられるインパクトなのだ。そういう衝撃がないと人は考えるようにはならない。

　考えるということは不安なものである。不安だからこそ考えていると言ってもよい。その不安はどこから来るか。やはり，広い意味での他者との_A_遭遇なのだ。それに対してどれぐらい敏感であるかによって思考の深度は決まるところがある。〔①〕

　何も考えないのは，閉じられた世界の中で安心しているからである。驚いたり感動したりするのは，自分の中で作られている世界に収まらないものを感じるときである。〔②〕

　そのときに思考が始まるわけだが，そこでしっかり考えないと人は元の世界に戻ってしまう。考えるということの最終的な産物は言葉であるから，それを言葉にしないと自分が感じた感情はその瞬間にただ消えていく。〔③〕

　生きていくうちにはさまざまな体験をする。⁽注一⁾ポジであろうが⁽注二⁾ネガであろうが。その体験が意味をもち，長く人生に影響を与えるためには，考えて言葉にする作業が必要になる。何かにすごく感動して，「これで俺の人生は少し変わるかもしれない」と思うことがあっても，「結局，変わらないじゃん」ということがよくある。その感動が少しは何か意味をもつようになるためには，やはり考えて言葉にする必要があったのだ。〔④〕

　言葉や，その他の表現になった感動は，自分だけのものではなくなる。われわれが本を読んで感動するのはなぜか。書いてあることは自分のことではない。それなのになぜ同じ体験をしたかのように感動できるのか。それは書いた人が考え抜いて言葉にしたからである。

　自分は何かにインパクトを受けた。それは人生の中でずっと持続させたい。あるいは，他人にも伝わってほしい。そのためには，じゅうぶん考え抜いて言葉にするしかない。言葉になるくらいにまで考え抜いておけば，それは_B_一個の意味のある体験になる。

　　　　　　　　　　　　　　　　　（大澤真幸『思考術』による。）

(注一)ポジ　ポジティブの省略形

(注二)ネガ　ネガティブの省略形

(1)　文章中の下線部A「遭遇」と同じ構成の熟語を，次の①〜④のうちから一つ選びなさい。

① 地震

② 因果

③ 絵画

④ 登山

(2)　次の文は，文章中の〔①〕〜〔④〕のいずれかに入る。入るべき場所として最も適当な箇所を一つ選びなさい。

> 　言語は，感動を与えた「それ」を永続化する作用をもつのだ。

(3)　文章中の下線部B「一個の意味のある体験」とは，どのような体験といえるか。その内容として最も適当なものを，次の①〜④のうちから一つ選びなさい。

① 自分の世界に収めきれない体験

② 長い間人生に影響を与える体験

③ インパクトのある感動的な体験

④ 思考をポジティブにさせる体験

(4)　この文章の特徴として最も適当なものを，次の①〜④のうちから一つ選びなさい。

① 冒頭と結末に結論を述べ，本論の部分に重要な論拠となる話題を挙げながら持論に正当性をもたせている。

② 実例と主張とを交互に繰り返し述べ，最後に結論を簡潔に述べることで自分の考えの説得力を高めている。

③ 冒頭に独自の視点から問題を提起し，後半は表現を変えながら持論をくり返すことで説得力を高めている。

④ 一般的な考えから具体的な実験や体験に基づいた事例を述べ，

自分の考えに対する正当性をもたせ.ている。

(☆☆◎◎◎)

【3】次の『論語』の一部を読んで，下の(1)，(2)の問いに答えなさい。

子曰ハク、「学ビテ而不レ思ハチ則罔シ。思ビテ而不レ学バ則殆あやふシト。」

(1)　この漢文から，訓読の時には読まない「置き字」を，次の①～⑤

のうちから一つ選びなさい。

① 子　② 而　③ 日　④ 不　⑤ 則

(2)　この漢文の解釈として最も適当なものを，次の①〜④のうちから一つ選びなさい。

① 子供に学ぶことの大切さを説いても理解できないので，学問嫌いにならないよう言い過ぎないことが大切である。

② 良き師に出会い学び続けていれば自分の考えは自然と湧きあがってくるものであるから，学ぶことは大切である。

③ さまざまな学問を学んでいると危険な思想に出会うこともあるので，学ぶ内容をよく吟味することが大切である。

④ 物事の道理をつかむためには自分自身でよく考え抜くとともに，広く先人の意見や知識に学ぶことが大切である。

(☆☆◎◎◎)

【4】小学校学習指導要領社会について，次の(1)，(2)の問いに答えなさい。

(1)　次の文は，「第1　目標」から抜粋したものである。文中の（　ア　）〜（　ウ　）にあてはまる最も適当な語句を，（　ア　）は①〜③のうちから一つ，（　イ　）は④〜⑥のうちから一つ，（　ウ　）は⑦〜⑨のうちから一つ選びなさい。

> （　ア　）を働かせ，課題を追究したり解決したりする活動を通して，（　イ　）に主体的に生きる平和で民主的な国家及び社会の形成者に必要な（　ウ　）としての資質・能力の基礎を次のとおり育成することを目指す。

ア　① 社会生活についての理解

　　② 社会への関わり方を選択・判断する力

　　③ 社会的な見方・考え方

イ　④ グローバル化する国際社会

　　⑤ グローバル化する情報社会

⑥ 複雑化する国際社会

ウ ⑦ 国民

⑧ 主権者

⑨ 公民

(2) 次の文は,「第3 指導計画の作成と内容の取扱い」から抜粋したものである。文中の ┃ A ┃ にあてはまる記述として適当でないものを,次の①～④のうちから一つ選びなさい。

> 単元など内容や時間のまとまりを見通して,その中で育む資質・能力の育成に向けて,児童の主体的・対話的で深い学びの実現を図るようにすること。その際, ┃ A ┃ など,学習の問題を追究・解決する活動の充実を図ること。

① 観察や見学,聞き取りなどの調査活動を含む具体的な体験を伴う学習やそれに基づく表現活動の一層の充実を図ること

② 学習の過程や成果を振り返り学んだことを活用すること

③ 社会的事象の見方・考え方を働かせ,事象の特色や意味などを考え概念などに関する知識を獲得すること

④ 問題解決への見通しをもつこと

(☆☆○○○○)

【5】 次の略年表を見て,下の(1),(2)の問いに答えなさい。

年	日本のおもなできごと	民衆にかかわるおもなできごとと生活の様子
710	都を平城京に移す	
794	都を平安京に移す	人口増加により口分田が不足したため,朝廷は743年に(ア)を出し,人々に開墾をすすめた
1192	源頼朝が征夷大将軍になる	荘園や公領ごとに武士が(イ)としておかれはじめ,土地の管理や年貢の取り立てを任務とした
1338	足利尊氏が征夷大将軍になる	寺社の門前や交通の便利な所に(ウ)が開かれるようになった
		有力な農民が中心となり,村ごとに(エ)と呼ばれる自治組織を作った
		団結した農民は,土倉や酒屋などを襲って,借金の帳消しなどを求める(オ)を起こした
1467	応仁の乱が起こる	土倉や酒屋,商人や手工業者などは,同業者ごとに(カ)と呼ばれる団体を作った
1590	豊臣秀吉が全国を統一する	刀狩令により,農民は武器を持つことを禁止された
1603	徳川家康が征夷大将軍になる	
1641	平戸のオランダ商館を長崎の出島に移す	

(1) 略年表中の(ア)～(カ)にあてはまる語句を解答群から選び,その正しい組み合わせとして最も適当なものを,あとの①～⑥のうちか

197

ら一つ選びなさい。

<解答群>

a	惣	b	座	c	城下町
d	定期市	e	土一揆	f	株仲間
g	守護	h	班田収授法	i	地頭
j	墾田永年私財法	k	寄合	l	打ちこわし
m	楽市・楽座				

	①	②	③	④	⑤	⑥
ア	h	h	j	j	h	j
イ	g	l	i	g	g	i
ウ	c	m	d	c	m	d
エ	k	a	b	b	k	a
オ	l	e	e	l	l	e
カ	b	b	f	f	f	b

(2)　次のA〜Eは略年表の時代の日本と外国との関わりについて記したものである。年代の古いものから順に並べたとき，正しい並べ方として最も適当なものを，下の①〜⑥のうちから一つ選びなさい。

A　南蛮貿易が盛んに行われ，品物だけでなく，ヨーロッパの天文学や医学，航海術など新しい学問や技術も伝わった。

B　朱印状をもった船が東南アジアの国々と貿易を行った。多くの日本人が東南アジアへ移住し，各地に日本町ができた。

C　明との貿易が盛んになり，日本は刀，銅，硫黄，漆器などを輸出し，かわりに銅銭や生糸，絹織物などを大量に輸入した。

D　瀬戸内海の航路や大輪田泊を整備し，宋との貿易を盛んに行った。

E　二度にわたる日本への襲来後も，元と日本との民間の貿易は行われた。

①　E→D→C→B→A　　②　C→E→D→A→B

③　D—E→C→A→B　　④　C→B→A→D→E

⑤　D→C→A→E→B　　⑥　E→D→C→A→B

(☆☆○○○○)

【6】次の表は，地方自治における住民の直接請求権について表したものである。(ア)～(エ)にあてはまる語句の組み合わせとして最も適当なものを，次の①～⑥のうちから一つ選びなさい。

表　住民の直接請求権

請求の種類	必要な署名	請求先	請求後の取り扱い
条例の制定・改廃	有権者の50分の1以上	(ア)	議会を招集し，結果を報告する
監査	有権者の (イ) 以上	監査委員	監査を実施して結果を公表する
議会の解散	有権者の3分の1以上	(ウ)	住民投票を実施し，過半数の賛成があれば解散
首長・議員の解職	有権者の3分の1以上	選挙管理委員会	住民投票を実施し，過半数の賛成があれば解職

	①	②	③	④	⑤	⑥
ア	選挙管理委員会	首長	選挙管理委員会	首長	首長	選挙管理委員会
イ	50分の1	2分の1	3分の1	3分の1	50分の1	2分の1
ウ	選挙管理委員会	首長	首長	選挙管理委員会	選挙管理委員会	首長
エ	過半数	3分の2以上	3分の2以上	3分の2以上	過半数	過半数

（☆☆○○○○）

【7】日本の選挙制度では，比例代表制の議席配分の方法としてドント方式がとられている。ドント方式では，政党の得票数を1，2，3，……の整数で割り，その数値の大きい順に定数までが当選となる。定数7名の比例代表選挙における各党の得票数が次の表のようになった場合，政党A～Dの当選者数はそれぞれ何人になるか。正しい組み合わせとして最も適当なものを，下の①～④のうちから一つ選びなさい。

表　各党の得票数

A党	B党	C党	D党
3,000票	1,800票	1,200票	800票

	①	②	③	④
A党	4名	3名	4名	3名
B党	2名	2名	1名	2名
C党	1名	1名	1名	2名
D党	0名	1名	1名	0名

（☆☆○○○○）

【8】次の地形図は，国土地理院2万5000分の1地形図を拡大し，一部改変したものである。これを見て，次の(1)，(2)の問いに答えなさい。

(1)　次の文章は，花子さんが夏休みに鹿児島市を訪れた時のことをま

とめたものの一部です。文章中の（　ア　）～（　オ　）にあてはまる記号または語句の組み合わせとして最も適当なものを，次の①～⑥のうちから一つ選びなさい。

> 鹿児島県立博物館を目指す私たちは，（　ア　）地点を出ると，そこから矢印の方向に進み，最初の交差点で左に曲がり，次の交差点で右に曲がりました。そのまま300mほど進むと，左側に（　イ　）がありました。さらにまっすぐ進み，左側の（　ウ　）を過ぎてから次の交差点を左に曲がると，道に沿って左側に（　エ　）と（　オ　）が並んでいました。（　オ　）からさらに400mほど進むと，目的地に到着することができました。

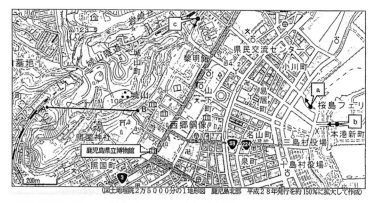

（国土地理院2万5000分の1地形図　鹿児島北部　平成28年発行を約150％に拡大して作成）

	①	②	③	④	⑤	⑥
ア	b	a	c	b	c	a
イ	病院	寺院	官公署	電波塔	官公署	寺院
ウ	郵便局	裁判所	消防署	病院	裁判所	官公署
エ	寺院	官公署	市役所	郵便局	市役所	裁判所
オ	記念碑	小学校	博物館	寺院	図書館	高等学校

(2) 地形図中のA－B間の断面図として最も適当なものを，次の①～④のうちから一つ選びなさい。

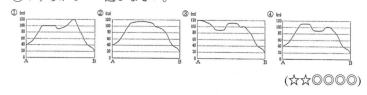

（☆☆◎◎◎◎）

【9】 小学校学習指導要領算数について，次の(1)，(2)の問いに答えなさい。

(1) 「第1　目標」に示されている次の文について，　ア　，　イ　にあてはまるものを，下の①～⑥のうちからそれぞれ一つずつ選びなさい。

> 　数学的な見方・考え方を働かせ，　ア　を通して，数学的に考える資質・能力を次のとおり育成することを目指す。
>
> (1) 　数量や図形などについての基礎的・基本的な概念や性質などを理解するとともに，日常の事象を数理的に処理する技能を身に付けるようにする。
>
> (2) 　日常の事象を数理的に捉え見通しをもち筋道を立てて考察する力，基礎的・基本的な数量や図形の性質などを見いだし　イ　に考察する力，数学的な表現を用いて事象を簡潔・明瞭・的確に表したり目的に応じて柔軟に表したりする力を養う。
>
> (3) 　　ア　の楽しさや数学のよさに気付き，学習を振り返ってよりよく問題解決しようとする態度，算数で学んだことを生活や学習に活用しようとする態度を養う。

① 数学的活動　　　② 算数的活動

③ 言語活動　　　　④ 観察的・実験的

⑤ 作業的・体験的　⑥ 統合的・発展的

(2) 次のA～Cは，「第2　各学年の目標及び内容」で示されている各学年の「2　内容」から，異なる三つの学年の内容を抜粋したものである。A～Cを指導する順に左から並べたものを，あとの①～⑥のうちから一つ選びなさい。

> A　正方形及び長方形の面積の計算による求め方について理解すること。
>
> B　円の面積の計算による求め方について理解すること。
>
> C　正方形，長方形，直角三角形について知ること。

① A→B→C　　② A→C→B　　③ B→A→C

④ B→C→A　　⑤ C→A→B　　⑥ C→B→A

(☆☆☆◎◎◎)

【10】次の(1)～(5)の問いに答えなさい。

(1) $(-7)^2-2^3\div\left(-\dfrac{4}{5}\right)$ を計算すると，[　アイ　]である。

(2) $(5+2\sqrt{3})(5-2\sqrt{3})$ を計算すると，[　ウエ　]である。

(3) 2つの連続した自然数がある。この2つの数の積は，大きい方の数の3倍に5を加えた数になる。このとき，小さい方の数は[　オ　]である。

(4) 次の図のように，点A，B，C，D，Eは点Oを中心とする円の円周上の点である。このとき，∠xの大きさは[　カキ　]度である。

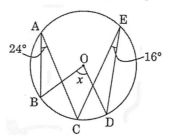

(5) 大小2つのさいころを同時に投げるとき，出た目の数の和が5以上になる確率は $\dfrac{[\quad ク\quad]}{[\quad ケ\quad]}$ である。ただし，さいころを投げるとき，1から6までのどの目が出ることも同様に確からしいものとする。

(☆☆☆◎◎◎)

【11】次の図のように，点Aは，直線ℓとx軸との交点でx座標は2，点Bは，直線ℓとy軸との交点でy座標は－4である。また，直線mの式は $y=-x+5$ とする。

このとき，あとの(1)，(2)の問いに答えなさい。

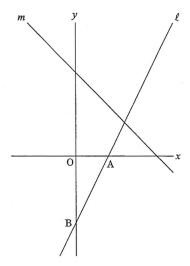

(1)　直線ℓの式は$y=$[　ア　]$x-$[　イ　]である。

(2)　y軸と直線ℓ，mで囲まれた三角形の面積は，$\dfrac{[　ウエ　]}{[　オ　]}$である。

(☆☆☆◎◎◎)

【12】次の図のように，線分ABとDCは平行で，線分ACとBDの交点をP
とする。点Pを通り，線分ABに平行な直線と線分BCとの交点をQとす
る。AB＝8cm，BC＝12cm，DC＝6cmとするとき，あとの(1)，(2)の問
いに答えなさい。

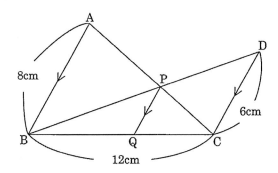

(1)　AP：PC＝[　ア　]：[　イ　]である。ただし，比は簡単にしたものとする。

(2)　線分QCの長さは，$\dfrac{[\ \text{ウエ}\ ]}{[\ \text{オ}\ ]}$cmである。

(☆☆☆◎◎◎)

【13】小学校学習指導要領理科について，次の(1)，(2)の問いに答えなさい。

(1)　次の文は，「第1　目標」から抜粋したものである。文中の（　ア　）～（　ウ　）には，語群のA～Dのいずれかが該当する。その組み合わせとして最も適当なものを，下の①～⑥のうちから一つ選びなさい。

　　自然に親しみ，理科の見方・考え方を働かせ，見通しをもって観察，実験を行うことなどを通して，自然の事物・現象についての問題を科学的に解決するために必要な資質・能力を次のとおり育成することを目指す。

(1)　自然の事物・現象についての理解を図り，（　ア　）を身に付けるようにする。

(2)　観察，実験などを行い，（　イ　）を養う。

(3)　自然を愛する心情や（　ウ　）を養う。

[語群]

A　主体的に問題解決しようとする態度

B　科学的に思考する力

C　問題解決の力

D　観察，実験などに関する基本的な技能

①　ア：A　　イ：C　　ウ：B

②　ア：B　　イ：D　　ウ：A

③　ア：B　　イ：D　　ウ：C

④　ア：C　　イ：A　　ウ：D

⑤　ア：D　　イ：C　　ウ：A

⑥　ア：D　　イ：A　　ウ：B

(2)　次の文は,「第2　各学年の目標及び内容」から抜粋したものである。文中の(　エ　)~(　カ　)には,語群のE~Hのいずれかが該当する。その組み合わせとして最も適当なものを,下の①~⑥のうちから一つ選びなさい。

> 第4学年　空気,水及び金属の性質,電流の働きについて追究する中で,主に既習の内容や生活経験を基に,(　エ　)を養う。
>
> 第5学年　物の溶け方,振り子の運動,電流がつくる磁力について追究する中で,主に予想や仮説を基に,(　オ　)を養う。
>
> 第6学年　燃焼の仕組み,水溶液の性質,てこの規則性及び電気の性質や働きについて追究する中で,主にそれらの仕組みや性質,規則性及び働きについて,(　カ　)を養う。

[語群]

E　解決の方法を発想する力

F　問題を見いだす力

G　より妥当な考えをつくりだす力

H　根拠のある予想や仮説を発想する力

①　エ：H　　オ：G　　カ：F

②　エ：F　　オ：H　　カ：E

③　エ：F　　オ：E　　カ：G

④　エ：H　　オ：E　　カ：F

⑤　エ：G　　オ：F　　カ：E

⑥　エ：H　　オ：E　　カ：G

(☆☆☆○○○○○)

【14】次の文は，救急車がサイレンを鳴らしながら通過するときの音の変
　　化について説明したものである。下の(1)，(2)の問いに答えなさい。

　　　救急車が近づいてくるときの音は，救急車が発した音の速さ
　　に加え，救急車が近づいてくる速度が加わり，救急車が発した
　　音の速さよりも速い速度で到着する。そのため音の振動数が
　　（　ア　）なり，音は（　イ　）なる。このように，音源とその音の
　　観測者との相対的な位置変化により音が変化して聞こえる現象
　　を（　ウ　）効果という。
　　　グラフ1は，ある一定の高さの音の波形をオシロスコープで示
　　したものである。この音源が近づくにつれ，届く波形は（　エ　）
　　のような波形になっていく。

グラフ1

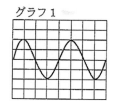

(1)　文中の（　ア　）～（　エ　）には，それぞれ次の①～⑨のいずれか
　　が該当する。文中の（　ア　）にあてはまる言葉を，次の①，②のう
　　ちから，（　イ　）にあてはまる言葉を，次の③，④のうちから，
　　（　ウ　）にあてはまる言葉を，次の⑤，⑥のうちから，それぞれ最
　　も適当なものを一つずつ選びなさい。また（　エ　）に該当する最も
　　適当なグラフを，下の⑦～⑨のうちから一つ選びなさい。
　　①　小さく　　　②　大きく　　　③　低く
　　④　高く　　　⑤　ドップラー　　⑥　シュリーレン

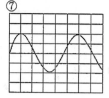
⑦

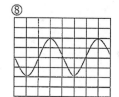
⑧

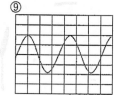
⑨

(2) ピアノである音を鳴らしたところ，ピアノの弦が1分間に26400回振動した。この時の振動数として最も適当なものを，次の①〜⑤のうちから一つ選びなさい。

① 26400Hz　② 4400Hz　③ 440Hz　④ 730Hz

⑤ 7.3Hz

(☆☆☆◎◎◎)

【15】北半球のある地点で，夜空の星の動きを2時間観察した。図1のA〜Dは，そのときの星の動きを写真に記録したものであり，それぞれ東・西・南・北いずれかの方角のものである。これをみて，次の(1)〜(3)の問いに答えなさい。

(1) 図に示すA〜Dは，それぞれどの方角の空を記録したものか。最も適当なものを，下の①〜⑥のうちから一つ選びなさい。

図1

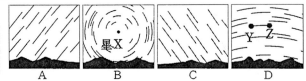

① A：東　B：北　C：西　D：南

② A：東　B：南　C：西　D：北

③ A：東　B：西　C：南　D：北

④ A：西　B：東　C：北　D：南

⑤ A：西　B：南　C：東　D：北

⑥ A：西　B：北　C：東　D：南

(2) 図2は，図1のBの方角に見えたカシオペア座の，同じ日の20時と22時に見えた位置を記録したものである。このとき，カシオペア座が星Xを中心として動いた向きを，あとの①，②のうちから，移動した角度を，あとの③〜⑥のうちから，それぞれ最も適当なものを一つずつ選びなさい。

図2

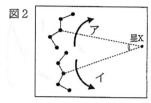

①　ア　　②　イ　　③　15°　　④　30°　　⑤　40°

⑥　45°

(3)　図1のDの方角で18時にYの位置に見えた星が，同じ時刻に30°ず
れたZの位置近辺に見えるのはいつか。最も適当なものを，次の①
〜⑥のうちから一つ選びなさい。

①　約3か月前　　②　約2か月前　　③　約1か月前

④　約1か月後　　⑤　約2か月後　　⑥　約3か月後

(☆☆☆◎◎◎◎)

【16】次の表は，3種類の気体A〜Cの性質について調べたことをまとめた
ものである。下の(1)，(2)の問いに答えなさい。

気体	発　生　方　法	空気と比べた重さ	水への溶け方	その他の性質
A	石灰石を塩酸に入れる	重い（密度が大きい）	少し溶ける	石灰水を白くにごらせる
B	塩化アンモニウムと水酸化ナトリウムを混合し，少量の水を加える	軽い	非常に溶けやすい	特有の刺激臭がある
C	亜鉛を塩酸に入れる	非常に軽い（密度が小さい）	溶けにくい	酸素と混合し点火すると，爆発し水ができる

(1)　気体A，気体Bそれぞれの化学式の組み合わせを，次の①〜④か
ら，また気体A，Bそれぞれが水に溶けたときの水溶液の性質を，
次の⑤〜⑧のうちから，それぞれ最も適当なもの一つずつ選びなさ
い。

①　A：CO_2　　　　　B：NH_3

②　A：CO_2　　　　　B：O_2

③　A：CL_2　　　　　B：CO_2

④　A：H_2　　　　　B：NH_3

⑤　A：酸性　　　　　B：アルカリ性

⑥　A：中性　　　　　B：酸性

⑦　A：アルカリ性　　B：中性

⑧　A：中性　　　　　B：アルカリ性

(2) 気体B，気体Cをそれぞれ捕集するための装置を次の図のア～ウの中から選び，その方法の組み合わせとして最も適当なものを，下の①～⑥のうちから一つ選びなさい。

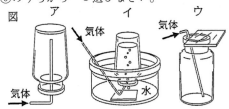

① 気体B：ウ　下方置換法　　気体C：ア　上方置換法
② 気体B：ウ　上方置換法　　気体C：ア　下方置換法
③ 気体B：ア　下方置換法　　気体C：イ　水上置換法
④ 気体B：ア　上方置換法　　気体C：イ　水上置換法
⑤ 気体B：イ　水上置換法　　気体C：ウ　上方置換法
⑥ 気体B：イ　水上置換法　　気体C：ウ　下方置換法

(☆☆☆○○○○)

【17】次のようにA～Dの試験管を用意し，実験を行った。これについて，あとの(1)，(2)の問いに答えなさい。

> 青色のBTB溶液を入れた水に呼気を吹き込み，液の色を緑色にしたのち，4本の試験管A，B，C，Dに入れた。
> 試験管A，Bにはオオカナダモを入れ，すべての試験管にゴム栓をした後，試験管B，Dはアルミホイルで覆った。
> その後，4本の試験管に30分間光を当てたところ，試験管A，Bの中の液の色が変わった。

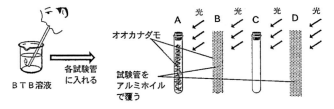

(1)　次の文は，試験管Aの液の色が変化した理由について説明したものである。文中の(ア)にあてはまる言葉を下の①〜③のうちから，(イ)にあてはまる言葉を，下の④〜⑥のうちから，(ウ)にあてはまる言葉を，下の⑦〜⑨のうちからそれぞれ最も適当なものを一つずつ選びなさい。

> 試験管Aの中の液が(ア)色に変化したのは，オオカナダモが(イ)をしたことで，液中の(ウ)が減ったためである。

① 赤　　② 青　　③ 黄　　　④ 光合成
⑤ 呼吸　⑥ 蒸散　⑦ 二酸化炭素　⑧ 窒素
⑨ 酸素

(2)　次の文は，試験管B，C，Dを用意し同時に実験を行った理由について説明したものである。文中の(エ)にあてはまる言葉を，下の①，②のうちから，(オ)にあてはまる言葉を，下の③〜⑥のうちから，それぞれ最も適当なものを一つずつ選びなさい。

> 試験管B，C，Dを用意して実験を行ったのは，オオカナダモ以外の条件によって結果に違いが(エ)するためである。このように，調べたいことの条件だけを変え，それ以外の条件を同じにして別に行う実験を(オ)実験という。

① 生じたことを確定
② 生じたわけではないことを確定
③ 別　　④ 比較　　⑤ 対照　　⑥ 演示

(☆☆☆◎◎◎)

【18】次の文は，小学校学習指導要領　第4章　外国語活動「第1　目標」の記述である。空欄にあてはまる語句を，(A)はア〜ウから一つ，(B)はエ〜カから一つ選び，その組み合わせとして最も適当なものを，あとの①〜⑥のうちから一つ選びなさい。

外国語によるコミュニケーションにおける見方・考え方を働かせ，外国語による聞くこと，話すことの言語活動を通して，コミュニケーションを図る素地となる資質・能力を次のとおり育成することを目指す。

(1) 外国語を通して，言語や文化について体験的に理解を深め，日本語と外国語との音声の違い等に気付くとともに，外国語の音声や基本的な表現に慣れ親しむようにする。

(2) （　A　），外国語で聞いたり話したりして自分の考えや気持ちなどを伝え合う力の素地を養う。

(3) 外国語を通して，言語やその背景にある文化に対する理解を深め，相手に配慮しながら，（　B　）コミュニケーションを図ろうとする態度を養う。

A　ア　身近で簡単な事柄について

　　イ　社会的な話題について

　　ウ　児童の興味・関心のあることについて

B　エ　積極的に外国語を用いて

　　オ　主体的に外国語を用いて

　　カ　基本的外国語を用いて

① ア・オ　　② ア・カ　　③ イ・エ　　④ イ・オ

⑤ ウ・エ　　⑥ ウ・カ

(☆☆☆◎◎◎◎◎)

【19】次の対話は，小学校の学級担任(HRT)のMs.Katoと児童との授業の一場面である。

　[　1　]〜[　3　]にあてはまる最も適当なものを，解答群からそれぞれ一つずつ選びなさい。

HRT:　　Good morning, everyone.

Pupils:　Good morning, Ms.Kato.

HRT:　　How are you?

Pupils:　I'm fine / sleepy / happy. And you?

HRT: I'm good, thank you.

Look at this.

This is my treasure.

Pupil A: A letter?

HRT: Yes, that's right.[　1　]

Pupil B: Your friend?

HRT: Yes, that's right.

This is a letter from my friend, Chika.

She was my best friend in elementary school.

We were good friends.

But when she was twelve, her father got a new job in Okinawa.

[　2　]

I was very sad.

But she gave me this letter.

It always cheers me up. So, this is my treasure.

[　3　]

Pupil C: Yes! A soccer ball!

Pupil D: A piano!

HRT: Great. You have nice treasures, too.

解答群

① Can you listen to me?

② She had to move there.

③ Where is the treasure?

④ Thank you for listening.

⑤ How do you get it?

⑥ Can you guess who gave it to me?

⑦ I like writing letters.

⑧ Can you guess what it is?

⑨ Do you have any treasures?

(☆☆○○○○○)

【20】 次の対話は，小学校の学級担任(HRT)と外国語指導助手(ALT)との授業の準備の一場面である。

下の(1)，(2)の質問に対する答えとして最も適当なものを，①〜④のうちからそれぞれ一つずつ選びなさい。

One day in an elementary school, a homeroom teacher and an ALT are talking about their English lesson.

ALT: I think today's class was good. What do you think?

HRT: I read the picture book in front of our pupils for the first time. I was a little nervous.

ALT: Your reading was good, and the pupils enjoyed it very much.

HRT: Especially, they liked the animals and birds in the story, right?

ALT: Yes. They laughed when you said "bow-wow" or "cock-a-doodle-doo".

HRT: Kids like funny sounds, and also they noticed the difference.

ALT: It's interesting to know the difference between Japanese and English. If they know the difference, they want to know more.

HRT: How about introducing vegetable names in English in the next lesson?

ALT: That's a good idea. I can make picture cards of vegetables.

HRT: Thank you. I have a CD of an English vegetable song.
I think we can sing that song with the pupils at the beginning of the class.

ALT: Can I listen to the song now?

HRT: Of course. I'll go and get a CD player. Wait here for a second.

ALT: OK. After practicing the song, we'll make picture cards.

HRT: Sounds fun!

(1) Question : Which is true about this conversation?

　　 Answer : [　　]

　① The HRT often reads picture books to the pupils in class.

　② The pupils enjoyed the ALT's reading very much in today's class.

③　The ALT says knowing the difference between Japanese and English is interesting.

④　The teachers agreed to teach how to make vegetable songs after listening to the CD.

(2)　Question：What will the HRT and the ALT do right after this conversation?

Answer：They will [　　].

①　go and get a CD player

②　practice the vegetable song

③　make picture cards

④　sing the vegetable song with the pupils

(☆☆☆○○○○○)

<hr>

解答・解説

【1】(1)　①　　(2)　④　　(3)　①　　(4)　②　　(5)　③　　(6)　①

〈解説〉(1)　下線部Aと①の「れる」の意味は受身であり，②～④における「れる」の意味はそれぞれ，可能，自発，尊敬である。　(2)　下線部Bは「強烈」であり，部首は下の4点で「れっか(れんが)」という。①は支離滅裂，②は文人墨客，③は年功序列，④は理路整然，である。　(3)　形式段落の第4～5段落に注目。主人公たちは「退屈で困って」おり，「冒険みたいなこと」に憧れていたことを踏まえて考えること。　(4)　下線部Dの前では一行がはりきって新舞子の海岸に向かっている様子，後では次第に疲れていく様子が描かれているため，Dがどちらに入るかを考える必要がある。Dでは色彩に緑と白，松の芽が伸びている描写があるため前向きの印象，つまり前者にかかると考える。　(5)　②と③で迷うかもしれないが，下線部Eがある段落の形式段落2段落前にある「しかしみんなは，…」に注目する。ここでの「分別が足

りない」とは，疲れて帰れなくなるほどに遠くに来てしまったことを指していることがわかる。　(6)　学習指導要領では，高学年の「C 読むこと」の言語活動例として「学校図書館などを利用し，複数の本や新聞などを活用して，調べたり考えたりしたことを報告する活動」をあげている。学習指導要領の内容は頻出なので，文言を覚える必要だけでなく，その内容をどう授業に生かすかまで，学習指導要領解説の文章をおさえた上で考えておくとよい。

【2】(1)　③　　(2)　④　　(3)　②　　(4)　③
〈解説〉(1)　「遭遇」は，似た意味の漢字が並び熟語を構成している。
(2)　特に〔③〕と〔④〕で迷うかもしれないが，挿入する文章は内容を端的に表していること。〔④〕を含む段落はその具体例について述べていることから，ここでは同じ段落にあるほうがより適切と考える。
(3)　下線部Bを含む段落の冒頭で，その体験について「それは人生の中でずっと持続させたい。あるいは，他人にも伝わってほしい」とある。②では，前半の内容が述べられている。　(4)　この文章では，第2段落にある「では，どうしたら考えるか」が特徴的といえる。つまり，第1段落で筆者の主張が示され，「では，どうしたら考えるか」を踏まえ，具体的な論述が展開されている。

【3】(1)　②　　(2)　④
〈解説〉(1)　置字にはほかに「焉」「矣」「於」「于」などがある。
(2)　ここでは，「学」と「思」の両方が大切であることを述べている。ここでの「思」は考えるといった意味がある。

【4】(1)　ア　③　　イ　④　　ウ　⑨　　(2)　①
〈解説〉学習指導要領の教科目標・内容は特に頻出なので，できるだけ暗記していることが望ましい。千葉県では新学習指導要領の内容で出題されているので，できれば現行の学習指導要領と比較して，改訂箇所とその理由もチェックしてほしい。なお，(1)のウ「公民」とは「国家

及び社会の形成者」を指す。

【5】(1)　⑥　　(2)　③

〈解説〉(1)　それぞれ，キーワードとなる箇所から解答を導き出すとよい。アは「743年」から墾田永年私財法，イは「年貢の取り立て」から地頭，ウは「寺社の門前」，および「交通の便利な所」から定期市，エは室町時代の「自治組織」であるから惣，オは農民の抵抗であるから土一揆，カは土倉などの同業者であるから座とわかる。　(2)　Aは安土桃山時代，Bは江戸時代，Cは室町時代，Dは平安時代，Eは鎌倉時代である。

【6】⑤

〈解説〉必要な署名数については，請求の種類と有権者数によって緩和される場合があるので注意すること。例えば，議会の解散，および議員の解職について，有権者数が40万人超の自治体は40万人を超える部分については$\frac{1}{6}$，80万人超の場合は80万人を超える部分については$\frac{1}{8}$とされている。したがって，有権者数が100万人いる自治体での必要な署名数は，40万〔人〕$\times\frac{1}{3}$＋(80万〔人〕－40万〔人〕)$\times\frac{1}{6}$＋(100万〔人〕－80万〔人〕)$\times\frac{1}{8}$＝22万5千〔人〕となる。

【7】②

〈解説〉ドント方式を本問で考えると，A党からD党までの得票数を「÷1」「÷2」「÷3」…と計算し，最も大きい数から当選を決める。具体的には，最初の当選者は各党の得票数を「÷1」で算出(つまり，得票数そのまま)し，比較する。最も多いのはA党なので，A党に1議席渡す代わりに得票数を「÷2」にして再度各党の得票数を比較する。2番目の当選者はA党(3000÷2＝1500〔票〕)，B党(1800÷1＝1800〔票〕)，C党(1200÷1＝1200〔票〕)，D党(800÷1＝800〔票〕)なので，B党に1議席渡す代わりに得票数を「÷2」にする。これを繰り返せばよい。

【8】(1) ② (2) ④

〈解説〉(1) 地図の縮尺が少し複雑なので，距離はあくまでも目安とし，a～cの各地点から問題の通りに動いたらどこに着くか，確かめるとよいだろう。地図記号は社会科の基礎事項として確認しておくこと。特に小・中学校と高等学校では記号が異なるので，注意が必要である。なお，官公署とは，特有の地図記号がある税務署や保健所等を除いた役所の総称である。 (2) Bの近くにある城山の高さと，等高線に注意して答えを考えていくとよい。Aの少し先のところと，bの手前の等高線の間隔が狭まっている。つまり，斜面が急であることもおさえておくこと。

【9】(1) ア ① イ ⑥ (2) ⑤

〈解説〉(1) 学習指導要領については，現行と次期の2つあるので，混同に注意したい。特にアの「数学的活動」は現行では「算数的活動」になっており，改訂の中でもポイントの一つと思われる。なお，改訂理由として学習指導要領解説では「算数科の学習を通して育成を目指す資質・能力とそのために望まれる学習過程の趣旨を一層徹底」するため，としている。 (2) Aは第4学年の内容，Bは第6学年の内容，Cは第2学年の内容である。

【10】(1) ア 5 イ 9 (2) ウ 1 エ 3 (3) オ 4
(4) カ 8 キ 0 (5) ク 5 ケ 6

〈解説〉(1) $(-7)^2-2^3\div\left(-\dfrac{4}{5}\right)=49-8\div\left(-\dfrac{4}{5}\right)=49-8\times\left(-\dfrac{5}{4}\right)=49+10=59$ (2) 乗法公式$(a+b)(a-b)=a^2-b^2$より，$(5+2\sqrt{3})(5-2\sqrt{3})=5^2-(2\sqrt{3})^2=25-12=13$ (3) 2つの連続した自然数をn，$n+1$とする。この2つの数の積は大きいほうの数の3倍に5を加えた数になるから，$n(n+1)=3(n+1)+5$であり，整理して$n^2-2n-8=0$ $(n+2)(n-4)=0$となる。nは自然数だから，$n=4$である。 (4) 弧BCに対

する中心角と円周角の関係から，∠BOC＝2∠BAC＝2×24＝48〔°〕。同様に，∠COD＝2∠CED＝2×16＝32〔°〕。よって，∠x＝∠BOC＋∠COD＝48＋32＝80〔°〕となる。　(5)　大小2つのさいころを同時に投げるとき，全ての目の出方は6×6＝36通り。このうち，出た目の数の和が5未満になるのは，大きいさいころの出た目の数をa，小さいさいころの出た目の数をbとしたとき，(a, b)＝(1, 1)，(1, 2)，(1, 3)，(2, 1)，(2, 2)，(3, 1)の6通り。よって，出た目の数の和が5以上になる確率は$1-\frac{6}{36}=\frac{5}{6}$である。

【11】(1)　ア　2　イ　4　(2)　ウ　2　エ　7　オ　2

〈解説〉(1)　2点A(2, 0)，B(0, −4)を通る直線ℓの式は，傾きが$\frac{0-(-4)}{2-0}=2$，切片が−4だから，$y=2x-4$である。　(2)　直線mとy軸との交点をCとすると，C(0, 5)である。また，直線ℓとmの交点をDとすると，点Dの座標は直線ℓと$y=-x+5$の連立方程式を解いてD(3, 2)である。以上より，y軸と直線ℓ，mで囲まれた△BCDの面積は$\frac{1}{2}×$BC×(点Dのx座標)$=\frac{1}{2}×\{5-(-4)\}×3=\frac{27}{2}$となる。

【12】(1)　ア　4　イ　3　(2)　ウ　3　エ　6　オ　7

〈解説〉(1)　平行線と線分の比についての定理より，AP：PC＝AB：DC＝8：6＝4：3である。　(2)　平行線と線分の比についての定理より，BQ：QC＝AP：PC＝4：3である。よって，QC＝$\frac{3}{4+3}$BC＝$\frac{3}{7}×12=\frac{36}{7}$〔cm〕となる。

【13】(1)　⑤　(2)　⑥

〈解説〉(2)　Eは第5学年，Fは第3学年，Gは第6学年，Hは第4学年で育成を目指す問題解決の力である。各学年で目指す力は，平成20年告示の学習指導要領における各学年の目標と関連していることが読み取れることを踏まえて考えるとよい。

【14】(1) ア ②　イ ④　ウ ⑤　エ ⑨　(2) ③
〈解説〉(1)　音源が観測者に近づくと，波長が小さくなるために振動数が大きくなって音が高く聞こえる。よって，グラフはグラフ1に比べ波長が短くなっているものを選ぶ。このように，音源や観測者が動くことによって，音が高くなったり低くなったりして聞こえる現象をドップラー効果という。　(2)　26400÷60＝440〔Hz〕となる。

【15】(1) ①　(2) 動いた向き…②　移動した角度…④　(3) ④
〈解説〉(1)　恒星は，東の空では左下から右上に，南の空では左から右に，西の空では左上から右下に，北の空では北極星を中心に反時計回りに動いて見える。　(2)　北の空では1時間に15°反時計回りに動いて見える。2時間なので30°反時計回りに移動する。　(3)　同じ時間に恒星を観測すると，1日に1°東から西に移動して見える。30°西にずれて見えるのは30日後，つまり約1か月後である。

【16】(1) 化学式…①　性質…⑤　(2) ④
〈解説〉気体Aは二酸化炭素，Bはアンモニア，Cは水素である。水素のように水に溶けにくい気体は水上置換，二酸化炭素のように水に溶け，空気より重い気体は下方置換，アンモニアのように水に溶け，空気より軽い気体は上方置換で捕集する。

【17】(1) ア ②　イ ④　ウ ⑦　(2) エ ②　オ ⑤
〈解説〉(1)　Aの試験管中のオオカナダモは，呼吸と光合成の両方をするが，呼吸で発生する二酸化炭素よりも光合成で消費する二酸化炭素のほうが多いので，水中の二酸化炭素量が減りBTB溶液は青色となる。Bの試験管中のオオカナダモは呼吸のみをするので，水中の二酸化炭素量が増えるためBTB溶液は黄色となる。　(2)　C，Dの試験管の液の色は変化しないことから，オオカナダモの呼吸や光合成によりA，Bの液の色が変わったと考察することができる。

【18】①

〈解説〉新学習指導要領より，小学校では外国語が新設されることにより，外国語活動との棲み分けがより明確になっているので，目標や学習内容などを比較しながら学習すること。また，現行の学習指導要領における外国語活動とも比較し，改訂点などをチェックすることで理解がより深まるので確認しておくこと。

【19】1　⑥　　2　②　　3　⑨

〈解説〉1　先生が生徒に手紙を見せ，何か一言質問している。その後に続く子どもたちの発話が「友達？」となっていることから，「この手紙は誰からのものでしょう？」という質問を挿入するのが適切とわかる。　2　空欄前後の文を訳すと，「この手紙をくれた友人とは親友だったが，父親が沖縄に転勤になった都合で彼女は沖縄に引っ越さなければならなくなった。とても悲しかったが，その時に彼女がこの手紙をくれた。」となる。　3　この空欄を受け，子どもたちが「サッカーボール」や「ピアノ」などと返事していることから，先生は「君たちには宝物はありますか？」と聞いていることが考えられる。

【20】(1)　③　　(2)　②

〈解説〉(1)　①　HRTは「生徒に絵本を読んだのは今日が初めて」と言っているので誤り。　②　ALTがHRTに対して「上手に読めていたし，生徒達も楽しんでいた」と褒めているため，本を読んだのはHRTであったとわかる。　④　ALTは「歌を練習した後は絵カードを作りましょう」と提案している。　(2)　①と迷うかもしれないが，「CDプレーヤーを取ってくる」と言っているのはHRTであり，ALTに対しては「ちょっとここで待ってて」と言っている。問題では「この後2人は(一緒に)何をするでしょう」なので不適と判断する。

2018年度　実施問題

※問題文中の「小学校学習指導要領」は，平成20年3月告示(文部科学省)とする。

【1】次の文章を読み，あとの(1)〜(6)の問いに答えなさい。

> 春にはそれぞれ都会での新たな生活が始まる僕(ヒロシ)，フミヤ，タカ。三人の故郷では，一年前の春，本土と島とを結ぶ橋が架かったことで，人々の暮らしぶりが変わった。三人にしても，橋が開通して以来，高校への通学に渡船『しまっこ丸』や船着き場行きのバス『島衆号』を使うことはなくなり，本土までの直通バスを使うようになった。そんな中，三人は先輩であるアッシに，半ば強引に『しまっこ丸』に乗せられた。

　去年の春，島に橋が架かった。外国の有名な建築家がデザインした，千人たらずの島の人口からすると贅沢なほど立派な橋だ。悪天候のときには自動でゲートが降りて通行止めにする最新式の機能も備わっている。展望台付きの歩道もあるし，自転車専用レーンまで設けられている。本土と島は陸続きになったのだ。

　本土への通学や通勤の足はバスに変わった。バスは『しまっこ丸』と『島衆号』を乗り継ぐよりずっと速く，ずっと快適で，ずっと便利だった。橋ができたのなら，と自家用車やバイクを買うひとも多かった。

　僕たちも高校三年生に進級すると，通学定期をバスに切り替えた。いまでは，よっぽどのこと——今日みたいにアッシさんに捕まることでもないかぎりは，『島衆号』にも『しまっこ丸』にも乗ることは_aない。

　だから，桟橋に来るのもひさしぶりだ。『しまっこ丸』に乗り込ん

で運賃箱に百円玉を入れようとしたら，船長のヤスじいが，「ええけんええけん，どうせアツシに無理やり乗せられたんじゃろうが」と笑って言ってくれた。赤く日焼けしたヤスじいの笑顔を見るのも，何カ月ぶりだろう。

　船室の狭苦しさと薄暗さはガキの頃から変わら_bない。_Aオイルとペンキに潮のえぐみが混じり合ったにおいは，思っていた以上にねっとりと澱（よど）んでいた。

「ずーっと誰も入っとらんのと違うか？　ひとの気配がせんがな」

　タカが鼻の呼吸を止めた声で言った。確かにそうだ。『島衆号』と同じように，『しまっこ丸』の乗客も僕たちだけだった。それが今日の，いまの，この便だけの話では_cないんだ，ということも見当がつく。

　船室の壁には，島の小学生が描いた絵が貼られていた。〈ありがとう　さようなら　『しまっこ丸』〉の文字と，海を往く『しまっこ丸』——甲板には，全校児童が並んでいる。総勢二十九人の島っ子が，それぞれ自分の顔を描いたのだ。

「……おしまいなんじゃの」

　ふとつぶやいた僕に，フミヤも「おう，おしまいじゃ」とオウム返しで応えた。

　三月いっぱいで，フェリー航路は廃止される。去年の十二月の市議会で決まった。『島衆号』は市立のデイホームの送迎に転用され，_Bゲンカショウキャクをとっくに終えた『しまっこ丸』はスクラップ処分になる。

　議会では満場一致だったという。無理も_dない。橋が開通して以来『しまっこ丸』の利用者は，ほとんどいなくなってしまった。最後の日にはさよならイベントも開かれるらしいが，それは橋の開通一周年イベントのおまけのような格好で，本土のほうの港にはポスターすら出ていなかった。

　どっちにしても，僕たちはその頃にはもう島を出ている。お別れに立ち会え_eないのは心残りでも，アツシさんやトオルさんが男泣きす

る姿を見ずにすんで，ちょっとほっとする気分も_fないわけではない。通学定期をバスに切り替えたときの_Cビミョーな後ろめたさは，まだ胸の奥に残っている。

「外に出ようで。こげなところにおったら，体にフジツボがつきそうじゃ」

怒ったように言うタカに黙って応えて，甲板に出た。

短い船旅はもう半ばを過ぎて，海べりの狭い平地に貼りついた島の町並みが迫っていた。凪いだ海は夕陽を浴びてオレンジ色に染まり，定置網のブイが照り返しできらきら光る。波を切る音も，床をしじゅう震わせるエンジンの重い響きも，風の湿り気も，ときどきしぶきが頬に触れるときの冷やっこさも，忘れていたわけでは_gないのに懐かしい。_D問題集の解答ページを開いたときのように，ああそうじゃった，そうそうそう，そうじゃったがな，と記憶のポケットに一つずつ収まっていく。

（重松清『季節風　春　島小僧』による）

(1)　文章中の波線部a〜gの「ない」のうち，助動詞にあたるものの組み合わせとして最も適当なものを，次の①〜④のうちから一つ選びなさい。

　① aとc　　② bとe　　③ cとg　　④ dとf

(2)　文章中の下線部A「オイルとペンキに潮のえぐみが混じり合ったにおいは，思っていた以上にねっとりと澱んでいた」とあるが，この一文の効果を説明したものとして最も適当なものを，次の①〜④のうちから一つ選びなさい。

　①　変わり果てた『しまっこ丸』を嗅覚を通して感じた言葉で表現し，『しまっこ丸』に対する懐かしさを際立たせている。

　②　嗅覚を通して感じた言葉で『しまっこ丸』の船室の居心地の悪さを表現し，乗船したことへの後悔をにじませている。

　③　人の気配のしない『しまっこ丸』の船室の様子を嗅覚を通して感じた言葉で表現し，寂しさを浮かび上がらせている。

　④　『しまっこ丸』の船室の様子を嗅覚を通して感じた言葉で表現

し，無理やり乗船させられた不愉快さを匂わせている。

(3)　文章中の下線部B「ゲンカショウキャク」の正しい漢字表記を，次の①〜④のうちから一つ選びなさい。

①　減価償却　　②　現価消却　　③　原価償却　　④　元価消却

(4)　文章中の下線部C「ビミョーな後ろめたさ」について，ヒロシが「ビミョーな後ろめたさ」を感じた理由として最も適当なものを，次の①〜④のうちから一つ選びなさい。

①　便利で快適な通学手段を得た一方で，アッシさんたちと離れて島を出て行くことに心細さやさびしさを覚えたから。

②　便利で快適な通学手段を得た一方で，アッシさんたちの涙を見ないですむことを安堵している自分に気づいたから。

③　便利で快適な通学手段を得た一方で，アッシさんたちが船に乗らない自分に憤りを感じているような気がしたから。

④　便利で快適な通学手段を得た一方で，アッシさんたちの思いを切り捨てているような感じが自分の中にあったから。

(5)　文章中の下線部D「問題集の解答ページを開いたときのように，ああそうじゃった，そうそうそう，そうじゃったがな，と記憶のポケットに一つずつ収まっていく」とあるが，この文章の展開から，この一文が表現している内容として最も適当なものを，次の①〜④のうちから一つ選びなさい。

①　忘れていた光景がふとしたきっかけで蘇り，記憶の細かなところまで確かめるように懐かしむ姿を表現している。

②　自分の現実から遠ざかっていた懐かしい光景を一つ一つ確かめることで，心が落ち着いていく姿を表現している。

③　身近にもかかわらず，記憶の隅に追いやられてきた光景が鮮明に蘇り，心が強く揺さぶられる姿を表現している。

④　今まで気づかなかった新たな光景を目の当たりにし，しっかりと自分の記憶に刻みつけていく姿を表現している。

(6)　この文章は，重松清著『季節風　春』にある短編『島小僧』の一部である。『季節風　春』にはこのほかに，11編の作品が収められ

ている。6年生の学級で,「読む力」を高めるために,11編の中から自分で気に入った作品を選び,「その作品をまだ読んでいない相手に,推薦する文章を書く」という言語活動を計画した。次は,教員同士の話し合いの一部である。どの教員の発言が,小学校学習指導要領国語に示されている内容に最も沿っているか,次の①～④のうちから一つ選びなさい。

① こうした複数の作品を扱う授業では,高学年の伝統的な言語文化と国語の特質に関する事項の,表現したり理解したりするために必要な語句を増やすことに重点を置いて指導することが大切だね。

② 書くことの言語活動例を中心に指導すべきだね。高学年では想像したことを基に物語を書くということが示されているから推薦する文章に作品の続き話を想像して盛り込ませていく方法もあるね。

③ 高学年の読むことの言語活動例を読むと,作品を選んだ理由を十分に説明する文章にしていかなければならないね。そのためには物語のあらすじや全体の構成を十分理解することが欠かせないね。

④ 推薦する文章を書くには,何を主に推薦するか決める必要があるね。高学年では,推薦する文章を互いに読み合うことで,自分の考えを広めたり深めたりできるようにしていかなければならないね。

(☆☆◎◎◎)

【2】次の文章を読み,あとの(1)～(4)の問いに答えなさい。

　私たちにとって時間はとりとめがなくアレコレ議論しても無意味なように見える。しかし,考え始めるといろんな場面と結び付けられて楽しい。時間には,瞬時のうちに過去になっていく現在の儚（はかな）さを嘆きつつ,未来永劫に流れ続ける逞（たくま）しさのようなものも感じる。137億年の宇宙や46億年の地球というほとんど信じがたい長さの時間を平気で

許容する一方，遊園地で遊んだ2時間の短さをいつまでも覚えていることもある。種から双葉を出して開花し，やがて枯れてしまう花の生涯を5分に縮めた映像を見ると，時間の容赦ない流れを実感するが，ボールがバットに当たって飛んでいく瞬間が1分の長さで再現されれば，時間が孕む豊かさを味わった気がする。

　私たちは，時間は留まることなく一定に流れていくことを知っているが，技術によって時間が短縮されたり引き延ばされたりすると，自然の秘密を覗き見たようで少し得をした気分になる。時間はそれぞれの生き様や心情を反映して多様に流れ続けているものなのだ。

　時間は「変化」の中で認識できる。空間における位置変化を運動と捉え，その法則を知るのが科学の第一歩であった。そこに仮定すべき物理時間をいかに定義するか，時間との格闘が始まったのである。科学の歴史は変化の中にいかに普遍性(不変性)を確認するかの歴史でもあったと言えるだろう。

　最も初源的な時間の意識は人それぞれが持つ脈拍(心臓の鼓動)だろう。体内に絶えず変化するものを抱えており，それを基準にして変化の度合いを知ることができるのだ。しかし，鼓動は規則的だが人ごとに異なっているから，誰にも共通する時間にはならない。そこで客観的に流れる時間を機械的に計測して表示する水時計が発明され，やがて砂時計，振り子時計，テンプ式や水晶の振動を用いた時計と，より長時間動き，より誤差の少ない時計が発明されてきた。そして現代では1兆分の1以下の精度を持つ原子時計を使っている。人間は憑かれたかのように，客観的に流れる無機質の時間をより精密に測ることに邁進してきたのである。

　A無機的な物理時間とは質が異なる有機的な時間もある。生物の体内時計である。生物は環境の変化を取り込めねば生きていけず，外界に流れる時間に同調しなければならない。ところが，環境の時間は完全に斉一的なものではない。宇宙・太陽・地球はそれぞれ変化しているから，長短緩急がついた時間となって流れているのである。この変化する環境との調和こそ生命が生き延びる重大条件になった。生命の

進化は気の遠くなるような長い歩みの結果なのだが，太陽や地球や宇宙が奏でるメロディといかに共鳴するかの戦いであったとも言える。生命の歴史に時間の変遷が隠されているのである。

　B<u>それとともに</u>，すべての動物はそれぞれ異なった時間周期で脈拍を打っているから異なった歩みの時計を持っており，異なった物理時間の寿命を経て一生を終える。そこで，その寿命を脈拍の時間周期で割ると生涯の間に打つ脈拍の数が求められるのだが，すべての動物が生涯のうちに打つ脈拍の数は共通して約15億回なのである。脈拍の数で時間を数えれば，どの動物も同じ時間だけ生きて死を迎えるのだ。これを動物の「固有時間」と呼ぼう。脈拍一回の周期は動物の体重に応じて異なるから動物ごとに物理時間に大きな差異はあるが，いずれも同じ固有時間を経て生を終えるのである。動物は客観的に流れる物理時間とは独立した固有時間を内に持っており，それは種に依存しないのだから，その仕組みこそ生命を探る鍵であるのかもしれない。

（池内了『現代科学の歩きかた』による）

(1)　文章中に下線部A「無機的な物理時間とは質が異なる有機的な時間」とあるが，それはどのような点において質が異なると言っているのか。最も適当なものを，次の①〜④のうちから一つ選びなさい。

①　無機的な時間は環境によって変化しない規則的な時間であるということに対して，有機的な時間は環境によって変化する不規則な時間であるという点。

②　無機的な時間は外界に流れる誤差の少ない時間であるということに対して，有機的な時間は生物の体内に流れる長短緩急のついた時間であるという点。

③　無機的な時間は位置変化の法則に普遍性を持たせる時間であるということに対して，有機的な時間は生命の進化に特殊性を持たせる時間であるという点。

④　無機的な時間は誰にも共通する客観的に流れる時間であるということに対して，有機的な時間は生物によって感じ方の異なる主観的な時間であるという点。

(2)　文章中の下線部B「それとともに」から始まる段落の役割を説明
　　したものとして最も適当なものを，次の①〜④のうちから一つ選び
　　なさい。

　　①　前段落の内容を強調し，生命について考えるための独自の視点
　　　を与える役割。

　　②　前段落の内容を補足し，時間について考えるための新たな視点
　　　を与える役割。

　　③　前段落の内容に対する根拠を示し，生命についてさらに論理的
　　　な考えを導き出す役割。

　　④　前段落の内容に対する事例を示し，時間についてさらに具体的
　　　な考えを導き出す役割。

(3)　この文章の内容を読み取るために，文章全体の見出しを付け，根
　　拠とともに一文にまとめた。要旨をとらえるという観点から最もふ
　　さわしい一文はどれか。次の①〜④のうちから一つ選びなさい。

　　①　筆者は，固有時間が種に依存しない理由を説明しながら生命の
　　　仕組みについて述べているので，「時間と生命」という見出しを
　　　付ける。

　　②　筆者は，いろいろな時間の概念を例に挙げながら多様に流れる
　　　時間について述べているので，「時間の多様性」という見出しを
　　　付ける。

　　③　筆者は，無機的な時間と有機的な時間とを対比させながら時間
　　　の変遷について述べているので，「時間の変遷」という見出しを
　　　付ける。

　　④　筆者は，心臓の鼓動と生命の進化を例に挙げながら時間と科学
　　　の関係について述べているので，「時間と科学」という見出しを
　　　付ける。

(4)　この文章の筆者の論の進め方として最も適当なものを，次の①〜
　　④のうちから一つ選びなさい。

　　①　問題提起に対する結論を終末部分で提示し，自身の考えの妥当
　　　性を裏付けている。

② 具体的な体験と抽象的な事例を対極的に提示し，自身の考えの正当性を強調している。

③ 一般的な事例から科学的な事例へと発展させ，自分の考えに対する説得力を高めている。

④ 複数の事象を対比させながら帰納的に論を発展させ，自分の考えに論理性を持たせている。

(☆☆◎◎◎)

【3】次の『古今和歌集　仮名序』の一部を読み，下の(1)〜(2)の問いに答えなさい。

　やまとうたは，人の心を種として，よろづの言の葉とぞなれりける。世の中にある人，ことわざ繁きものなれば，心に思ふことを，見るもの聞くものにつけて，言ひ出せるなり。花に鳴く鶯，水にすむ蛙の声を聞けば，生きとし生けるもの，いづれか_A歌をよまざりける。力をも入れずして，天地を動かし，目に見えぬ鬼神をも_Bあはれと思はせ，男女のなかをも和らげ，猛き武士の心をも慰むるは歌なり。

(1) 文章中の下線部A「歌をよまざりける」の意味として最も適当なものを，次の①〜④のうちから一つ選びなさい。

① 歌を詠みたいものがいるであろうか。

② 歌を詠めないものがいるであろうか。

③ 歌を詠まないものがいるであろうか。

④ 歌を詠むというものがいるであろうか。

(2) 文章中の下線部B「あはれと思はせ」の意味として最も適当なものを，次の①〜④のうちから一つ選びなさい。

① 恐れおののく気持ちをわき立たせ

② かわいそうにとあわれむ気持ちにさせて

③ しみじみした悲しい気持ちにさせ

④ すばらしいと感動する気持ちを起こさせ

(☆☆◎◎◎)

【4】小学校学習指導要領社会について，次の(1)，(2)の問いに答えなさい。

(1)　次の文は，「第3　指導計画の作成と内容の取扱い」から抜粋したものである。文中の　A　にあてはまる最も適当なものを，下の①～④のうちから一つ選びなさい。

> 　各学校においては，地域の実態を生かし，児童が興味・関心をもって学習に取り組めるようにするとともに，観察や調査・見学などの　A　な活動やそれに基づく表現活動の一層の充実を図ること。

①　協働的　　②　主体的　　③　校外的　　④　体験的

(2)　次の①～④は，「第2　各学年の目標及び内容」の中の「1　目標」に関する記述である。第6学年に関するものはどれか。最も適当なものを，次の①～④のうちから一つ選びなさい。

①　我が国の産業の様子，産業と国民生活との関連について理解できるようにし，我が国の産業の発展や社会の情報化の進展に関心をもつようにする。

②　地域の地理的環境，人々の生活の変化や地域の発展に尽くした先人の働きについて理解できるようにし，地域社会に対する誇りと愛情を育てるようにする。

③　国家・社会の発展に大きな働きをした先人の業績や優れた文化遺産について興味・関心と理解を深めるようにするとともに，我が国の歴史や伝統を大切にし，国を愛する心情を育てるようにする。

④　地域における社会的事象を観察，調査するとともに，地図や各種の具体的資料を効果的に活用し，地域社会の社会的事象の特色や相互の関連などについて考える力，調べたことや考えたことを表現する力を育てるようにする。

(☆☆☆◎◎◎◎)

【5】 次の A ～ E のカードは，それぞれ，ある人物について記したものである。 A ～ E のカードを読んで，下の(1)，(2)の問いに答えなさい。

A 1874年，ₐ民撰議院設立の建白書を政府に提出した。その後，立志社を結成し，やがて自由党の党首となった。

B 幕府の使節の一員として欧米に渡り，日本を西洋的な文明国にしようと教育に力を注いだ。「学問のすゝめ」ₑなどを著した。

C 長州藩出身で，薩長同盟を結び，討幕運動の中心となった。また，꜀五箇条の御誓文の作成にも関わった。桂小五郎の名前でも知られる。

D 大久保利通の死後，政府の中心人物として_d大日本帝国憲法制定に尽力した。立憲政友会の総裁として組閣するなど，政党政治への道を開いた。

E ₑ日米修好通商条約の批准書交換に際してアメリカに渡り，海軍の仕組みを学んだ。戊辰戦争の際には，江戸を戦火から守るために力を尽くした。

---

(1) A ～ E のカードにあてはまる人物を，次の①～⑧からそれぞれ一人ずつ選んだ時に，いずれにもあてはまらない人物を，次の①～⑧のうちから三つ選びなさい。

① 岩倉具視 　② 木戸孝允 　③ 勝海舟 　④ 板垣退助

⑤　伊藤博文　　⑥　大隈重信　　⑦　福沢諭吉　　⑧　西郷隆盛

(2)　次の史料は上の A ～ E のカード中の下線部a～eのいずれかについて記したものの一部である。どれについて記したものか，最も適当なものを，下の①～⑤のうちから一つ選びなさい。

史料

一　広ク会議ヲ興シ万機公論ニ決スベシ

一　上下心ヲ一ニシテ盛ニ経綸ヲ行フベシ

　　　(省略)

一　智識ヲ世界ニ求メ大ニ皇基ヲ振起スベシ

---

①　a　　②　b　　③　c　　④　d　　⑤　e

(☆☆◎◎◎◎)

【6】次の①～⑥は，日本の司法について記したものである。日本の司法に関する記述として適当でないものを，次の①～⑥のうちから一つ選びなさい。

①　2009年から裁判員制度が始まった。この制度の対象となるのは，殺人や強盗致死傷などの重大な犯罪についての刑事事件である。裁判員が参加するのは，地方裁判所で行われる第一審のみで，第二審からは参加しない。

②　裁判所には，法律をはじめ，命令や規則，条例などが憲法に違反していないかを審査し，決定する権限が与えられている。

③　裁判所は，最高裁判所と下級裁判所とに分かれる。下級裁判所には，高等裁判所，地方裁判所，家庭裁判所，簡易裁判所の4種類がある。

④　司法権の独立のため裁判官は，国会議員による弾劾裁判によって辞めさせられる場合を除いて，在任中の身分が保障されている。

⑤　裁判において，第一審の判決に不服がある当事者は，上級の裁判所に控訴し，さらに不服である場合には上告することができる。原則として，一つの事件について，3段階の裁判を受けることができ

る。

⑥　裁判は公正に行われるように，原則として，公開の法廷で行われ，誰でも自由に傍聴できる。

(☆☆◎◎◎◎)

【7】次の図は，日本国憲法の条文第66条から第69条に基づいた日本の議院内閣制の仕組みを示したものであり，ア～オは，国会と内閣の関わりを説明したものである。これを見て，図中のA～Eにあてはまる語句の組み合わせとして最も適当なものを，下の①～⑤のうちから一つ選びなさい。

図　日本の議院内閣制の仕組み

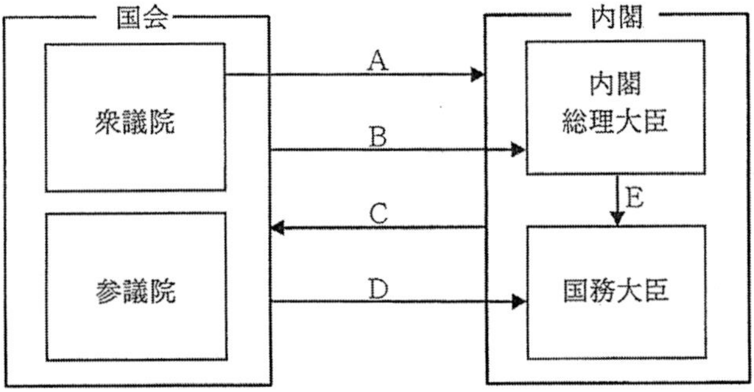

ア　連帯責任
イ　任命・罷免
ウ　過半数は国会議員
エ　内閣信任・不信任の決議
オ　内閣総理大臣を国会議員の中から指名

	A	B	C	D	E
①	ウ	オ	イ	エ	ア
②	エ	オ	ア	ウ	イ
③	オ	エ	ア	ウ	イ
④	エ	イ	ア	オ	ウ
⑤	オ	エ	イ	ウ	ア

(☆☆◎◎◎◎)

【8】2020年にオリンピック・パラリンピックが開催される東京と，過去5回の夏季オリンピック・パラリンピックが開催された都市(リオデジャネイロ・ロンドン・ペキン・アテネ・シドニー)を合わせた6都市について，次の(1)，(2)の問いに答えなさい。

(1)　図1のア～カは，図2に示されたA～Hの都市のうち，東京・リオデジャネイロ・ロンドン・ペキン・アテネ・シドニーにあたる6都市の月平均気温と月降水量を示したグラフである。6都市の「月平均気温と月降水量」と「都市の位置」の組み合わせとして最も適当なものを，あとの①～⑥のうちから二つ選びなさい。

図1　月平均気温と月降水量

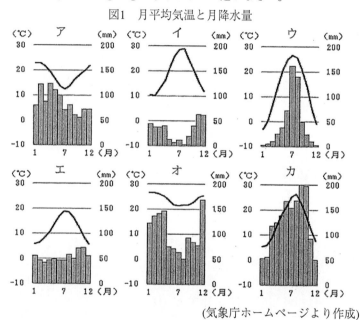

(気象庁ホームページより作成)

図2　都市の位置

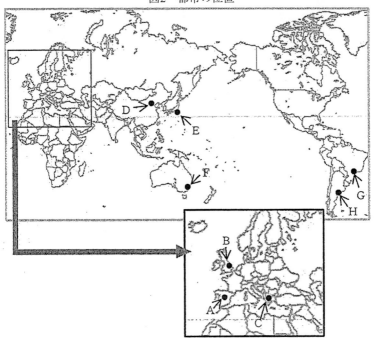

開催都市名	①	②	③	④	⑤	⑥
	東京	リオデジャネイロ	ロンドン	ペキン	アテネ	シドニー
月平均気温と月降水量	ウ	オ	エ	カ	イ	ア
都市の位置	E	H	B	D	A	F

(2)　次の①〜⑤は，各都市のあるそれぞれの国に関する説明である。
　　最も適当なものを，次の①〜⑤のうちから二つ選びなさい。

　①　リオデジャネイロを首都とするブラジルでは，ヨーロッパの影
　　響を受け，キリスト教を信仰する人が大勢いる。ブラジルの公用
　　語は，ポルトガル語である。

　②　ロンドンを首都とするイギリスは，暖流の北大西洋海流と季節
　　風の影響を受けるため，日本に比べて高緯度に位置しているが，
　　気候は比較的温暖である。

　③　ペキンを首都とする中国の人口は約13億8200万人(2016年)で世

界第2位である。中国では，沿岸部の都市が成長して工業化する一方で，内陸部の農村では工業化が後れている。

④　アテネを首都とするギリシャには，18の世界遺産(2016年)がある。そのうちの一つパルテノン神殿は，古代ギリシャの代表的な建築物である。

⑤　シドニーのあるオーストラリアは，鉱山資源に恵まれた国であり，石炭，鉄鉱石，ボーキサイトなどが産出される。大規模な露天掘りが行われている鉱山もある。

(☆☆◎◎◎◎)

【9】小学校学習指導要領算数について，次の(1)，(2)の問いに答えなさい。

(1)　「第3　指導計画の作成と内容の取扱い」に示されている次の文について，　ア　，　イ　にあてはまるものを，下の①～⑥のうちからそれぞれ一つずつ選びなさい。

> 数量や　ア　についての豊かな感覚を育てるとともに，およその大きさや形をとらえ，それらに基づいて適切に　イ　したり，能率的な処理の仕方を考え出したりすることができるようにすること。

①　計算　　②　測定　　③　図形　　④　思考　　⑤　表現
⑥　判断

(2)　次のウ，エについて，A～Cは，「第2　各学年の目標及び内容」で示されている各学年の「2　内容」から，異なる三つの学年の内容を抜粋したものである。A～Cを指導する順に左から並べたものを，あとの選択肢①～⑥のうちからそれぞれ一つずつ選びなさい。

ウ　A　分数の相等及び大小について考え，大小の比べ方をまとめること。

B　数の大小や順序を考えることによって，数の系列を作ったり，数直線の上に表したりすること。

C 目的に応じて四則計算の結果の見積りをすること。

エ A 日常生活の中で必要となる時刻や時間を求めること。

B 単位量当たりの大きさについて知ること。

C 角の大きさを回転の大きさとしてとらえること。

選択肢

① A→B→C ② A→C→B ③ B→A→C

④ B→C→A ⑤ C→A→B ⑥ C→B→A

(☆☆◎◎◎)

【10】次の(1)〜(5)の問いに答えなさい。

(1) $(-6)^2 \div 9 - 3 \times (5-8)$を計算すると，[アイ]である。

(2) 一次方程式$4x+1=3(x-a)$の解が$x=-7$のとき，aの値は[ウ]である。

(3) $2 < \sqrt{a} < 2\sqrt{3}$を満たす自然数aの個数は[エ]個である。

(4) ある正方形の縦の長さを4cm長くし，横の長さを2cm短くしてつくった長方形の面積は112cm²になる。このとき，もとの正方形の1辺の長さは[オカ]cmである。

(5) 6本のうち2本のあたりが入っているくじがある。この6本のくじの中から，同時に2本のくじをひくとき，1本だけあたりである確率は$\dfrac{[ケ]}{[キク]}$である。ただし，どのくじのひき方も同様に確からしいものとする。

(☆☆◎◎◎)

【11】次の図のように，AB＝18cm，AD＝9cmの長方形ABCDがあり，辺CD上にDE＝6cmとなるように点Eをとる。点Pは辺BC上を点BからCに，点Qは線分EC上を点EからCに，ともに毎秒1cmの速さで動く。ただし，点P，Qは同時に出発し，点PがCに着いたときに点Qは止まることとする。

このとき，あとの(1)，(2)の問いに答えなさい。

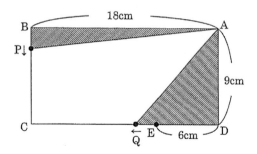

(1)　点P，Qが動き始めてから，x秒後の△ABPの面積を$y$cm²とするとき，yをxの式で表すと，$y=[\quad]x$である。

(2)　△ABPと△AQDの面積が等しくなるのは，点P，Qが出発してから[　　]秒後である。

(☆☆☆◯◯◯)

【12】次の図のように，BC＝3cm，CA＝4cm，∠ACB＝90°の直角三角形ABCがある。頂点Cから辺ABに垂線CDをひくとき，下の(1)，(2)の問いに答えなさい。

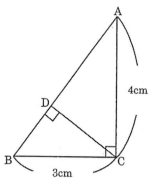

(1)　線分CDの長さは，$\dfrac{[\quad イウ \quad]}{[\quad ア \quad]}$cmである。

(2)　直角三角形ABCを，直線ABを回転の軸として1回転させてできる立体の体積は，$\dfrac{[\quad オカ \quad]}{[\quad エ \quad]}\pi$ cm³である。

(☆☆☆◯◯◯)

【13】 小学校学習指導要領理科について，次の(1)，(2)の問いに答えなさい。

(1) 次の①～④は，「第2 各学年の目標及び内容」に示された，各学年の「2 内容」から抜粋したものである。第5学年の記述として最も適当なものを，次の①～④のうちから一つ選びなさい。

① 物を水に溶かし，水の温度や量による溶け方の違いを調べ，物の溶け方の規則性についての考えをもつことができるようにする。

② 金属，水及び空気を温めたり冷やしたりして，それらの変化の様子を調べ，金属，水及び空気の性質についての考えをもつことができるようにする。

③ 風やゴムで物が動く様子を調べ，風やゴムの働きについての考えをもつことができるようにする。

④ 物を燃やし，物や空気の変化を調べ，燃焼の仕組みについての考えをもつことができるようにする。

(2) 次の文は，「第3 指導計画の作成と内容の取扱い」の一部である。文中の　A　に当てはまる最も適当な語句を，下の①～④のうちから一つ選びなさい。

> 個々の児童が主体的に　A　を進めるとともに，学習の成果と日常生活との関連を図り，自然の事物・現象について実感を伴って理解できるようにすること。

① 観察実験活動　　② 問題解決活動　　③ 科学的な探究活動
④ 自然体験活動

(☆☆☆◎◎◎)

【14】 図A～Dのようにして，水より比重の大きな物体の重さをばねばかりで測った。図Aの状態でばねばかりは1.0Nを示し，図Cの状態では，ばねばかりは0.8Nを示した。これについて，あとの(1)～(3)の問いに答えなさい。ただし，図A～Dは同じ物体，同じばねばかり，同じ針金

を用いたものとする。なお，針金の重さと体積は考えないものとする。

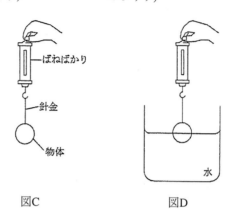

図A
(空気中で物体の重さを測定
したようす)

図B
(物体を水に半分沈めたとき
のようす)

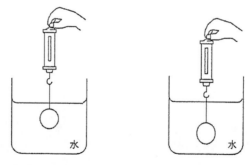

図C
(物体を完全に水に沈めたと
きのようす)

図D
(物体を図Cの状態より深く
沈めたようす)

(1) 図Bのとき，物体に働く重力の大きさは何Nになるか。最も適当なものを，次の①～⑥のうちから一つ選びなさい。

①　0.2N　　②　0.4N　　③　0.6N　　④　0.8N　　⑤　1.0N

⑥　1.2N

(2) 図Cのとき，物体に働く浮力の大きさは何Nになるか。最も適当

なものを，次の①〜⑥のうちから一つ選びなさい。

① 0.2N ② 0.4N ③ 0.6N ④ 0.8N ⑤ 1.0N

⑥ 1.2N

(3) 図Dのとき，ばねばかりが示す大きさは何Nになるか。最も適当なものを，次の①〜⑥のうちから一つ選びなさい。

① 0.2N ② 0.4N ③ 0.6N ④ 0.8N ⑤ 1.0N

⑥ 1.2N

(☆☆☆◎◎◎)

【15】次の図のような装置を組み立て，水に少量の水酸化ナトリウムを溶かし，3Vの電圧をかけ直流電流を流したところ，陽極と陰極の両方の電極から気体が発生した。これについて，下の(1)，(2)の問いに答えなさい。

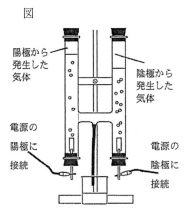

図

(1) 陰極から発生した気体の性質として最も適当なものを，次の①〜⑥のうちから二つ選びなさい。

① 空気より軽い。　　② 特有なにおいがする。

③ ものが燃えるのを助ける。　　④ 赤インクを脱色する。

⑤ 燃焼する。　　⑥ 空気より重い。

(2) 陽極から発生した気体と同じ気体を発生させる方法として最も適当なものを，次の①〜⑤のうちから二つ選びなさい。

① 炭酸水素ナトリウムを加熱する。

② 酸化銀を加熱する。

③ うすい塩酸にアルミニウムを入れる。

④ 炭酸水を加熱する。

⑤ 二酸化マンガンに過酸化水素水を入れる。

(☆☆☆◎◎◎)

【16】エンドウの種子の形質がどのように遺伝するかについて調べるために，次の実験を行った。下の(1)，(2)の問いに答えなさい。

> ＜実験＞
> ① 次の図のように，丸い種子を作る純系のエンドウ(X)のめしべに，しわのある種子をつくる純系のエンドウ(Y)の花粉をつけて他家受粉させた。できた種子(Z)はすべて丸かった。
> ② このできた種子(Z)をまいて育てたエンドウを自家受粉させると，丸い種子としわのある種子ができた。
>
>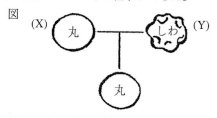

(1) 次の文は，親から子への形質の伝わり方を説明したものである。文中の(ア)～(エ)にあてはまる語句の組み合わせとして最も適当なものを，あとの①～④のうちから一つ選びなさい。

> 　対になっている親の代の遺伝子は，(ア)によって染色体とともに移動し，それぞれ別の生殖細胞に入る。これを(イ)という。図を見ると，子では両親の一方の形質だけが現れるという結果になった。子で現れる形質を(ウ)，現れない形質を(エ)という。

① ア　減数分裂　　イ　分離の法則　　ウ　優性の形質
　　エ　劣性の形質

② ア　減数分裂　　イ　有性生殖　　ウ　優性遺伝
　　エ　劣性遺伝

③ ア　体細胞分裂　　イ　対立形質　　ウ　優性の形質
　　エ　劣性遺伝

④ ア　体細胞分裂　　イ　分離の法則　　ウ　優性遺伝
　　エ　劣性の形質

(2)　実験でできた種子(Z)をまいて育てたエンドウのめしべに，しわ
　のある種子をつくる純系のエンドウ(Y)の花粉をつけて他家受粉さ
　せる。できた種子は，丸い種子としわのある種子の数の比がおよそ
　いくらになると考えられるか。最も適当なものを次の①～④のうち
　から一つ選びなさい。

①　丸い種子：しわのある種子＝1：1

②　丸い種子：しわのある種子＝3：1

③　丸い種子：しわのある種子＝1：3

④　丸い種子：しわのある種子＝2：1

(☆☆☆◎◎◎)

【17】ある閉じた空間で気温と露点を測定し，湿度を求めた。また，次の
　表はそれぞれの気温に対する飽和水蒸気量を示したものである。あと
　の(1)，(2)の問いに答えなさい。ただし，湿度は小数第2位を四捨五入
　して求めたものを用いるものとする。

表

気温（℃）	飽和水蒸気量（g/㎥）
18	15．4
19	16．3
20	17．3
21	18．3
22	19．4
23	20．6

24	21.8
25	23.1
26	24.4
27	25.8
28	27.2
29	28.8
30	30.4
31	32.1
32	33.8

(1)　ある閉じた空間では，気温が29℃のとき，湿度が67.4%だった。このときの露点は何℃か。次の①～⑥のうちから，最も適当なものを一つ選びなさい。

①　20℃　　②　21℃　　③　22℃　　④　23℃　　⑤　24℃

⑥　25℃

(2)　ある閉じた空間では，気温が32℃，露点が18℃であった。このとき，加湿器を用いて，この閉じた空間の気温を変化させずに湿度を50.0%にした。増えた水蒸気量は$1m^3$あたりの水蒸気量は何gか。次の①～⑥のうちから，最も適当なものを一つ選びなさい。

①　0.5g　　②　1.0g　　③　1.5g　　④　2.0g　　⑤　2.5g

⑥　3.0g

(☆☆☆◎◎◎)

【18】次の文は，小学校学習指導要領外国語活動の「第3　指導計画の作成と内容の取扱い」の「第6学年における活動」から抜粋したものである。空欄にあてはまる語句を，（　A　）はア～ウから一つ，（　B　）はエ～カから一つ選び，その組合せとして正しいものを，あとの①～⑥のうちから一つ選びなさい。

> 　第5学年の学習を基礎として，（　A　），児童の日常生活や学校生活に加え，（　B　）を含んだ体験的なコミュニケーション活動を行うようにすること。

A　ア　児童に身近で基本的な表現を使いながら
　　イ　友達とのかかわりを大切にしながら
　　ウ　異なる文化をもつ人々と交流しながら
B　エ　児童の考えや意図を伝える表現等
　　オ　音声やリズムに慣れ親しむ活動等
　　カ　国際理解にかかわる交流等

①　ア・オ　　②　ア・カ　　③　イ・エ　　④　イ・カ
⑤　ウ・エ　　⑥　ウ・オ

(☆☆◎◎◎◎)

【19】次の(1)～(3)は，小学校の学級担任(HRT)のMr.Tanakaと児童との授業の一場面である。[　　]にあてはまる最も適当なものを，それぞれの解答群から一つずつ選びなさい。

(1)　HRT　：Let's start today's lesson. Hello, class.

　　　Pupils：Hello, Mr.Tanaka.

　　　HRT　：How are you?

　　　Pupils：I'm fine.

　　　HRT　：[　　]

　　　Pupils：It's June 19th.

　　　HRT　：How's the weather?

　　　Pupils：It's sunny.

　　解答群

　　①　When is your birthday?

　　②　What day of the week is it?

　　③　How many times?

　　④　What's the date today?

(2)　HRT　：Please make pairs. Let's make your friend's T-shirt.

　　　Taku　：Sakura, what color do you like?

　　　Sakura：I like blue.

　　　Taku　：What shape do you like?

Sakura : I like circles.

Taku　 : OK. This is your T-shirt.

Sakura : How cute! There are many small circles on it.

Taku　 : Look at this, Mr.Tanaka.

HRT　 : [　　　], Taku.

解答群

① You did a good job

② That's right

③ Close

④ Here you are

(3)　HRT　 : Let's review today's class.

　　　　　　 Did you use many gestures?

Pupil A : Yes.

HRT　 : Very good. OK. How about your voice? Big voice?

Pupil B : Big voice.

HRT　 : Excellent. Good luck in the next class.

Pupils　 : Thank you, Mr. Tanaka.

HRT　 : [　　　]

　　　　　　 See you in the next class.

Pupils　　 : See you, Mr. Tanaka.

解答群

① Look at the blackboard.

② Open your textbook.

③ That's all for today.

④ Let's review today's class together.

(☆☆○○○○)

【20】次の小学校の学級担任(HRT)のMs.Katoと外国語指導助手(ALT)との対話を読み，質問に対する答えとして最も適当なものを，あとの①〜④のうちから一つ選びなさい。

ALT : I heard the Ministry of Education, Culture, Sports, Science and Technology will revise the course of study for elementary schools in 2020. Is that true, Ms. Kato?

HRT : Yes. The revised course of study has already been announced. It will become effective in 2020.

ALT : What are the major changes in foreign language education?

HRT : First, the third graders will start taking foreign language activity classes. The third and the fourth graders will have thirty-five classes a year, just like the fifth and the sixth graders now.

ALT : I see. I think it is a very good idea. One of the second language acquisition theories says that children become better accustomed to the particular sounds that a foreign language has if they start learning at younger ages.

HRT : I've heard about that, too. Also, they tend to have a more flexible attitude to learning than when they get older. They will perform activities better in classes without hesitation, such as singing songs, playing games, and talking to friends.

ALT : I see. I believe the most important thing is that we should design and plan the classes well. We must let the pupils feel that learning foreign languages is fun.

HRT : I agree. We play an important role when pupils start to learn a foreign language.

(1)　Question : Which of the following statements is NOT mentioned as one of the advantages in starting learning foreign languages at an early age?

　①　Pupils are better at catching sounds.

　②　Pupils have a higher ability for memorizing words and structures.

　③　Pupils can be accustomed to things through learning more flexibly.

　④　Pupils do not hesitate to do activities in classes.

(2)　Question : Which one is true about the story?

　①　The revision of the course of study will not be announced until 2020.

② The ALT doesn't think that the aims of the revised course of study are good.

③ They both believe that teachers are important when pupils begin to learn a foreign language.

④ Younger children tend to hesitate when learning how to sing songs in English.

(☆☆☆☆◎)

解答・解説

【1】(1) ②　(2) ③　(3) ①　(4) ④　(5) ②　(6) ④

〈解説〉(1) 助動詞は動詞に接続し，活用する。　(2) 下線部Aの直後にある，「ずーっと誰も入っとらんのと違うか？　ひとの気配がせんがな」というタカの台詞から判断できる。　(3) 減価償却とは，固定資産の減少分を見積もり，それを回収していくことを指す。　(4) バスという通学手段を選択したということは，船で通うという選択肢を切り捨てということである。　(5) 下線部D「問題集の解答ページを開いたとき」を，問題の答えを「確かめるとき」と捉えると，選択肢を①か②に絞れる。下線部Dの直前「忘れていたわけではないのに懐かしい」より，②が適切である。　(6) ④は小学校学習指導要領(平成20年3月告示)第2章第1節国語第2〔第5学年及び第6学年〕C(1)オ「本や文章を読んで考えたことを発表し合い，自分の考えを広げたり深めたりすること。」に沿った発言である。

【2】(1) ①　(2) ②　(3) ②　(4) ③

〈解説〉(1) 下線部A直前の文章より，無機的な物理時間とは「客観的に流れる無機質の時間」である。有機的な時間については，下線部A以後で詳述される通り「生物の体内時計」のことで，生物は環境の変化

を取り込み，外界に流れる完全に斉一的ではない時間に同調しながら生き延びている。　(2)　前段落までの内容に，それぞれの動物が持つ固有時間という新たな話題が付け加えられている。　(3)　本文の第2段落にあるように，筆者は時間を「留まることなく一定に流れていく」と捉える一方で，「それぞれの生き様や心情を反映して多様に流れ続けているもの」と捉えている。この多様な時間について，以降の段落で展開している。　(4)　水時計や砂時計などを例にした一般的な事例から，全ての生き物は同じ脈拍を打つため同じ「固有時間」を経て生を終えるという科学的な事例へ展開している。

【3】(1)　③　　(2)　④

〈解説〉(1)　下線部Aの直前「いづれか」は，「いづれ」＋疑問・反語の助詞「か」である。これを受けて，助動詞「けり」は連体形になっている。「歌を詠まないものがいるであろうか(，いや，いない)。」という反語と，否定の助動詞「ざり」について訳出している③が正しい。(2)　古語「あはれ」は現代語とは意味が異なる。しみじみと心が動かされることを指す。

【4】(1)　④　　(2)　③

〈解説〉(1)　学習指導要領では，観察や調査などの体験的な活動については，博物館や郷土資料館等の施設，身近な地域及び国土の遺跡や文化財の活用を図ることとされている。　(2)　①は第5学年の，②，④は第3学年及び第4学年の目標である。

【5】(1)　①，⑥，⑧　　(2)　③

〈解説〉(1)　Aが板垣退助，Bが福沢諭吉，Cが木戸孝允，Dが伊藤博文，Eが勝海舟である。①の岩倉具視は幕末・明治時代の政治家で，岩倉使節団の全権大使として欧米を視察した。⑥の大隈重信は明治・大正時代の政治家。立憲改進党の初代党首。1898年と1914〜16年に内閣総理大臣を務めた。⑧の西郷隆盛は薩摩藩出身で西南戦争を起こしたが，

敗れて鹿児島で自刃した。　(2)　五箇条の御誓文は，明治新政府成立
にあたって示された5か条からなる新政の基本政策で，公議世論によ
る天皇親政や開国和親の方針を内容とする。

【6】④

〈解説〉弾劾裁判の他に，心身の故障のために職務をとることができない
　　と決定された場合，また最高裁判所裁判官については，国民審査で罷
　　免とする票が過半数になった場合も罷免される。

【7】②

〈解説〉Aは衆議院は内閣を信任しないという意思表示をすることができ
　　るためエである。これは参議院には認められず衆議院にのみ認められ
　　ている権限で，内閣不信任案(内閣信任案の否決も含む)が出された場
　　合は，内閣は10日以内に衆議院を解散するか，あるいは総辞職しなけ
　　ればならない。Bは議院内閣制においては，国会の多数党が内閣総理
　　大臣を決めるためオである。Cは行政権の行使について，内閣は国会
　　に対して連帯して責任を負うためアである。これは具体的には，内閣
　　不信任案が可決され衆議院を解散しない時や，総選挙後初めて国会が
　　召集されたときなどに，内閣総理大臣以下全員が辞職する内閣総辞職
　　という形でとられる。Dは国務大臣の任命は内閣総理大臣が行うが，
　　国務大臣の過半数は国会議員の中から選ばなければならないためウで
　　ある。Eは内閣総理大臣は国務大臣を任命する権限をもち，かつ任意
　　に罷免できるためイである。

【8】(1)　③，⑥　　(2)　④，⑤

〈解説〉(1)　③のロンドンは西岸海洋性気候だから，夏も冬も比較的温
　　暖で，降水量はやや少なめで年中平均して降水があるエである。イギ
　　リスの首都なので位置はBである。⑥のシドニーは中緯度の大陸東岸
　　に位置し，東京と同じ温暖湿潤気候である。最暖月の平均気温が22℃
　　以上で，降水量は多めであり，年間を通して降水がみられる。シドニ

ーは南半球にあるため，東京とは夏と冬が反対になる。オーストラリアの都市なので位置はFである。　　(2)　①はリオデジャネイロではなくブラジリアが首都であるため誤り。②は季節風ではなく偏西風の影響を受けるため誤り。③は中国の人口数は世界第1位であるため誤り。世界第2位はインドである。④のアテネは古代ギリシャの都市国家から発展した都市で，国際的な観光都市である。⑤の露天掘りはマウントホエールバック鉄山，マウントトムプライス鉄山などで行われている。

【9】(1)　ア　③　　イ　⑥　　(2)　ウ　④　　エ　②
〈解説〉(1)　およその大きさや形をとらえられることは，問題を解決する際に見通しをもつことに繋がる。小学校学習指導要領解説の該当箇所を参照し，理解を深めておきたい。　　(2)　ウ　Aは第5学年，Bは第1学年，Cは第4学年の内容である。　エ　Aは第3学年，Bは第5学年，Cは第4学年の内容である。

【10】(1)　ア　1　　イ　3　　(2)　ウ　2　　(3)　エ　7　　(4)　オ　1
カ　0　　(5)　キ　1　　ク　5　　ケ　8
〈解説〉(1)　(与式)＝36÷9－3×（－3）＝4＋9＝13　　(2)　$x＝-7$を与式に代入して，$4×(-7)+1=3×(-7-a)$　これを解いて，$a=2$
(3)　辺々を2乗して，$4<a<12$　よって，$a=5, 6, 7, 8, 9, 10, 11$の7個　　(4)　正方形の1辺の長さを$x$cmとすると，長方形の縦の長さは$x+4$cm，横の長さは$x-2$cmなので長方形の面積は$(x+4)(x-2)$cm²であり，これが112cm²と等しい。よって，$(x+4)(x-2)=112$　　$x^2+2x-120=0$　　$(x-10)(x+12)=0$
$x>0$より，$x=10$　よって正方形の1辺の長さは10cm　　(5)　くじの引き方は全部で${}_6C_2=15$〔通り〕，1本だけあたり，つまり，2本中1本あたりで1本はずれの引き方は${}_2C_1×{}_4C_1=2×4=8$〔通り〕　よって確率は$\dfrac{8}{15}$

【11】 (1)　9　　(2)　6

〈解説〉(1)　AB＝18cm，BP＝$x$cm　より，$y＝\dfrac{1}{2}×18×x$　よって，$y＝9x$

(2)　△AQDの面積は，AD＝9cm，DQ＝$x＋6$cm　より$\dfrac{1}{2}×9×(x＋6)＝\dfrac{9}{2}x＋27$〔cm²〕　△ABP＝△AQDより$9x＝\dfrac{9}{2}x＋27$　よって，$x＝6$より6秒後

【12】 (1)　ア　5　　イ　1　　ウ　2　　(2)　エ　5　　オ　4　　カ　8

〈解説〉(1)　△ABC∽△ACDよりAB：BC＝AC：CD　三平方の定理よりAB＝5cmと分かるので，5：3＝4：CD　これよりCD＝$\dfrac{12}{5}$cm

(2)　求める立体の体積は，三角形ADCを辺ADを軸として回転させてできる円すいの体積と，三角形BCDを辺BDを軸として回転させてできる円すいの体積の和なので，$\dfrac{1}{3}×\dfrac{12}{5}×\dfrac{12}{5}×π×AD＋\dfrac{1}{3}×\dfrac{12}{5}×\dfrac{12}{5}×π×BD＝\dfrac{1}{3}×\dfrac{12}{5}×\dfrac{12}{5}×π×(AD＋BD)＝\dfrac{1}{3}×\dfrac{12}{5}×\dfrac{12}{5}×π×5＝\dfrac{48}{5}π$〔cm³〕

【13】 (1)　①　　(2)　②

〈解説〉(1)　②は第4学年，③は第3学年，④は第6学年の内容である。

(2)　学習指導要領解説(平成20年6月，文部科学省)における同項の解説によると，ここでいう主体的な問題解決活動とは，児童自らが自然の事物・現象に興味・関心をもち，問題を見いだし，問題解決の一連の過程を経験することである。

【14】 (1)　⑤　　(2)　①　　(3)　④

〈解説〉(1)　物体は空気中も水中でも，それに働く重力は変わらない。そのため，図のどれでも，図Aと同じ大きさの重力が働いている。

(2)　浮力〔N〕＝物体に働く重力〔N〕－水中に入れた時のばねばかりの値〔N〕で求められる。ここでは，条件より，1.0〔N〕－0.8〔N〕という式が得られる。　　(3)　浮力の大きさは，深さによって変わるこ

とはない。そのため，図Cと同じ値である。

【15】(1)　①，⑤　　(2)　②，⑤

〈解説〉(1)　水酸化ナトリウムの電気分解の時，陰極では，水溶液中の水の分子が電子を受け取って，水素を発生する。そのため，水素の特徴として当てはまるものを選択する。　(2)　陽極では，水酸化物イオンが電子を渡し，水と酸素ができる化学変化が進む。そのため，酸素を発生させる操作を選択する。

【16】(1)　①　　(2)　①

〈解説〉(1)　エンドウでは，丸い種子を作る形質が優性の形質である。分離の法則，優性と劣性の関係を発見したのはいずれもメンデルである。　(2)　優性(丸い種子)の配偶子をA，劣性(しわのある種子)をaとしたとき，実験でできた種子(Z)が持つ遺伝子はAaである。この種子を劣性の純系(遺伝子aa)とかけあわせると，遺伝子の組合せはAa，Aa，aa，aaとなる。よってAa(丸い種子)：aa(しわのある種子)＝1：1

【17】(1)　③　　(2)　③

〈解説〉(1)　29℃の時，飽和水蒸気量は28.8〔g/m³〕である。これの67.4％は，28.8〔g/m³〕×0.674＝19.4〔g/m³〕である。表によると，22℃の時，飽和水蒸気量が19.4〔g/m³〕であることがわかる。

(2)　表より32℃の時の飽和水蒸気量は33.8〔g/m³〕である。この50％は，33.8〔g/m³〕×0.5＝16.9〔g/m³〕である。当初の露点が18℃であったことから，当初の水蒸気量は15.4〔g/m³〕である。よって16.9〔g/m³〕－15.4〔g/m³〕＝1.5〔g/m³〕

【18】④

〈解説〉学習指導要領外国語活動「第3　指導計画の作成と内容と取扱い」の最後の項目からの出題である。Aのアの語句は「第5学年における活動」で使われている。AのウとBのオは，「第2　内容」で用いられてい

る語句である。

【19】(1)　④　　(2)　①　　(3)　③

〈解説〉(1)　「It's June 19th(6月19日です)」の質問にあてはまるのは，今日の日付を尋ねる④「What's the date today ？」である。　(2)　タクの作ったTシャツを褒めるHRTの発言であるから，ふさわしいのは①の「You did a good job.(よくできました)」である。　(3)　空欄直後「See you in the next class」より，授業を締めくくる発言がここに入るから，③「That's all for today.(これで，今日の授業は終わりです)」が正しい。

【20】(1)　②　　(2)　③

〈解説〉出題文は，2020年度から実施される新しい学習指導要領(the cource of study)の外国語活動(外国語)についての，ALTとHRTの会話である。　(1)　早期に外国語を学び始めることの利点について，本文の内容と合わない文を選ぶ問題である。よって，文中にはない②「Pupils have a higher ability for memorizing words and structures. (児童は，英単語や英語の構造を覚える能力が高い。)」を選べばよい。　(2)　本文の内容と合致する文を選ぶ問題である。HRTの発言より既に新学習指導要領は告示されているので，①は「will not be announced until 2020」が誤りである。②の「ALTは，指導要領の改訂を支持していない」は，はALTの発言「I think it is a very good idea」より誤り。④の「小さな子どもは，英語で歌うことをためらう傾向にある。」は，HRTの発言「They will perform ～ and talking to friends」より誤りである。

2017年度　実施問題

【1】次の文章を読み，あとの(1)～(5)の問いに答えなさい。

> 竹青荘の住人であり，素人集団である寛政大学陸上競技部十名は，四年生の清瀬ハイジのもと，箱根駅伝を目指すことになった。ある夜，一年生の天才ランナー，走(かける)は，タイムを伸ばせず練習にも真剣さが感じられない仲間に腹を立て，激しく言い争う。喧嘩を仲裁したハイジは，日頃の疲れも加わって倒れてしまう。そして，目を覚ました後，走に語りかけた。

「長距離選手に対する，一番の褒め言葉がなにかわかるか」
「速い，ですか？」
「いいや。『強い』だよ」
　と清瀬は言った。「速さだけでは，長い距離を戦いぬくことはできない。天候，コース，レース展開，体調，自分の精神状態。そういういろんな要素を，冷静に分析し，苦しい_Aキョクメンでも粘って体をまえに運びつづける。長距離選手に必要なのは，本当の意味での強さだ。俺たちは，『強い』と称されることを誉れにして，毎日走るんだ」
　走も，ほかの住人たちも，清瀬が語ることにじっと耳を傾けた。
「この三ヵ月，きみの走りを見て，俺はますます確信した」
　と清瀬はつづけた。「きみには才能と適性がある。だからね，走。もっと自分を信じろ。あせらなくていい。強くなるには時間がかかる。終わりはないと言ってもいい。老人になってもジョギングやマラソンをするひとがいるように，長距離は一生をかけて取り組むに値する競技なんだ」
　走ることへの走の情熱は，常に曖昧な情動にも似て，走の心を不安定に揺らがせている。だが清瀬の言葉は，もやもやと暗くたゆたうばかりの走の内面に，なんて鮮やかに切りこんでくるのだろう。それは_B胸を一閃(いっせん)し，なだれをうって走を照らす光だ。

　しかし C面映さも手伝って，走は反論してしまった。
「でも，老人に世界記録の更新はできません」
「大きく出たじゃねえか」
　と (注1)ニコチャンがからかい，しょうがないなというように，清瀬も微笑んだ。
「俺もそう思っていた。故障するまでは」
　清瀬は穏やかに言った。「だがお年寄りのランナーのほうが，走よりも『強い』ということはありうる。長距離の奥深いところは，そこなんだよ」
　清瀬の言葉は，走だけではなく居合わせたもの全員に向けられたものだった。疲れたのか，清瀬は話しやめてまぶたを下ろした。(注2)ジョータとジョージが，
「ハイジさん，ここで寝ちゃやだー」
　と清瀬を揺すった。
「うるさい。解散」
　と清瀬がもごもご言う。
　一同は静かに双子の部屋を辞した。
　走が最後に廊下に出た。ドアを閉めるときに振り返ると，押入から出したもう一組の布団に，双子がぎゅうぎゅうともぐりこんでいるのが見えた。
　ハイジさんの言った，強い走りとはなんだろう。走は考える。腕力や脚力の強さではないのはわかる。でも，精神力だけを指しているのでもなさそうだ。
　走はふと，子どものころに見た雪野原を思い出した。早起きして近所の野原に行くと，夜のあいだに積もった雪が，見慣れた景色を一変させていたのだ。だれの足跡もついていない白い野原を，走は走った。きれいな模様を描くために，心のおもむくまま走った。走ることを楽しいと思った，一番最初の記憶だ。
　D強さとはもしかしたら，微妙なバランスのうえに成り立つ，とてもうつくしいものなのかもしれない。あのとき雪のうえに描いた模様

みたいに。

　そう思いながら，走は音を立てないようにそっと階段を下りた。

　翌日は，ひさしぶりに晴れた空が広がっていた。走が早朝のジョッグを終えて戻ってくると，竹青荘の庭先で清瀬が(注3)ニラに餌をやっていた。

　走の姿を認めた清瀬は，「おかえり」と言った。「ただいま」と走は返す。

　E澄んで輝く朝の光。いつもどおりの，新しい一日のはじまりだった。

（三浦しをん『風が強く吹いている』による）

(注1)　ニコチャン　竹青荘の住人。走の先輩。

(注2)　ジョータとジョージ　竹青仁の住人で双子。走と同じ一年生。

(注3)　ニラ　竹青荘のペットの犬。

(1)　文章中の下線部A「キョクメン」の「キョク」の漢字と異なる漢字を使用するものを，次の①～④のうちから一つ選びなさい。

①　関係がハ<u>キョク</u>する

②　ユウビン<u>キョク</u>に行く

③　棋士とタイ<u>キョク</u>する

④　キュウ<u>キョク</u>の選択をする

(2)　文章中に下線部B「胸を一閃し，なだれをうって走を照らす光だ」とあるが，この表現の効果を説明したものとして最も適当なものを，次の①～④のうちから一つ選びなさい。

①　清瀬の言葉に対する走の不安を直喩を用いて表現し，曖昧な走の内面を具体的に説明している。

②　清瀬の言葉に対する走の反発を対句を用いて表現し，清瀬と走の考えの違いを際立たせている。

③　清瀬の言葉に対する走の驚嘆を隠喩を用いて表現し，走が受けた衝撃の大きさを強調している。

④　清瀬の言葉に対する走の共感を倒置法を用いて表現し，走の感

　情の流れを忠実に再現している。

(3)　文章中の下線部Ｃ「面映さも手伝って」の文章中の意味として最も適当なものを，次の①～④のうちから一つ選びなさい。

①　恥ずかしく情けなさも加わって　　②　不安や焦燥感も感じて

③　きまり悪く照れくささも覚えて　　④　羨望や嫉妬心も抱いて

(4)　この文章を国語の教材として扱い，文章中の下線部Ｄ「強さとはもしかしたら，微妙なバランスのうえに成り立つ，とてもうつくしいものなのかもしれない」の叙述をもとに，「走が捉え始めた『強さ』とはどのようなものか」ということについて授業で取り上げ，根拠とともに発表させた。走の考えとしてまとめる時に最もふさわしい発言はどれか。次の①～④のうちから一つ選びなさい。

①　ハイジの言う「老人になってもジョギングやマラソンをするひとがいる」という言葉と，走が思い出した「だれの足跡もついていない雪のうえにきれいな模様を描いた」経験とを重ね合わせて，誰もが成し遂げられるわけではない偉業を成し遂げてみせることではないか，と捉え始めたと思う。

②　ハイジの言う「天候，コース，レース展開，体調，自分の精神状態を冷静に分析する」という言葉と，走が思い出した「心のおもむくまま楽しく走った足跡が，きれいな模様を描いていた」経験とを重ね合わせて，あらゆる要素が絶妙に調和する走りを突き詰めていくことではないか，と捉え始めたと思う。

③　ハイジの言う「『強い』と称されることを誉れにして，毎日走る」という言葉と，走が「腕力や脚力の強さではないが，精神力だけを指すのでもない」と考えた経験とを重ね合わせて，精神と体力の均衡を保ちながら，長距離選手の規範となる走りを確立することではないか，と捉え始めたと思う。

④　ハイジの言う「長距離は一生をかけて取り組むに値する競技だ」という言葉と，走が思い出した「早起きして近所の野原に行き，心のおもむくまま走った」経験とを重ね合わせて，自分の可能性と限界を天秤に掛けながらも，脇目もふらず無我夢中で走り続け

ることではないか，と捉え始めたと思う。

(5)　文章中に下線部E「澄んで輝く朝の光。いつもどおりの，新しい一日のはじまりだった。」とあるが，この叙述に表れている走の心の内を説明したものとして最も適当なものを，次の①〜④のうちから一つ選びなさい。

①　澄んだ青空の広がりが清瀬の言葉に対する答えを見つけた爽快感と重なり，自分の走りへの自信をより一層深めている。

②　いつもと同じ朝の景色の中でいつもどおりに会話をする清瀬の様子に安心しつつも，彼の真意を確かめようとしている。

③　自分の心の葛藤は消える気配はないが輝く朝の光と清瀬の言葉に勇気をもらい，不安な気持ちを打ち消そうとしている。

④　清瀬の言葉に自分の走りや仲間関係への迷いを抜け出す糸口を見出し，久々に晴れた空のもと気持ちを新たにしている。

(☆☆☆◎◎◎◎◎)

【2】次の文章を読み，あとの(1)〜(6)の問いに答えなさい。

　哲学者の友人が「愛づる」(現在の表記法では「愛ずる」ですが，本来は「愛づる」です)という言葉を教えてくれました。

　彼は，お母さんが幼い子の面倒を見たり，ご隠居さんが盆栽を眺めているという例をあげて，そのときの気持ちが「愛づる」だと説明してくれました。そして，「愛づる」をとてもよく語っている物語りとして「虫愛づる姫君」を示してもくれました。この話は，子どもの頃に聞いたことはありましたが，物語りとして読んだことはなく，虫を可愛がるちょっと変わり者のお姫様の話としか受け止めていませんでした。教えられて読んでみて，初めて「愛づる」の意味がわかり，今ではこの言葉こそ，生命について考える鍵になると思っています。

　十一世紀に書かれた短編集『堤中納言物語』の中の一つが「A虫愛づる姫君」です。

　a蝶が大好きなお姫様のお隣に，こちらは毛虫が好きな女の子が住んでいます。女の子といってもb大納言の姫君，おつきの人もたくさん

います。でも毛虫が好きなんて……周囲の人は恐がって逃げてしまいます。そこで，男の童に虫たちを集めてもらい，箱や籠の中に入れ，名前をつけて遊ぶのです。

　このようにあらすじを書いていくだけでは，c虫が大好きな変てこな女の子がいたで終わってしまいます。私も以前はそうとしか思っていませんでした。ところが，細部を読むと面白い。とにかく姫君の言葉を聞いてください。

　「人びとの，花，蝶やと愛づるこそ，Bはかなくあやしけれ。人は，まことあり。本地(ほんぢ)尋ねたるこそ，心ばへをかしけれ」と言って，「よろづの虫のおそろしげなるを取り集めて，『これが，成らむさまを見む』とて，さまざまなる(注1)籠箱(こばこ)どもに入れさせCたまふ」のです。人びとは，花や蝶は美しいと言って褒めたたえるけれど，実は，蝶になるもとは毛虫。ここにこそすべての基本があるわけではありませんか，というのが姫君の言い分です。そして毛虫が蝶に変わっていく様子を観察しようと，箱に入れさせるのです。「Dよろづのことどもを尋ねて末を見ればこそ，ことは，ゆゑあれ。いとをさなきことなり。(注2)烏毛虫(からはむし)の，蝶とはなるなり」。

　これが「愛づる」です。見たところがとても美しいから可愛がるというのではなく，対象をよく見つめていると，その本質が見えてきて，愛らしくなると言っているのです。ここには「本地尋ねたる」とあり，この「本地」は仏教の言葉でしょう。

　物語の中で本地という言葉が登場するのは，これが初めてだと教えていただき，とても興味深く思いました。

　本質を見る。今私たちが生きものの研究をするにあたって常に考えていることは，本質を見るにはどうしたらよいだろうということです。d平安時代のお姫様ですから，顕微鏡があるわけでも，ましてやDNAを分析できるわけでもありません。けれども，毛虫が変化していくのをじっと見つめていることで，本質が見えるという自信をもっている。道具の問題ではありません。心がけとして，対象がときを刻んでいく様子を見ると，生きることの本質が見えてくるということがわかって

いるのです。

（中村桂子『ゲノムが語る生命』による）

(注1)　籠箱　底板の上に骨を組み，紗や絽などの布を張った虫籠のような小箱。

(注2)　烏毛虫　毛虫

(1)　文章中の下線部A「虫愛づる姫君」と異なる人物を表しているものを，次の①〜④のうちから一つ選びなさい。

　　①　a　蝶が大好きなお姫様　　　　②　b　大納言の姫君

　　③　c　虫が大好きな変てこな女の子　④　d　平安時代のお姫様

(2)　文章中の下線部B「はかなくあやしけれ」の文章中の意味として最も適当なものを，次の①〜④のうちから一つ選びなさい。

　　①　いい加減で不安定なことである

　　②　浅はかで愚かなことである

　　③　かぎりなく不気味なことである

　　④　品がなく迷惑なことである

(3)　文章中の下線部C「たまふ」は尊敬を表す表現であるが，ここでは誰が誰に敬意を表しているのか。最も適当なものを，次の①〜④のうちから一つ選びなさい。

　　①　「虫愛づる姫君」が「虫たち」に

　　②　「物語の作者」が「虫愛づる姫君」に

　　③　「男の童」が「虫たち」に

　　④　「おつきの人」が「虫愛づる姫君」に

(4)　文章中の下線部D「よろづのことどもを尋ねて末を見ればこそ，ことは，ゆゑあれ」の意味として最も適当なものを，次の①〜④のうちから一つ選びなさい。

　　①　すべての物事は，結果を想定して結論をまとめるからこそ，間違いが生じ易いのです。

　　②　すべての物事は，互いに話し合って結果を求めるからこそ，理解が容易になるのです。

③　すべての物事は，事実を追究してその結果を得るからこそ，趣があって面白いのです。

④　すべての物事は，知識のある人に聞き結果を知るからこそ，本質が明確になるのです。

(5)　筆者の考える「愛づる」とは，どのようなものか。それを説明したものとして最も適当なものを，次の①～④のうちから一つ選びなさい。

①　無償の愛を注ぐ相手に唯ひたすら心を尽くす愛着心に比例して，人の心の中に育つもの。

②　人の批判には頓着せず自分の信念を貫く自尊心とあいまって，人の心に湧き出すもの。

③　姿なき物の実体を把握しようと熱中する好奇心と同様に，人の心の原点となるもの。

④　ものの真髄を丁寧にたどろうとする探求心に伴って，人の心に芽生えてくるもの。

(6)　この文章の筆者の述べ方の特徴として最も適当なものを，次の①～④のうちから一つ選びなさい。

①　古典の物語の一節から，「愛づる」の例を効果的に引用し，物事を研究する際の心がけを述べている。

②　古典の物語の一節から，「愛づる」の意味を懐疑的に捉え，古典と科学の相違を対照的に述べている。

③　古典の物語の一節から，「愛づる」の意味を自分なりに解釈して，古典の奥深い面白さを述べている。

④　古典の物語の一節から，「愛づる」の例を現代に置き換えて，生きることの本質を詳細に述べている。

(☆☆☆◎◎◎◎)

【３】次は，小学校学習指導要領国語「第２　各学年の目標及び内容」の第３学年及び第４学年の目標から抜粋したものである。[　　]にあてはまるものを，あとの①～④のうちから一つ選びなさい。

相手や目的に応じ，調べたことなどが伝わるように，[　　]などに注意して文章を書く能力を身に付けさせるとともに，工夫をしながら書こうとする態度を育てる。

① 段落相互の関係　　② 簡単な構成　　③ 論理の展開
④ 文章全体の構成

(☆☆☆○○○○○)

【4】小学校学習指導要領社会及び小学校学習指導要領解説社会編について，次の(1)，(2)の問いに答えなさい。

(1) 次の文は，「第2　各学年の目標及び内容」で示された，第3学年及び第4学年の「2　内容」から抜粋したものである。

　文中の下線部が示す内容の組合せとして最も適当なものを，下の①〜⑤うちから一つ選びなさい。

　地域の人々の生活について，<u>次のこと</u>を見学，調査したり年表にまとめたりして調べ，人々の生活の変化や人々の願い，地域の人々の生活の向上に尽くした先人の働きや苦心を考えるようにする。

ア　古くから残る暮らしにかかわる道具，それらを使っていたころの暮らしの様子

イ　地域の人々が受け継いできた文化財や年中行事

ウ　食料生産に従事している人々の工夫や努力，生産地と消費地を結ぶ運輸などの働き

エ　地域の人々の生産や販売に見られる仕事の特色及び国内の他地域などとのかかわり

オ　地域の発展に尽くした先人の具体的事例

① ア，イ，ウ　　② ア，エ，オ　　③ イ，ウ，エ
④ ア，イ，オ　　⑤ ウ，エ，オ

(2) 小学校学習指導要領解説社会編の「指導計画の作成と内容の取扱い」では，教科用図書「地図」の活用に関する記述として，どのように記しているか。適当なものを，次の①〜⑤のうちから三つ選びなさい。

① 使いはじめにおいては，地図帳の内容構成を理解できるようにする。

② 速く的確に地名の位置を確認するためだけに活用させる。

③ 社会科だけではなく他の教科等の学習や家庭などにおいても活用することが大切であることを指導する。

④ 社会科や総合的な学習の時間において活用する技能を育てるようにする。

⑤ 地図帳を自由自在に活用できる知識や能力を身に付けるようにする。

(☆☆☆☆◎◎◎)

【5】下の二つの「資料A」，「資料B」について次の(1)，(2)の問いに答えなさい。

(1) 資料Aは，「世界の地域別の面積と人口推移」を表したものである。資料中のア～エにあてはまる地域の組合せとして最も適当なものを，下の①～⑥のうちから一つ選びなさい。

資料A【世界の地域別の面積と人口推移】

	面積 (百万km²)	人 口 (百万人)					
		1970年	1980年	1990年	2000年	2010年	2014年
アジア	31.9	2,129	2,634	3,213	3,717	4,165	4,342
ア	30.3	366	478	630	808	1,031	1,138
イ	23.0	657	695	723	729	740	743
ウ	21.8	231	255	282	315	347	358
中央・南アメリカ	20.5	288	364	445	526	596	623
エ	8.6	20	23	27	31	37	39

（「日本国勢図会 2015／16」より作成）

① ア 北アメリカ　　イ アフリカ　　ウ オセアニア
　 エ ヨーロッパ

② ア アフリカ　　イ 北アメリカ　　ウ オセアニア
　 エ ヨーロッパ

③ ア 北アメリカ　　イ オセアニア　　ウ アフリカ
　 エ ヨーロッパ

④ ア 北アメリカ　　イ アフリカ　　ウ ヨーロッパ
　 エ オセアニア

⑤　ア　アフリカ　　　イ　北アメリカ　　　ウ　ヨーロッパ
　　エ　オセアニア

⑥　ア　アフリカ　　　イ　ヨーロッパ　　　ウ　北アメリカ
　　エ　オセアニア

(2)　資料Bは,「日本の食料自給率の推移」について表したものである。
表中のア〜エにあてはまる食料生産物の組合せとして最も適当なも
のを,下の①〜⑥のうちから一つ選びなさい。

資料B

【日本の食料自給率の推移（国内総供給量に対する国産供給量の割合）(%)】

	１９６０年	１９８０年	２０００年	２０１２年
ア	１００	９７	８１	７８
イ	９１	８１	５２	５５
ウ	１００	８１	４４	３８
エ	３９	１０	１１	１２

（「日本国勢図会　２０１５／１６」より作成）

注) 肉類は鯨肉を除く

　　表中の自給率は重量ベース

①　ア　野菜　　イ　肉類　　ウ　果実　　エ　小麦

②　ア　野菜　　イ　果実　　ウ　小麦　　エ　大豆

③　ア　米　　　イ　果実　　ウ　肉類　　エ　大豆

④　ア　米　　　イ　肉類　　ウ　果実　　エ　大豆

⑤　ア　野菜　　イ　米　　　ウ　大豆　　エ　小麦

⑥　ア　米　　　イ　野菜　　ウ　肉類　　エ　小麦

(☆☆☆◎◎◎)

【6】次のア〜オの文は,日本が結んだ下の語群中のいずれかの条約等の
一部を要約したものである。文を読んであとの(1),(2)の問いに答えな
さい。

ア　連合国のすべての占領軍は,この条約の効力発生の後なるべくす

265

みやかに，且つ，いかなる場合にもその後九十日以内に，日本国から撤退しなければならない。

イ　大韓民国政府は，国際連合総会決議第一九五号(Ⅲ)に明らかに示されているとおりの朝鮮にある唯一の合法的な政府であることが確認される。

ウ　中華人民共和国政府は，中日両国国民の友好のために，日本国に対する戦争賠償の請求を放棄することを宣言する。

エ　日本人に対し，法を犯せる亜墨利加人は，亜墨利加コンシュル裁断所にて吟味の上，亜墨利加の法度を以て罰すべし。亜墨利加人へ対し法を犯したる日本人は，日本役人糺の上，日本の法度を以て罰すべし。

オ　日本国の安全に寄与し，並びに極東における国際の平和及び安全の維持に寄与するため，アメリカ合衆国は，その陸軍，空軍及び海軍が日本国において施設及び区域を使用することを許される。

語群

A　下関条約　　　　　B　サンフランシスコ平和条約

C　日中平和友好条約　D　日米和親条約

E　日韓基本条約　　　F　日朝修好条規

G　日米修好通商条約　H　日中共同声明

Ⅰ　新安保条約

(1)　上のア～オの文と，語群のA～Ⅰの組合せとして最も適当なものを次の①～⑤のうちから一つ選びなさい。

	ア	イ	ウ	エ	オ
①	B	F	H	G	I
②	I	E	C	A	B
③	B	E	H	G	I
④	I	F	C	D	B
⑤	B	E	H	A	D

(2)　上のア～オの文を，年代の古いものから順に左から並べたとき，

正しい並べ方はどれか。最も適当なものを，次の①～⑤のうちから一つ選びなさい。

① エ→オ→イ→ウ→ア　② エ→イ→オ→ア→ウ

③ イ→エ→ウ→オ→ア　④ ウ→イ→エ→オ→ア

⑤ エ→ア→オ→イ→ウ

(☆☆☆☆◎◎◎)

【7】次のグラフは，「需要量・供給量・価格の関係」を表したものである。グラフを見て，下の(1)，(2)の問いに答えなさい。

【需要量・供給量・価格の関係】

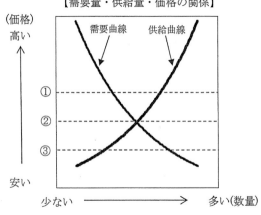

(1) キャベツの価格が①～③に設定されて売りに出されたとしたら，品不足になると考えられるのはどの価格のときか。最も適当なものを，①～③のうちから一つ選びなさい。

(2) 次の文章中の(ア)～(エ)にあてはまる語句の組合せとして最も適当なものを，あとの①～⑥のうちから一つ選びなさい。

　上のグラフのように，キャベツなどの農産物の価格は需要量と供給量の関係で速やかに変化しますが，工業製品の場合は，貯蔵できるため，需要量と供給量の関係が価格に反映しにくい傾向があります。

　価格が商品の需要量や供給量を反映しなくなる原因の一つとし

て，（　ア　）と（　イ　）が挙げられます。（　ア　）は市場で商品を供給する企業が1社だけの状態を，（　イ　）はそれが少数の状態を指します。（　ア　）や（　イ　）の場合は，価格競争が（　ウ　），消費者は不当に高い価格を支払わされることになりかねません。そこで競争をうながすために独占禁止法が制定され，（　エ　）がその運用に当たっています。

① ア　寡占　　イ　集中　　ウ　強まり　　エ　消費者庁
② ア　独占　　イ　寡占　　ウ　弱まり　　エ　公正取引委員会
③ ア　独占　　イ　集中　　ウ　強まり　　エ　消費者庁
④ ア　寡占　　イ　独占　　ウ　弱まり　　エ　公正取引委員会
⑤ ア　独占　　イ　寡占　　ウ　強まり　　エ　公正取引委員会
⑥ ア　寡占　　イ　独占　　ウ　弱まり　　エ　消費者庁

(☆☆☆◎◎◎)

【8】小学校学習指導要領算数について，次の(1)，(2)の問いに答えなさい。

(1) 「第3　指導計画の作成と内容の取扱い」に示されている次の文について，[　ア　]，[　イ　]にあてはまるものを，下の①～⑧のうちからそれぞれ一つずつ選びなさい。

　[　ア　]は，基礎的・基本的な知識及び技能を確実に身に付けたり，思考力，判断力，表現力等を高めたり，算数を学ぶことの[　イ　]を実感したりするために，重要な役割を果たすものであることから，各学年の内容の「A数と計算」，「B量と測定」，「C図形」及び「D数量関係」に示す事項については，[　ア　]を通して指導するようにすること。

① 目的　　　　　　　② 必要性
③ 楽しさや意義　　　④ よさや大切さ
⑤ 言語活動　　　　　⑥ 具体物を用いた活動
⑦ 作業的・体験的活動　⑧ 算数的活動

(2) 次のア～ウについて，A～Cは，「第2　各学年の目標及び内容」

で示されている各学年の「2　内容」から，異なる三つの学年の内容を抜粋したものである。A〜Cを指導する順に左から並べたものを，下の選択肢①〜⑥のうちからそれぞれ一つずつ選びなさい。

ア　A　折れ線グラフの読み方やかき方について知ること。
　　B　度数分布を表す表やグラフについて知ること。
　　C　棒グラフの読み方やかき方について知ること。

イ　A　数を十を単位としてみること。
　　B　分数は，単位分数の幾つ分かで表せることを知ること。
　　C　小数の乗法及び除法の計算の仕方を考え，それらの計算ができること。また，余りの大きさについて理解すること。

ウ　A　図形の合同について理解すること。
　　B　平行四辺形，ひし形，台形について知ること。
　　C　三角形，四角形について知ること。

選択肢
　①　A→B→C　　②　A→C→B　　③　B→A→C
　④　B→C→A　　⑤　C→A→B　　⑥　C→B→A

(☆☆☆◎◎◎)

【9】次の(1)〜(5)の問いに答えなさい。

(1)　$-5^2-(-4)^3\times\dfrac{3}{4}$ を計算すると，[　アイ　]である。

(2)　2けたの正の整数がある。この整数から5をひいた数は，3でも，4でも，7でもわり切れる。もとの整数は[　ウエ　]である。

(3)　二次方程式 $x^2-ax-(10-a)=0$ の解の一つが -2 であるとき，もう一つの解は[　オ　]である。

(4)　連立方程式 $\begin{cases} x+2y=17 \\ 3x-y=9 \end{cases}$ の解は，$(x, y)=([\ カ\ ], [\ キ\ ])$ である。

(5)　10cm，9cm，8cm，6cm，5cm，4cmの棒が1本ずつある。これらの棒のうちから3本使って作れる三角形は[　クケ　]通りある。

(☆☆☆◎◎◎)

【10】 次の図のように，関数$y=2x^2$のグラフ上に2点A，Bがある。点Aのx座標を－1，点Bのx座標を2とし，点Bを通りy軸に平行な直線とx軸との交点をCとする。

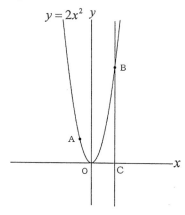

このとき，次の(1)，(2)の問いに答えなさい。

(1) 2点A，Bを通る直線の式は，$y=$[　ア　]$x+$[　イ　]である。

(2) 直線BC上に点Dをとる。ただし，点Dのy座標は，点Bのy座標よりも小さいものとする。△ABOと△ABDの面積が等しくなるとき，点Dの座標は([　ウ　]，[　エ　])である。

(☆☆☆◎◎)

【11】 次の図のような長方形ABCDにおいて，辺ADの中点をEとし，辺AB上にFB＝$\frac{1}{3}$ABとなる点Fを，辺BC上にBG＝$\frac{1}{3}$BCとなる点Gをとる。また，対角線ACと線分EF，EGの交点をそれぞれH，Iとする。
　AB＝9cm，AD＝12cmのとき，あとの(1)，(2)の問いに答えなさい。

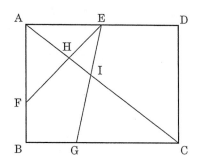

(1) △IEAの面積は，$\dfrac{[\quad アイ\quad]}{[\quad ウ\quad]}$cm²である。

(2) 線分HIの長さは，$\dfrac{[\quad エオ\quad]}{[\quad カ\quad]}$cmである。

(☆☆☆◎◎◎)

【12】図1，2は，抵抗(電気抵抗)R1〜R4と直流電源を使って作った回路を電気用図記号を用いて書き表したものである。下の(1)〜(3)の問いに答えなさい。R1〜R4は，同じ大きさの抵抗であり，導線の抵抗はないものとする。

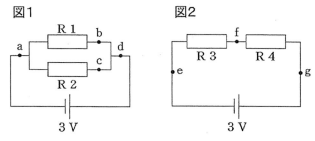

(1) 図1のような2つの抵抗のつなぎ方を何というか。最も適当なものを，次の①〜④のうちから一つ選びなさい。

①　直列つなぎ　　②　並列つなぎ　　③　平行つなぎ

④　直行つなぎ

(2) 図1でR1，R2の抵抗の大きさが，ともに10Ωのとき，点aと点dの間の抵抗の大きさは，何Ωになるか。最も適当なものを，次の①〜

⑥のうちから一つ選びなさい。

① 5Ω　　② 10Ω　　③ 15Ω　　④ 20Ω　　⑤ 25Ω

⑥ 30Ω

(3)　図1，2のa～gの各点を流れる電流の大きさについて説明した文として，最も適当なものを，次の①～④のうちから一つ選びなさい。

① a～gの各点を流れる電流の大きさは，すべて同じである。

② 電流の大きさが最も小さいのは，bとcの各点を流れる電流である。

③ 電流の大きさが最も小さいのは，aとdの各点を流れる電流である。

④ 電流の大きさが最も小さいのは，e，f，gの各点を流れる電流である。

(☆☆☆◎◎)

【13】ヒトのだ液には，デンプンを糖に変えるはたらきがあることを確かめるために，二つの試験管A，Bを用意し，次の実験をした。これについて下の(1)，(2)の問いに答えなさい。

実験　試験管Aには濃度が1％のデンプン溶液5mLと水でうすめただ液2mLを，試験管Bには[　ア　]を入れよく混ぜ合わせた後，図のようにして約40℃に保ち，10分後ヨウ素液を数滴加え，色の変化を見た。その結果，試験管Aは[　イ　]。また，試験管Bは[　ウ　]。

図

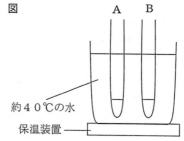

約４０℃の水

保温装置

(1)　ア～ウにあてはまるものとして，最も適当な組合せを，次の①～⑥のうちから一つ選びなさい。

		ア	イ	ウ
①	濃度1%デンプン溶液5mLと水2mL	青紫色になった	変化しなかった
②	水5mLと水でうすめただ液2mL	青紫色になった	変化しなかった
③	濃度1%デンプン溶液7mL	青紫色になった	青紫色になった
④	濃度1%デンプン溶液5mLと水2mL	変化しなかった	青紫色になった
⑤	水5mLと水でうすめただ液2mL	変化しなかった	青紫色になった
⑥	濃度1%デンプン溶液7mL	変化しなかった	変化しなかった

(2)　だ液に，デンプンを糖に変えるはたらきがあるのは，だ液の中に消化酵素という物質が含まれているからである。だ液に含まれる消化酵素のはたらきとして適当なものを，次の①～④のうちから二つ選びなさい。

①　温度に関わらずにはたらく。

②　わずかな量ではたらく。

③　はたらく物質が決まっている。

④　ヒトの体内でしかはたらかない。

(☆☆☆◎◎)

【14】千葉県内のある地点で，次の観察1，観察2を行った。これについて，あとの(1)，(2)の問いに答えなさい。

観察1　秋分の日に太陽の動きを観察したら，図1のX地点に太陽が沈んだ。この秋分の日の2か月後に，再び太陽の動きを観察すると，太陽は図1の[　P　]に沈んだ。

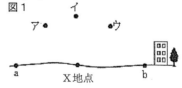

図1

観察2　秋分の日の2か月後に，図2の観察器具を使用して棒の影ができる方向を観察した。16時の時点で太陽によってできる棒の影は[　Q　]の方向だった。図2の観察器具は，方位を正確に合わせたものとする。

図２

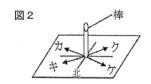

(1)　太陽は，図1のア〜ウのどの地点を通ってX地点に沈んだか。X地点の方位と太陽が通った点の組合せとして，最も適当なものを，次の①〜⑥のうちから一つ選びなさい。

	X地点の方位	太陽が通った点
①	東	ア
②	東	イ
③	東	ウ

	X地点の方位	太陽が通った点
④	西	ア
⑤	西	イ
⑥	西	ウ

(2)　[P]，[Q]にあてはまるものの組合せとして，最も適当なものを，次の①〜⑧のうちから一つ選びなさい。

	P	Q
①	a	カ
②	a	キ
③	a	ク
④	a	ケ

	P	Q
⑤	b	カ
⑥	b	キ
⑦	b	ク
⑧	b	ケ

(☆☆☆◎◎◎◎)

【15】A，B，C，Dの4種類の水溶液がある。これらの水溶液は，塩酸，食塩水，アンモニア水，水酸化ナトリウム水溶液のいずれかである。これらの水溶液の性質を調べるために，リトマス紙の色の変化を調べる実験と水溶液を熱して何が残るかを調べる実験をしたところ，次のような結果になった。あとの(1)，(2)の問いに答えなさい。

	リトマス紙の変化のようす		水溶液を熱した後のようす
	赤色リトマス紙	青色リトマス紙	
A	青色に変化した	変化なし	何も残らなかった
B	変化なし	赤色に変化した	何も残らなかった
C	青色に変化した	変化なし	白色の固体が残った
D	変化なし	変化なし	白色の固体が残った

(1)　A，B，C，Dの水溶液の名前について，その組合せとして，最も
適当なものを，次の①〜⑥のうちから一つ選びなさい。

	塩酸	食塩水	アンモニア水	水酸化ナトリウム水溶液
①	A	D	B	C
②	A	D	C	B
③	B	D	A	C
④	B	D	C	A
⑤	C	D	A	B
⑥	C	D	B	A

(2)　A，B，C，Dの4種類の水溶液のそれぞれに空気の泡がつかない
ようにして鉄の小片を入れ，鉄の小片の表面から気体が発生するか
どうかを調べた。気体が発生する水溶液として，最も適当なものを，
次の①〜⑧のうちから一つ選びなさい。

①　Aの水溶液　　　②　Bの水溶液　　　③　Cの水溶液

④　Dの水溶液　　　⑤　AとBの水溶液　　⑥　AとCの水溶液

⑦　BとCの水溶液　　⑧　AとBとCの水溶液

(☆☆☆☆◎◎)

【16】小学校学習指導要領　第2章　第4節　理科に関して，次の(1)，(2)
の問いに答えなさい。

(1)　次の文は「第1　目標」の記述である。(ア)〜(ウ)にあて
はまる語句を，下の①〜⑤のうちからそれぞれ一つずつ選びなさい。
　　自然に親しみ，見通しをもって観察，実験などを行い，(ア)
と自然を愛する心情を育てるとともに，自然の事物・現象について
の(イ)を図り，(ウ)を養う。

①　科学的な見方や考え方　　②　言語活動の充実

③　問題解決の能力　　　　　④　実感を伴った理解

⑤　思考力，判断力，表現力

(2)　次の文は，「第2　各学年の目標及び内容」の記述の一部である。
(A)にあてはまる語句をあとの①〜③のうちから一つ選びなさ
い。また，(a)〜(c)にあてはまる語句の組合せをあとの④〜

275

⑥のうちから一つ選びなさい。

| 第4学年 | 空気や水，物の状態の変化，電気による現象を力，熱，電気の働きと関係付けながら調べ，見いだした問題を興味・関心をもって追究したりものづくりをしたりする活動を通して，（　a　）についての見方や考え方を養う。 |

| 第5学年 | 物の溶け方，（　A　），電磁石の変化や働きをそれらにかかわる条件に目を向けながら調べ，見いだした問題を計画的に追究したりものづくりをしたりする活動を通して，（　b　）についての見方や考え方を養う。 |

| 第6学年 | 燃焼，水溶液，てこ及び電気による現象についての要因や規則性を推論しながら調べ，見いだした問題を計画的に追究したりものづくりをしたりする活動を通して，（　c　）についての見方や考え方を養う。 |

	（　A　）
①	物が衝突する運動
②	力のつり合い
③	振り子の運動

	（　a　）	（　b　）	（　c　）
④	それらの性質や働き	物の変化の規則性	物の性質や規則性
⑤	物の変化の規則性	物の性質や規則性	それらの性質や働き
⑥	物の性質や規則性	それらの性質や働き	物の変化の規則性

(☆☆☆◎◎◎)

【17】 次の文は，「小学校学習指導要領　第4章　外国語活動」の「第1目標」の記述である。空欄にあてはまる語句を，（　A　）はア～ウから一つ，（　B　）はエ～カから一つ選び，その組合せとして正しいものを，あとの①～⑥のうちから一つ選びなさい。

　外国語を通じて，（　A　），積極的にコミュニケーションを図ろうと

する態度の育成を図り，(B)に慣れ親しませながら，コミュニケーション能力の素地を養う。

A
- ア　コミュニケーションを図る楽しさを体験し
- イ　言語や文化について体験的に理解を深め
- ウ　異なる文化をもつ人々と交流しながら

B
- エ　外国語の音声や基本的な表現
- オ　児童に身近な外国語表現など
- カ　外国の生活，習慣，行事など

① ウ・オ　　② ア・カ　　③ イ・カ　　④ ア・オ
⑤ イ・エ　　⑥ ウ・エ

(☆☆☆◎◎◎)

【18】次の(1)，(2)は，小学校の学級担任(HRT)と児童との授業中のやりとりの一場面である。空欄に入る最も適当なものを，それぞれの解答群から一つずつ選びなさい。

(1)　HRT　　: Let's start today's lesson. Hello, class.

　　　Pupils　: Hello, Mr.Tanaka.

　　　HRT　　: How's the weather today?

　　　Sakura　: It's sunny.

　　　HRT　　: That's right. [　　　] It's sunny.

　　　Pupils　: It's sunny.

　解答群

①　Please say "Hello" to me.

②　Please repeat after me.

③　Let's sing a song together.

④　Let's greet our friends.

(2)　HRT　　: Taku and Sakura, stand up, please.

　　　　　　　 It's your turn. Are you ready? Start.

　　　Taku　　: Hello, Sakura.

Sakura　:　Hello, Taku.

Taku　　:　What sport do you like, Sakura?

Sakura　:　I like tennis. What sport do you like?

Taku　　:　I like baseball very much.

HRT　　:　Wow, you look like a professional baseball player.

　　　　　　[　　], Taku.

Taku　　:　Thank you very much.

解答群

① That's all for today

② Please listen carefully

③ You are good at basketball

④ Nice gesture

(☆☆☆○○○)

【19】次の(1)，(2)は，小学校の学級担任(HRT)と外国語指導助手(ALT)との会話の一部である。空欄に入る最も適当なものを，それぞれの解答群から一つずつ選びなさい。

(1)　HRT : Today's lesson was good, wasn't it?

　　ALT : Yes, I think so, too. All the pupils were enjoying the class.

　　HRT : [　　]

解答群

① I'm happy to hear that.

② Maybe next time.

③ I'm worried to hear that.

④ That's too bad.

(2)　HRT : Are you all right? You look sick.

　　ALT : I think I have a fever.

　　HRT : [　　]

　　ALT : Thank you. I will talk to the vice-principal.

解答群

① You can do everything in the morning.

② You can try club activities after school.

③ You should go home and go to bed early.

④ You should cook dinner for your mother tonight.

(☆☆☆◯◯◯)

【20】次の文章を読み，質問に対する答えとして最も適当なものを，下の①～④のうちから一つ選びなさい。

　Reading activities are very important in general. Children can learn words and cultivate their sensitivity through reading. Also, they can improve their ability to express themselves and imagine. Furthermore, reading can give children a lot of knowledge to lead a better life.

　In order for children to get good reading habits, adults around them have to play an important role. Children who often see adults enjoying reading come to enjoy reading. Adults should truly understand the value of reading activities and make more opportunities and better environments for children to read books. In order to encourage children to enjoy books, adults need to understand how to help children connect with their reading. It is also important how and when parents and teachers advise their children and pupils to discover books to enjoy.

Question : What is an important role for adults to give children good reading habits?

① Learning words through reading.

② Improving the ability to imagine.

③ Trying to have a lot of knowledge to lead a better life.

④ Showing children that adults enjoy reading books.

(☆☆☆◯◯◯)

解答・解説

【1】(1) ④　　(2) ③　　(3) ③　　(4) ②　　(5) ④

〈解説〉(1)　傍線部Aの「局面」に対し，①「破局」，②「郵便局」，③「対局」，④「究極」。　　(2)　直前の「なんて鮮やかに切り込んでくるのだろう」という表現から，「驚嘆」を選ぶのが適当。言葉の切れ味を「光」に例える隠喩が使われている。直喩とは，「例えば〜のような」や「まるで〜のように」など，例えであることが読んではっきりとわかる表現技法。　　(3)　ここでは，清瀬が走の才能を認め褒めていることに対する走の反応で，「決まりが悪く照れくさい」の意味。照れくささを隠すために，「老人は世界記録を更新できない」と清瀬の言葉の揚げ足を取ったのである。　　(4)　ここでは雪の上で走った経験を思い出すことで辿り着いた考えなので，「雪の上で走った経験」と「微妙なバランス」＝「あらゆる要素が絶妙に調和」がキーワードになる。①は「誰もが成し遂げられるわけではない偉業を成し遂げる」が本文中に書かれておらず不適切。③は「長距離選手の規範となる走りを確立する」が本文中に書かれておらず不適切。④は「自分の可能性と限界を天秤にかける」「脇目もふらず無我夢中で走り続ける」が不適切。　　(5)　仲間との関係性や，自分の走りがこれでいいのかということについて葛藤を抱えていた走が，清瀬からの言葉を受けて，また，小さい時に雪の上に模様を描きながら楽しく走ったことを思い出して，これから何を目指していけばいいのかその答えの糸口を見つけた，という場面。

【2】(1) ①　　(2) ②　　(3) ②　　(4) ③　　(5) ④　　(6) ①

〈解説〉(1)　①だけが，「虫愛づる姫君」と対照的な存在として，「虫愛づる姫君」の隣に住むお姫様を指す言葉。　　(2)　下線部Bは，人びとが花や蝶を愛でてばかりでそのもとが何であるのかには注意を払わない様子に対する姫君の批判内容である。　　(3)　会話文として書かれた

内容ではないので，筆者から「虫愛づる姫君」に対する敬語表現として捉える。　(4)　「物事のうわべだけを見るのではなく，事実を追求して結果を得なければならない」というのが，花や蝶を愛でるのではなく蝶のもとである毛虫を研究する姫君の言い分であり，この古文の教訓といえるものである。　(5)　第6段落冒頭の「対象をよく見つめていると，その本質が見えてきて，愛らしくなる」がヒントになる。本質や真髄を見つけようとする心によって，愛着が生まれてくる，と考えているのである。　(6)　②は「古典と科学の相違を対照的に」，③は「自分なりに解釈」，④は「生きることの本質を詳細に」が不適当。

【3】①

〈解説〉空欄の部分は，第1学年及び第2学年での「順序を整理し，簡単な構成を考えて文や文章を書く能力」を受け，文章構成の中核となる段落相互の関係についての理解を求めたものである。

【4】(1)　④　　(2)　①，③，⑤

〈解説〉(1)　出題の部分は第3学年及び第4学年の「2　内容」の(5)である。ウは第5学年の「2　内容」の(2)のウ，エは第3学年及び第4学年の「2　内容」の(2)である。　(2)　②　地図は，地名の位置を確認するだけでなく，学習において様々な活用の仕方がある。　④　③にあるように，活用する教育活動は特定の教科等に限定されない。

【5】(1)　⑥　　(2)　①

〈解説〉(1)　まず，面積が最も小さく，人口も最も少ないエがオセアニアである。次にア～ウの中で面積が最も大きく，人口が1970年からの44年間で3倍以上に増えているアがアフリカである。最後にイとウを比べる。面積はあまり変わらず，人口はイのほうが多いが，1970年からの44年間での人口増加率はウのほうが高い。よってイがヨーロッパ，ウが北アメリカである。　(2)　アの選択肢は野菜か米の二者択一だが，

米は輸入が始まったとはいえまだ高い関税に守られているので自給率は100％に近い。よってアは米ではなく野菜である。イは1980年を過ぎてから急速に自給率が減り現在は55％になっている。1991年に牛肉の輸入が自由化されたことなどから肉類である。ウは1960年では自給できていたのにやはり1980年を過ぎてから自給率が下がり現在は38％になっている。1991年にオレンジの輸入が自由化されたことなどから果実である。エは小麦と大豆の二者択一である。小麦も大豆も自給率が特に低い食料だが，大豆の自給率はより低く，1970年代から1けた台なのでエは小麦である。

【6】(1)　③　　(2)　⑤

〈解説〉(1)　ア　占領軍の撤退について記されているので第二次世界大戦の講和条約であるBである。　イ　韓国が朝鮮にある唯一の合法的な政府であること，つまり北朝鮮を認めないことが確認されているので，佐藤栄作内閣が大韓民国との間で結んだEである。　ウ　戦争賠償請求の放棄について書かれているので，中国との国交を正常化したHである。　エ　領事裁判権について書かれているのでGである。オ　米軍の基地使用について記されているので，I(正式な日本語タイトルは「日本国とアメリカ合衆国との間の相互協力及び安全保障条約」)である。　(2)　古いものから順に，エ(1858年)→ア(1951年)→オ(1960年)→イ(1965年)→ウ(1972年)となる。

【7】(1)　③　　(2)　②

〈解説〉(1)　価格が安い時は，需要が多くなり供給が少なくなるので品不足になる。　(2)　独占禁止法は1947年に経済の自由化のために制定された，市場の独占や不公正な取引を禁止・制限し，自由競争を維持・促進することを目的とする法律。その運用機関として公正取引委員会が設置された。

【8】(1) ア ⑧ イ ③ (2) ア ⑤ イ ① ウ ⑥

〈解説〉(1) 算数的活動とは，小学校学習指導要領解説算数編によると「児童が目的意識をもって主体的に取り組む算数にかかわりのある様々な活動」のことである。 (2) ア Aは第4学年，Bは第6学年，Cは第3学年。 イ Aは第1学年，Bは第3学年，Cは第5学年。 ウ Aは第5学年，Bは第4学年，Cは第2学年。

【9】(1) ア 2 イ 3 (2) ウ 8 エ 9 (3) オ 4
(4) カ 5 キ 6 (5) ク 1 ケ 7

〈解説〉(1) $-5^2-(-4)^3\times\dfrac{3}{4}=-25-(-16)\times3=-25+48=23$

(2) 3でも，4でも，7でもわり切れる数の最小値は3，4，7の最小公倍数なので84。求める数をmとすると$m-5=84$が成り立つので，$m=84+5=89$ (3) $x^2-ax-(10-a)=0$の解の一つが-2なので代入して，$(-2)^2-(-2)a-(10-a)=4+2a-10+a=0$より，$a=2$ したがって二次方程式は，$x^2-2x-8=0$より，$(x-4)(x+2)=0$ ∴ $x=4$，-2 よってもう一つの解は4 (4) $x+2y=17$より$x=-2y+17\cdots$① これを$3x-y=9$に代入し，$3(-2y+17)-y=9$ ∴ $y=6$ よって①より，$x=-2\times6+17=5$ したがって，$(x,\ y)=(5,\ 6)$ (5) 10cm，9cm，8cm，6cm，5cm，4cmの6本の棒から3本の選び方は，${}_6C_3=20$〔通り〕。このうち1つの辺が他の2辺を合わせた長さと等しい，または長くなる(10cm，6cm，4cm)，(10cm，5cm，4cm)，(9cm，5cm，4cm)の3通りは三角形が成立しない。したがって求める組み合わせは，$20-3=17$〔通り〕。

【10】(1) ア 2 イ 4 (2) ウ 2 エ 4

〈解説〉(1) 題意より，点A$(-1,\ 2)$，点B$(2,\ 8)$ したがって直線の方程式は，$y-8=\dfrac{2-8}{(-1-2)(x-2)}$ これを整理して，$y=2x+4$

(2) △ABOと△ABDの面積が等しいときそれぞれの三角形の底辺をABとみれば点O，点Dから直線ABまでの垂線の長さが高さとなり，その高さが等しければよい。このとき，直線ABと直線ODは平行になる

ので，ODの傾きは2と分かる。つまり，点Dのx座標は2なのでy座標は4となる。よって，D(2，4)。

【11】(1)　ア　8　　イ　1　　ウ　7　　(2)　エ　1　　オ　5　　カ　7

〈解説〉(1)　BG$=\dfrac{1}{3}$BC$=\dfrac{1}{3}\times12=4$〔cm〕，CG$=12-4=8$〔cm〕，点Eは辺ADの中点なのでAE$=\dfrac{1}{2}$AD$=\dfrac{1}{2}\times12=6$〔cm〕。よって△IEA∽△IGCで，相似比はAE：CG$=6：8=3：4$となる。点Iを通り辺ADに平行な直線を引き辺ABとの交点をJとすると，AJ：JB$=3：4$よりAJ$=\dfrac{3}{7}$AB$=\dfrac{3}{7}\times9=\dfrac{27}{7}$〔cm〕。これは△IEAの高さと等しいので，△IEA$=\dfrac{1}{2}\times$AE$\times$AJ$=\dfrac{1}{2}\times6\times\dfrac{27}{7}=\dfrac{81}{7}$〔cm²〕。

(2)　直線BCと直線EFの交点をKとする。△AEF∽△BKFで△AEFは∠EAF$=90°$，AE$=$AF$=6$cmの直角二等辺三角形より，△BKFは∠FBK$=90°$，KB$=$BF$=3$cmの直角二等辺三角形である。次に，△HEA∽△HKCでAE$=6$cm，CK$=12+3=15$〔cm〕なので相似比は$6：15=2：5$である。したがって，△HEAの高さをhとすると，$h=\dfrac{2}{7}$AB$=\dfrac{2}{7}\times9=\dfrac{18}{7}$〔cm〕より，△HEA$=\dfrac{1}{2}\times$AE$\times h=\dfrac{1}{2}\times6\times\dfrac{18}{7}=\dfrac{54}{7}$〔cm²〕。よって，△HIE$=$△IEA$-$△HEA$=\dfrac{81}{7}-\dfrac{54}{7}=\dfrac{27}{7}$〔cm²〕。よって，AH：HI$=$△HEA：△HIE$=\dfrac{54}{7}：\dfrac{27}{7}=2：1$。また，AI：IC$=3：4$でAC²$=9^2+12^2=81+144=225=15^2$　∴　AC$=15$〔cm〕。よって，AI$=\dfrac{3}{7}\times15=\dfrac{45}{7}$〔cm〕　つまり，HI$=\dfrac{1}{3}\times$AI$=\dfrac{1}{3}\times\dfrac{45}{7}=\dfrac{15}{7}$〔cm〕。

【12】(1)　②　　(2)　①　　(3)　④

〈解説〉(1)　図1のように，電流の流れる道筋が枝分かれしているつなぎ

方を並列つなぎという。また，図2のように，電流の流れる道筋が1本道になっているつなぎ方を，直列つなぎという。　(2)　合成した抵抗をRとすると，並列つなぎ(並列回路)の抵抗は，$\frac{1}{R1}+\frac{1}{R2}=\frac{1}{R}$の式で求めることができる。R1とR2に10〔Ω〕を代入すると，R＝5〔Ω〕。(3)　抵抗を直列につなぐと，流れにくい区間が長くなるため，回路全体に電流が流れにくくなる。また，直列つなぎでは，どの点でも同じ大きさの電流が流れている。

【13】(1)　④　　(2)　②，③

〈解説〉(1)　ヨウ素液は，デンプンに反応して青紫色に変色する。試験管Aではデンプンがだ液の働きによって分解されたため，ヨウ素液を加えても色の変化がなかったのである。　(2)　消化酵素には，温度によりはたらきが強くなったり弱くなったりする性質，pHによりはたらきが強くなったり弱くなったりする性質，特定の物質とのみ反応する性質をもっている。また，物質を分解しても消化酵素自身は変化しないため，少量でも繰り返しはたらき，大量の物質を分解することができる。

【14】(1)　④　　(2)　②

〈解説〉(1)　秋分の日には，太陽はほぼ真東から出てほぼ真西に進む。また，秋分や春分の南中高度は，約55度である。問題中のa，bの方位は，X地点が西であることから，aが南，bが北であることがわかる。したがって，太陽が通った点はアとなる。　(2)　秋分の日の2か月後，つまり，冬に近づくと太陽の南中高度はより低くなり，太陽の沈む位置は南よりになる。よって，Pはaとなる。また，16時頃の太陽の位置は，南西方向であると予測でき，影はキの方向になる。

【15】(1)　③　　(2)　②

〈解説〉(1)　4種類の水溶液のうち，塩酸のみが酸性であり，食塩水のみが中性である。したがって，リトマス紙の変化から，Bが塩酸，Dが食塩水とわかる。また，水酸化ナトリウムを熱すると，水酸化ナトリウムの固体が残る。しかし，常温で気体であるアンモニアを溶かしたアンモニア水は，熱しても何も残らない。　(2)　4種類の金属のうち，鉄を溶かすのは塩酸のみ。水酸化ナトリウムは，アルミニウムを溶かすが，鉄は溶かさない。

【16】(1)　ア　③　　イ　④　　ウ　①　　(2)　③，④

〈解説〉(1)　「第1　目標」を踏まえ，理科の学習指導においては，自然の事物・現象とのかかわり，科学的なかかわり，生活とのかかわりを重視することにより，問題解決の能力や自然を愛する心情を育て，実感を伴った理解を図り，科学的な見方や考え方をもてるようにすることが求められる。　(2)　各学年の目標および内容は，学習の対象と行動，学習の視点，児童がもつことが期待される考え，またその対象についての考えの内容が自然の事物・現象に働き掛け，科学的な見方や考え方をもつことができる内容，といった観点と順序により構成されている。小学校学習指導要領解説理科編で確認しておきたい。

【17】⑤

〈解説〉小学校の外国語活動の肝は「コミュニケーション能力の素地を養う」ことである。これは，中・高等学校の外国語科で目指すコミュニケーション能力を支えるものである。

【18】(1)　②　　(2)　④

〈解説〉(1)　空欄の直後の文「晴れています」を児童たちが繰り返していることから，正解は②であることが推測できる。　(2)　空欄の直前の文は「まるでプロ野球選手のようだ」の意味であり，Takuが野球の身振りをしてみせたことが想像できる。したがって，それをほめる表

現の④が正解である。

【19】(1)　①　　(2)　③

〈解説〉(1)　ALTは今日の授業について学級担任に同意して肯定的な感想を述べているため，これに対する回答として最も適切なのは，「それを聞いて嬉しい」を意味する①である。　(2)　ALTは「熱があるみたいだ」と言っており，これに対する回答として最も適切なのは「家に帰って早く寝たほうがよい」の意味の③である。

【20】④

〈解説〉質問は「子どもたちによい読書の習慣を身につけさせるための大人の重要な役割はどんなものか」という意味。第2段落2文目の内容と一致する④が正解である。選択肢①～③は，いずれも子どもたちが読書によって得るものとして第1段落であげられている内容である。

2016年度　実施問題

【1】次の文章を読み，あとの(1)～(5)の問いに答えなさい。

　　会社を倒産させ，今や別れた妻子への送金もままならぬほど落ちぶれた城所安男は，ある日心臓病で入院する母の病状の深刻さを告げられ慄然とする。余命はごくわずかで，残された道はただひとつ，謎の天才外科医にバイパス手術を施してもらうことだけだった。女手一つで苦労して育てられた恩を忘れたかのような非情な兄姉を尻目に，衰弱した母をワゴン車に乗せた安男は，たった一人で天才外科医の待つ房総の漁村にある病院を目指し，百マイルの道をひた走っていた。午後一時を過ぎ，朝食もとらず，昼食も抜いて先を急ごうとする安男を心配した母は，食事をしたいと言い出した。

　　母と二人きりで食事をしたのはいつのことだったろうと、a安男は考えた。兄たちが石神井のアパートを一人ずつ出て行き，母と二人きりの暮らしをしていたころから，そんな機会は絶えてなかったのではあるまいか。

　　まるで安男の胸のうちを見透かすように，母は切実な声で言った。

　「bヤッちゃんと，ごはんが食べたいの……」声は尻すぼみになったが，母はたぶん聞きとれぬほどの声で，「おねがい」と言った。

　　無意味なくらい広い駐車場に，安男はワゴン車を乗り入れた。汐干狩りのシーズンには観光バスが立ち寄るのだろうか。食堂の脇には大きな土産物屋が店先に干物を並べていた。

　　真上に駆け昇った太陽が，がらんとした駐車場を灼いていた。生簀のガラスは国道から吹き寄せる埃に，白く曇っている。

　　青空に翻る赤や青や黄色の大漁旗を見つめながら，母はここで死ぬかもしれないと思った。

　「どうしたの，ヤッちゃん」

　　勇気を出さねばならない。母は心臓が止まることを承知で，c飢え

た子供に飯を食わせようとしている。

「おかあちゃん。俺，やっとわかった」

「何が？」

「自分の子供に，飯を食わせるってことがさ。おかあちゃんは，ずっとそんなふうにして俺たちを食わせてきたんだな」

　ただの一度でも，そんな覚悟で_d子供らを育てたことがあっただろうか。父親参観日にしぶしぶと出かけたり，運動会ではビデオを回したり，たまには家族そろって外食をしたり，別れて暮らすようになってからはきちんと送金を続けた。それが親のつとめだと信じていた。

　ちがう，と安男は思った。おかあちゃんはいつだって，自分の命と引きかえに飯を運んできたのだ。だから子供がひとりひとり石神井のアパートを巣立って行ったときも，晴れやかに，ちっとも悲しまずに送り出したのだ。そして，_Aひとりを送り出すたびに，まるで玉手箱を開けたような老い方をした。

　少くとも_e自分は，子供らを育てるために命をかけたことはなかった。

「うまいもの，食おうな」

　運転席から降りると，汗みずくの体の中を潮風が吹き抜けた。

　スライド・ドアを開ける。死の匂いのする小さなベッドの上で，母は体を丸めていた。

「ほら」と，安男は背中を向けた。

「いいよ，ぼちぼち歩くから」

「だめだよ。俺がおぶってやる」

「はずかしい」

　言いながら背中に被いかぶさった母の体は羽毛のように軽かった。

　安男は灼けたコンクリートの上を歩き出した。

「ごめんね，ヤッちゃん」

　どうしてあやまるんだよ，と言いかけて，声が咽に詰まった。母の脛をかじり続け，家を出たあとも心配をかけ続け，しまいには_Bなけなしの貯金まで引き出して，身ぐるみ剝いでしまった。それでもおか

あちゃんは，ごめんねと言ってくれる。

　歩きながら安男は呟いた。

「死ぬなよ，おかあちゃん」

　答えなかったのは，自信がないのだろう。あるいは母も，もしかしたらこの場末の食堂が，終の家になると考えているのかもしれない。

　無情な太陽が，ひとつにまとまった影を足元に落としていた。

「死ぬなよ。俺，ちゃんとするから。前みたいに金持ちにはなれないだろうけど，おかあちゃんが安心できるぐらいには，ちゃんとなるから。なあ，おかあちゃん。死ぬなよ」

　C言うほどに足が重くなって，安男はとうとう灼けた駐車場のただなかに立ちすくんでしまった。

(浅田次郎「天国までの百マイル」による)

(1)　文章中の下線部a〜eの中で，異なる人物を示しているものを，次の①〜⑤のうちから一つ選びなさい。

①　a安男　　②　bヤッちゃん　　③　c飢えた子供　　④　d子供

⑤　e自分

(2)　文章中に下線部A「ひとりを送り出すたびに，まるで玉手箱を開けたような老い方をした」とあるが，この表現の効果を説明したものとして最も適当なものを，次の①〜④のうちから一つ選びなさい。

①　母親の変化の様子を直喩法を用いて表現し，子供たちが独り立ちした母親の喜びと悲しみを痛切に訴えかけている。

②　母親の変化の様子を直喩法を用いて表現し，命を削る思いで子供たちを育てた母親の姿をより深く印象付けている。

③　母親の変化の様子を隠喩法を用いて表現し，母親に心配をかけ続けたことへの後悔の気持を暗に感じさせている。

④　母親の変化の様子を隠喩法を用いて表現し，苦労を重ねてきた母親の人生を客観的にみつめた冷静さを表している。

(3)　文章中の下線部B「なけなしの」の本文中における意味として最も適当なものを，次の①〜④のうちから一つ選びなさい。

① 大切にしまっておいた　② 少しずつ増やしていった

③ わずかしかなかった　④ 借金までしてそろえた

(4) この文章を国語の教材として扱い,「母親をおぶって歩き出した主人公が, 下線部C『言うほどに足が重くなって, 安男はとうとう灼けた駐車場のただなかに立ちすくんでしまった』のはなぜか」ということについて授業で取り上げ, 根拠をもとに発表させた。主人公の心情の変化をまとめるときに最もふさわしい発表はどれか, 次の①～④のうちから一つ選びなさい。

① 最初は病気の母親をおぶっていくということしか考えていなかったが,「背中に被いかぶさった母の体は羽毛のように軽かった。」とあることから, こんなに軽い体になるまで自分は母親に苦労をかけ続けてしまったことを痛切に感じ, 親孝行できない自分を責め, 情けなく思ったので, 立ちすくんでしまった。

② 最初は病気の母親をおぶっていくということしか考えていなかったが,「灼けたコンクリートの上を歩き出した」自分に「『ごめんね, ヤッちゃん』」と母が言ったのを聞いて, 死ぬかもしれない病気を患ってまでも, 自分のことを気遣ってくれる母親の気持ちがありがたく身にしみたので, 立ちすくんでしまった。

③ 最初は病気の母親をおぶっていくということしか考えていなかったが, 母はここで死ぬかもしれないと思い,「『死ぬなよ, おかあちゃん』」と呼びかけた。だが, 呼びかけに答えない母が, 本当にこのまま自分の背中で死んでしまうのではないかという恐怖にかられて足がふるえたので, 立ちすくんでしまった。

④ 最初は病気の母親をおぶっていくということしか考えていなかったが, 母がこの場で死ぬかもしれないと思い, 励まそうとして「『死ぬなよ。俺, ちゃんとするから。』」と言った。だが, 母が生きている間にちゃんとすることはできそうもないと思い自分の言葉の重みに憮然としたので, 立ちすくんでしまった。

(5) この文章の表現の特徴を説明したものとして最も適当なものを, 次の①～④のうちから一つ選びなさい。

① 情景や行動を描写した文と心情を独白するように表現した文とを混在させ，主人公への感情移入を容易にしている。

② 会話文の後に登場人物の置かれた状況を具体的に説明する文を補い，その人物たちの心情を直接的に表現している。

③ 心情や行動の描写に同じ表現を繰り返して用いることで強調し，登場人物の行動が印象に残るように表現している。

④ 明るく前向きな会話と暗い過去を振り返る描写とを交互に書き込み，主人公の不安定な心情を間接的に描いている。

(☆☆☆☆◎◎◎)

【２】次の文章を読み，あとの(1)〜(3)の問いに答えなさい。

　「怖いもの」というと，みなさんは何を思い浮かべますか？　以前恐怖について何人かで話しあったとき，「迷子」ということを挙げた人がいる。迷子の怖さ，これはどういう種類の怖さだろうか。——小さいとき，お父さんお母さんからはぐれてしまう。知らないところに一人ぼっち。たよりない，心細い感じを思い出した。

　そこで「それは孤独になることの怖さですか」とたずねると，その人は「いや，孤独自体は好きなんですよ」という。「砂漠の真ん中に夜一人でいたとしても，地図があって道がわかっているなら，星空を見上げての孤独はむしろ快適かもしれない」。ナルホド。「それよりも，自分がどこにいるのか・どうしたらよいかがわからないことが怖いんです」。

　たしかにそのとおりである。人間はふだんは，勝手がわかって生きている。別の言い方をするなら，事態をコントロールできている。人間は潜在的にはいつでも，事態を把握しコントロールしようと努めていて，この「コントロール感覚」が失われることを恐れるのだ。

　［　ア　］，迷子の怖さは，やはり「コントロール感覚の喪失」という言葉だけでは言い尽くせないように思う。その心細さの感覚には，お父さんやお母さんのような親しく安心できる人たちから「切り離された」という感じが伴っているからだ。

　私たちは，親といっしょの「安心してよい場所(家)」から生を始める。[　イ　]大きくなると家のまわりを見て歩き少しずつ遠くを冒険し，未知な世界を既知なもの，コントロールできるものへと変えていく。そして，家みたいにリラックスすることが許されない場所でも，その勝手さえわかれば怯（おび）える必要がないことも学ぶ。こうして私たちは大人になるのだが，やはり「安心してよい場所」をどこかに確保しようとしてもいる。誰だって自分の部屋で読書や音楽を一人だけで密かに楽しんだり，気取らずにいられる友人や恋人とのつきあいを大切にしたりしていて，それを奪われることを恐れているはずだ。

　「安心してよい場所」を求めることと，未知な場所に出かけながらそれを「コントロール」しようとすること，A<u>この二つは対照的だけれ</u>ど，どちらも人間の生存の基本的な在り方だといえそうだ。「迷子への恐れ」もこの両方に関係しているのだが，ぼくに話をしてくれた人がコントロールのほうに力点を置いて語ったのは，その人じしんの意志的な生き方を象徴しているように，ぼくには感じられた。

　B<u>恐れを見つめることは，自分じしんの理解にも，また人間存在一</u><u>般の理解にも通じていくものだと思う。</u>

(西研「自分と世界をつなぐ哲学の練習問題」による)

(1)　文章中の[　ア　]と[　イ　]には，同じ働きの接続詞が入る。その働きとして適当なものを，次の①〜⑤のうちから一つ選びなさい。
　　①　順接　　②　転換　　③　逆接　　④　並列　　⑤　換言
(2)　文章中に下線部A「この二つは対照的だ」とあるが，それはどのような点において対照的だと言っているのか。最も適当なものを，次の①〜④のうちから一つ選びなさい。
　　①　安住を求めるか，冒険をするか，という点。
　　②　孤独に生きるか，誰かといっしょに生きるか，という点。
　　③　快適さを求めるか，不快に耐えるか，という点。
　　④　事態の把握に努めるか，順応して生きるか，という点。

(3)　文章中に下線部B「恐れを見つめることは，自分じしんの理解に
　も，また人間存在一般の理解にも通じていくものだと思う」とある
　が，筆者はなぜこのように考えたのか。その説明として最も適当な
　ものを，次の①〜④のうちから一つ選びなさい。

①　「恐れ」には対照的な二つのとらえ方があり，それぞれを見つ
　め自分じしんがどちらに力点を置いて生きるかを選択すること
　が，意志的な生き方を象徴するから。

②　人間の生存の基本的な在り方については二つの対照的な考え方
　があり，「恐れ」を見つめることで，自分じしんがそのどちらに
　力点を置いているかが分かるから。

③　人間の生存の基本的な在り方は「迷子への恐れ」に関係してい
　るので，自分が力点を置く「恐れ」の解決方法を探っていけば，
　じしんの意志的な生き方に気づくことができるから。

④　「コントロール感覚の喪失」が「恐れ」の原因なので，「恐れ」
　を見つめることで「コントロール感覚」を磨くことができ，それ
　は自分じしんを深く理解することに通じていくから。

（☆☆☆◯◯◯）

【3】次の「論語」を読んで，下の(1)，(2)の問いに答えなさい。

子曰ハク、「学ビテ時ニ習フ之ヲ、不レ亦説バシカラや。

A　有朋自遠方来、不亦楽乎。

B　人不シテ知ラ而不レ慍ミ、不亦君子ナラ乎ト。」(学而)

(1) 傍線部A「有朋自遠方来、不亦楽乎。」を「朋遠方より来たるあり、また楽しからずや」と訓読できるものを、次の①〜④のうちから一つ選びなさい。

①　有リ朋自リ遠方来タル、不レ亦楽レシカラ乎。

②　有リ朋自二遠方来一タル、不レ亦楽シカラ乎。

③　有リ朋自二遠方上来タル、不二亦楽一シカラ乎。

④　有リ下朋自中遠方上来タル、不レ亦楽シカラ乎。

(2) 傍線部B「人不シテ知ラ而不レ慍ミ、不亦君子ナラ乎ト。」とあるが、どのような人が君子であると述べているのか。最も適当なものを、次の①〜④のうちから一つ選びなさい。

①　人が自分を理解してくれなくても不満を抱くようなことをせずに、自分の道を歩むことができる人。

②　人が自分に不満をもち認めようとしないのはなぜなのかを考えて、我が身を顧みることができる人。

③　人の行いに正しくないと思う部分があっても不満をもたずに、その人の不足を補うことができる人。

④　よく知らないのにその人の行動に不満をもつようなことをせずに、その人を知ろうと努力できる人。

(☆☆☆◎◎◎)

295

【4】次は，小学校学習指導要領国語「第3　指導計画の作成と内容の取扱い」から抜粋したものである。[　ア　]，[　イ　]にあてはまるものを，下の①〜④のうちからそれぞれ一つ選びなさい。

　　硬筆を使用する書写の指導は各学年で行い，毛筆を使用する書写の指導は[　ア　]の各学年で行うこと。また，毛筆を使用する書写の指導は硬筆による書写の能力の基礎を養うよう指導し，文字を正しく整えて書くことができるようにするとともに，各学年年間[　イ　]程度を配当すること。

ア　①　第2学年以上　　②　第3学年以上　　③　第4学年以上
　　④　第5学年以上

イ　①　25単位時間　　②　30単位時間　　③　35単位時間
　　④　55単位時間

(☆☆☆◎◎◎)

【5】小学校学習指導要領社会について，次の(1)，(2)の問いに答えなさい。

(1)　次の文は，「第2　各学年の目標及び内容」で示された，各学年の「1　目標」から抜粋したものである。文中の（　ア　）〜（　ウ　）にあてはまる語句の組合せとして最も適当なものを，あとの①〜④のうちから一つ選びなさい。

〔第3学年及び第4学年〕

　　　地域における社会的事象を観察，調査するとともに，地図や各種の具体的資料を効果的に活用し，地域社会の社会的事象の（　ア　）考える力，調べたことや考えたことを表現する力を育てるようにする。

〔第5学年〕

　　　社会的事象を具体的に調査するとともに，地図や地球儀，統計などの各種の基礎的資料を効果的に活用し，社会的事象の（　イ　）考える力，調べたことや考えたことを表現する力を育てるようにする。

〔第6学年〕

　　社会的事象を具体的に調査するとともに，地図や地球儀，年表などの各種の基礎的資料を効果的に活用し，社会的事象の（　ウ　）考える力，調べたことや考えたことを表現する力を育てるようにする。

① ア　意味について
　 イ　特色や相互の関連などについて
　 ウ　意味をより広い視野から

② ア　意味をより広い視野から
　 イ　意味について
　 ウ　特色や相互の関連などについて

③ ア　意味について
　 イ　意味をより広い視野から
　 ウ　特色や相互の関連などについて

④ ア　特色や相互の関連などについて
　 イ　意味について
　 ウ　意味をより広い視野から

(2)　次の文は，「第3　指導計画の作成と内容の取扱い」から抜粋したものである。文中の[　A　]にあてはまる最も適当な語句を，下の①〜④のうちから一つ選びなさい。

　　学校図書館や公共図書館，コンピュータなどを活用して，資料の収集・活用・整理などを行うようにすること。また，第4学年以降においては，[　A　]を活用すること。

① 新聞　　② 教科用図書「地図」　　③ 地域の人材
④ 情報通信ネットワーク

(☆☆☆◎◎◎)

【6】次のグラフは，日本の貿易相手のうち，2013年における輸出入額上位5か国・地域の，総額と主な輸出入品の割合を示したものである。これを見て，あとの(1)，(2)の問いに答えなさい。

【輸出】

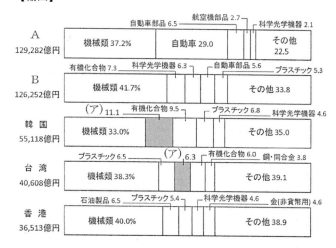

A
129,282億円

機械類 37.2%　自動車 29.0　その他 22.5

自動車部品 6.5　航空機部品 2.7　科学光学機器 2.1

B
126,252億円

機械類 41.7%　その他 33.8

有機化合物 7.3　科学光学機器 6.3　自動車部品 5.6　プラスチック 5.3

韓国
55,118億円

機械類 33.0%　その他 35.0

(ア) 11.1　有機化合物 9.5　プラスチック 6.8　科学光学機器 4.6

台湾
40,608億円

機械類 38.3%　その他 39.1

プラスチック 6.5　(ア) 6.3　有機化合物 6.0　銅・同合金 3.8

香港
36,513億円

機械類 40.0%　その他 38.9

石油製品 6.5　プラスチック 5.4　科学光学機器 4.6　金(非貨幣用) 4.6

【輸入】

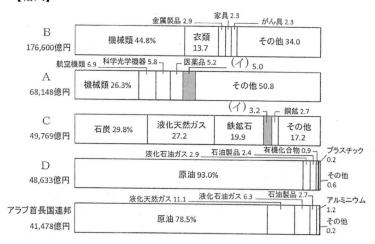

B
176,600億円

機械類 44.8%　衣類 13.7　その他 34.0

金属製品 2.9　家具 2.3　がん具 2.3

A
68,148億円

機械類 26.3%　その他 50.8

航空機類 6.9　科学光学機器 5.8　医薬品 5.2　(イ) 5.0

C
49,769億円

石炭 29.8%　液化天然ガス 27.2　鉄鉱石 19.9　その他 17.2

(イ) 3.2　銅鉱 2.7

D
48,633億円

原油 93.0%

液化石油ガス 2.9　石油製品 2.4　有機化合物 0.9　プラスチック 0.2　その他 0.6

アラブ首長国連邦
41,478億円

原油 78.5%

液化天然ガス 11.1　液化石油ガス 6.3　石油製品 2.7　アルミニウム 1.2　その他 0.2

注)　「機械類」は，一般機械と電気機械の合計。「自動車」は，
部品を含まず。「科学光学機器」は，メガネ，写真機用レンズ，
偏光材料性のシート，液晶デバイスなどの光学機器。「有機化
合物」とは，炭素の化合物(二酸化炭素や炭酸塩など少量のも

のを除く)を指す。「アルミニウム」は，合金を含む。

(「日本国勢図会2014/15」より作成)

(1) 前のグラフ中のA〜Dにあてはまる国・地域名の組合せとして最も適当なものを，次の①〜④のうちから一つ選びなさい。

	A	B	C	D
①	アメリカ合衆国	中　国	オーストラリア	サウジアラビア
②	中　国	アメリカ合衆国	オーストラリア	カタール
③	アメリカ合衆国	中　国	ブラジル	カタール
④	中　国	アメリカ合衆国	ブラジル	サウジアラビア

(2) 前のグラフ中の(ア)，(イ)にあてはまる輸出入品の組合せとして最も適当なものを，次の①〜⑥のうちから一つ選びなさい。

① (ア) 合成繊維織物　　(イ) 木材
② (ア) 鉄鋼　　　　　　(イ) 大豆
③ (ア) 集積回路　　　　(イ) 肉類
④ (ア) 合成繊維織物　　(イ) 大豆
⑤ (ア) 鉄鋼　　　　　　(イ) 肉類
⑥ (ア) 集積回路　　　　(イ) 木材

(☆☆☆☆◎◎◎)

【7】次の略年表を見て，下の(1)，(2)の問いに答えなさい。

年	794	894	1016	1192	1378	1467	1543	1590
できごと	都を平安京に移す	遣唐使が廃止される	(A)が摂政となる	(B)が征夷大将軍になる	(C)が幕府を室町に移す	応仁の乱がおこる	ポルトガル人が鉄砲を伝える	(D)が全国を統一する

（表中の区切り：ア／イ／ウ／エ）

(1) 略年表中の(A)〜(D)にあてはまる人物の組合せとして最も適当なものを，次の①〜④のうちから一つ選びなさい。

	（A）	（B）	（C）	（D）
①	藤原　道長	足利　尊氏	足利　義満	織田　信長
②	藤原　頼通	源　　頼朝	足利　尊氏	豊臣　秀吉
③	藤原　道長	源　　頼朝	足利　義満	豊臣　秀吉
④	藤原　頼通	足利　尊氏	足利　義政	織田　信長

(2)　次のa～dの文は，それぞれ略年表中のア～エの時期の文化に関して記述したものである。a～dの内容は，ア～エのどの時期にあたるものか。正しい組合せとして最も適当なものを，下の①～④のうちから一つ選びなさい。

a　障壁画の中心となった狩野派では，狩野永徳が，水墨画と大和絵とを融合させて新しい装飾画を大成し，「唐獅子図屏風」を描いた。

b　運慶らは，力強い写実性や豊かな人間味を作風として多くの仏像や肖像彫刻をつくり出し，「東大寺南大門金剛力士像」を制作した。

c　雪舟は，水墨画の作画技術を集大成するとともに，禅画の制約を乗り越えた日本的な水墨画様式を創造し，「破墨山水図」を描いた。

d　かな文字の発達とともに和歌がさかんになり，紀貫之らによって，最初の勅撰和歌集である「古今和歌集」が編集された。

	ア	イ	ウ	エ
①	d	b	c	a
②	b	d	a	c
③	c	d	a	b
④	d	c	b	a

(☆☆☆◎◎◎)

【8】次の文章は，世界遺産に関するものである。これを読んで，下の(1)，(2)の問いに答えなさい。

「世界遺産条約」は，正式には「世界の文化遺産及び自然遺産の保護に関する条約」といい，文化遺産や自然遺産を人類全体のための遺産として損傷，破壊などの脅威から保護し，保存していくために，国際的な協力及び援助の体制を確立することを目的とした条約です。1972年の[A]総会で採択され，1975年に発効しました。2013年6月現在の締約国は190か国にのぼります。日本はこの条約を1992年に締結しています。

「世界遺産」とは，世界遺産条約に基づいて作成される「世界遺産一覧表」に記載されている物件のことで，建造物や遺跡などの「文化遺産」，自然地域などの「自然遺産」，文化と自然の両方の要素を兼ね備えた「複合遺産」の3種類があります。

2014年6月現在では1007件(文化遺産779件，自然遺産197件，複合遺産31件)の世界遺産が記載されており，このうち日本の世界遺産は18件(文化遺産14件，自然遺産4件)です。

(外務省ホームページより作成)

(1) 文章中の[A]にあてはまる国際連合の機関の略称として最も適当なものを，次の①〜④のうちから一つ選びなさい。

① UNICEF　② WHO　③ IMF　④ UNESCO

(2) 文章中の下線部について，日本の世界遺産とその所在地の組合せとして適当でないものを，次の①〜⑥のうちから一つ選びなさい。

① 屋久島—鹿児島県　② 小笠原諸島—沖縄県
③ 厳島神社—広島県　④ 日光の社寺—栃木県
⑤ 姫路城—兵庫県　⑥ 富岡製糸場と絹産業遺産群—群馬県

(☆☆☆◎◎◎)

【9】小学校学習指導要領算数について，次の(1)，(2)の問いに答えなさい。

(1) 算数科の目標について，[ア]，[イ]にあてはまるものを，あとの①〜⑧のうちからそれぞれ一つずつ選びなさい。

　　算数的活動を通して，数量や図形についての基礎的・基本的な知識及び技能を身に付け，日常の事象について見通しをもち筋道を立てて考え，[　ア　]する能力を育てるとともに，算数的活動の楽しさや[　イ　]のよさに気付き，進んで生活や学習に活用しようとする態度を育てる。

① 説明　　② 言語活動　　　③ 思考　　④ 体験活動
⑤ 表現　　⑥ 能率的な処理　　⑦ 判断　　⑧ 数理的な処理

(2)　「第2　各学年の目標及び内容」に関する次の文章について，[　ウ　]～[　カ　]にあてはまる最も適当なものを，下の①～④のうちからそれぞれ一つずつ選びなさい。

　　各学年で指導する算数の内容は，「A数と計算」，「B量と測定」，「C図形」及び「D数量関係」の4領域に分けて示されている。

　　[　ウ　]は「A数と計算」の領域，[　エ　]は「B量と測定」の領域，[　オ　]は「C図形」の領域，[　カ　]は「D数量関係」の領或に該当する内容である。

① 三角形，平行四辺形，ひし形及び台形の面積の求め方を考えること
② 度数分布を表す表やグラフについて知ること
③ 除法と乗法や減法との関係について理解すること
④ 立方体，直方体について知ること

(☆☆☆◎◎◎)

【10】次の(1)～(4)の問いに答えなさい。

なお，分数形で解答する場合は，それ以上約分できない形で答えること。

(1)　$3-3^2÷\left(-\dfrac{3}{2}\right)$を計算すると，[　キ　]である。

(2)　$\sqrt{80n}$の値が正の整数になるような整数nのうち，最も小さいnの値は，[　ク　]である。

(3)　$x=\sqrt{7}+1$のとき，$(2x+1)(x-1)-(x+2)(x-1)$の値は，[　ケ　]である。

(4) 大，中，小3つのさいころを同時に投げるとき，出る目の数の積が10となる確率は，$\dfrac{[\quad コ\quad]}{[\quad サシ\quad]}$ である。

ただし，さいころを投げるとき，1から6までのどの目が出ることも同様に確からしいものとする。

(☆☆☆◎◎)

【11】関数$y=\dfrac{1}{2}x^2$について，次の(1)，(2)の問いに答えなさい。

(1) xの変域が$-2\leqq x\leqq 4$のとき，yの変域は[　ス　]$\leqq y\leqq$[　セ　]である。

(2) 関数$y=\dfrac{1}{2}x^2$のグラフ上に2点A，Bがあり，点Aのx座標は6，点Bのx座標は負である。

直線ABとy軸との交点をCとすると，AB：AC＝7：3である。

このとき，点Bの座標は，$(-[\quad ソ\quad]$，$[\quad タチ\quad])$である。

(☆☆☆☆◎◎)

【12】図1のように，すべての辺の長さが6cmの正四角錐ABCDEがある。このとき，次の(1)，(2)の問いに答えなさい。

(1) 正四角錐ABCDEの高さは，[　ツ　]$\sqrt{[\quad テ\quad]}$cmである。

図1

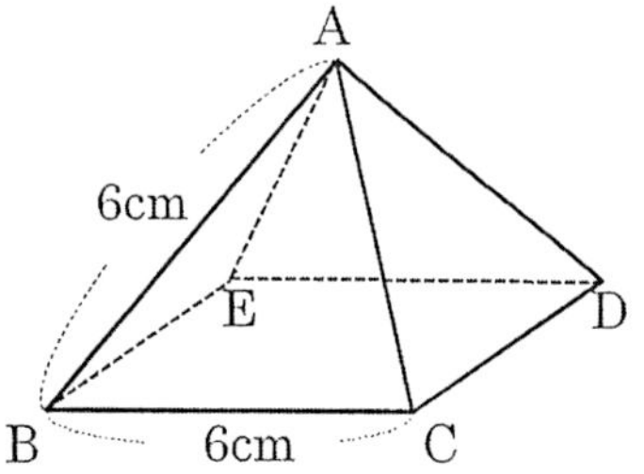

(2) 辺DEの中点をFとする。図2のように，正四角錐ABCDEの側面に，点Bから点Fまで，辺AC，辺ADに交わるようにひもをかける。かけたひもの長さが最も短くなるときのひもの長さは，[　ト　]$\sqrt{[\quad ナニ\quad]}$cmである。

図2

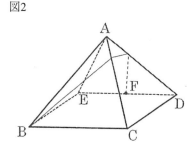

(☆☆☆☆◎◎◎)

【13】次の文は，小学校学習指導要領理科の「第2　各学年の目標及び内容」から抜粋したものである。文中の[　ア　]～[　ウ　]にあてはまる語句の組合せとして最も適当なものを，下の①～⑥のうちから一つ選びなさい。

第3学年

　物の重さ，風やゴムの力並びに光，磁石及び電気を働かせたときの現象を[　ア　]調べ，見いだした問題を興味・関心をもって追究したりものづくりをしたりする活動を通して，それらの性質や働きについての見方や考え方を養う。

第4学年

　空気や水，物の状態の変化，電気による現象を力，熱，電気の働きと[　イ　]調べ，見いだした問題を興味・関心をもって追究したりものづくりをしたりする活動を通して，それらの性質や働きについての見方や考え方を養う。

第5学年

　物の溶け方，振り子の運動，電磁石の変化や働きをそれらにかかわる[　ウ　]調べ，見いだした問題を計画的に追究したりものづくりをしたりする活動を通して，物の変化の規則性についての見方や考え方を養う。

	ア	イ	ウ
①	関係付けながら	比較しながら	条件に目を向けながら
②	関係付けながら	条件に目を向けながら	比較しながら
③	条件に目を向けながら	関係付けながら	比較しながら
④	条件に目を向けながら	比較しながら	関係付けながら
⑤	比較しながら	条件に目を向けながら	関係付けながら
⑥	比較しながら	関係付けながら	条件に目を向けながら

(☆☆◎◎◎◎◎)

【14】 次の(1),(2)の問いに答えなさい。

(1) 次の図は、1気圧のもとで、水を氷の状態から一定の熱を加え続けて加熱したときの加熱した時間と温度の関係を模式的に示したグラフである。図のアの区間における水の状態を表したものとして最も適当なものを、下の①～⑥のうちから一つ選びなさい。

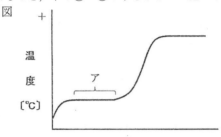

図

温度〔℃〕

加熱した時間〔分〕

① 固体だけ存在する　④ 液体と気体が存在する
② 液体だけ存在する　⑤ 固体と液体が存在する
③ 気体だけ存在する　⑥ 固体と気体が存在する

(2) 次の表はいろいろな物質の1気圧における融点・沸点をまとめたものである。1気圧96℃のときに、液体の物質はどれか。表の①～⑥のうちから適当なものをすべて選びなさい。

表

	物質	融点〔℃〕	沸点〔℃〕
①	鉄	1536	2863
②	アルミニウム	660.323	2520
③	水銀	-38.842	356.58
④	ナフタレン	80.5	217.9
⑤	エチルアルコール	-114.5	78.32
⑥	窒素	-209.86	-195.8

(「平成26年理科年表」丸善株式会社より作成)

(☆☆☆◎◎◎)

【15】　長さ60cmで質量30gの実験用てこの棒を使って，実験を行った。次の(1)，(2)の問いに答えなさい。ただし，実験で使った実験用てこの棒とおもり，皿の質量以外は考えないものとする。

(1)　てこの棒の中心にひもを付けてつり下げ，水平につり合わせた。そして図1のように中心から左側15cmの位置におもりを2個つるし，これにつり合うように中心から右側におもりをつるした。つり合わないものを次の①～④のうちから一つ選びなさい。ただし，使用するおもりの質量はすべて1個10gとする。

①　中心から右側10cmの位置に1個と中心から右側15cmの位置に1個

②　中心から右側30cmの位置に1個

③　中心から右側5cmの位置に1個と中心から右側25cmの位置に1個

④　中心から右側10cmの位置に1個と中心から右側20cmの位置に1個

図1

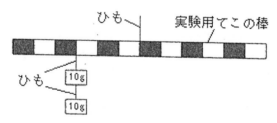

(2)　このてこの棒を使ってはかりを作ろうと考え，図2のように左端に皿をつるし，左端から10cmのところにひもを付けてつり下げたら棒が水平につり合った。皿の質量は何gと考えられるか。最も適当なものを次の①～⑥のうちから一つ選びなさい。

①　15g　　②　30g　　③　45g　　④　60g　　⑤　75g

⑥　90g

図2

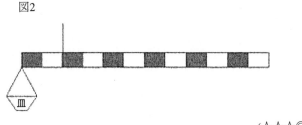

(☆☆☆○○○)

【16】図1のようにスライドガラスにメダカをのせ，顕微鏡で尾びれの部分を観察したところ，小さな粒が血管の中を流れている様子が見えた。図2は，顕微鏡で観察したときのスケッチである。下の(1)～(3)の問いに答えなさい。

図1

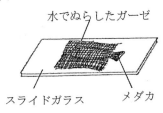

水でぬらしたガーゼ

スライドガラス　　メダカ

図2

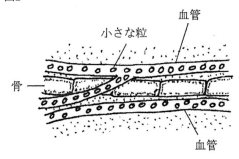

血管

小さな粒

骨

血管

(1)　次のア～カは，図3のような顕微鏡の使い方について述べたものである。正しい使い方の順番として最も適当なものを，あとの①～⑥のうちから一つ選びなさい。

ア　顕微鏡は，直射日光の当たらない水平でしっかりした台に置く。

イ　視野全体が均一に明るくなるように反射鏡を調節する。

ウ　対物レンズを付ける。

エ　接眼レンズを付ける。

オ　ピントを合わせる。

カ　ステージにプレパラートを置く。

① ア→カ→ウ→エ→オ→イ　　④ ア→ウ→エ→カ→イ→オ

② ア→イ→カ→ウ→エ→オ　　⑤ ア→エ→ウ→イ→カ→オ

③ ア→ウ→エ→カ→オ→イ　　⑥ ア→エ→カ→ウ→オ→イ

図3

- 接眼レンズ
- 対物レンズ
- ステージ
- 調節ねじ
- 反射鏡

(2) 図2の小さな粒の名称とその流れる様子について述べたものの組合せとして最も適当なものを，次の①～⑥のうちから一つ選びなさい。

	名称	小さい粒の流れる様子
①	赤血球	一定の方向に流れる
②	赤血球	一定の時間で流れる方向が変わる
③	白血球	一定の方向に流れる

	名称	小さい粒の流れる様子
④	白血球	一定の時間で流れる方向が変わる
⑤	血小板	一定の方向に流れる
⑥	血小板	一定の時間で流れる方向が変わる

(3) メダカの心臓は1心房1心室である。メダカの血液の流れを正しく表したものとして最も適当なものを，次の①～④のうちから一つ選びなさい。

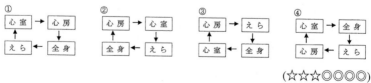

①
心室 → 心房
えら ← 全身

②
心房 → 心室
全身 ← えら

③
心房 → えら
心室 ← 全身

④
心室 → 全身
心房 ← えら

(☆☆☆◎◎◎◎)

【17】 次の図のA～Cは，3種類の岩石の表面をスケッチしたものである。また，表のア～ウは，A～Cのいずれかの岩石の特徴をまとめたものである。下の(1)～(3)の問いに答えなさい。

図

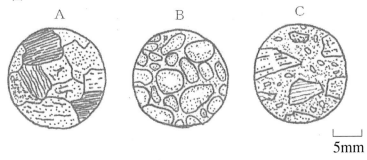

5mm

表

	全体の色合い	粒の形	粒の大きさ
ア	灰色っぽい	丸みがある粒が多い	大きさはいろいろ
イ	灰色っぽい	角ばっている粒が多い	大きさはいろいろ
ウ	白っぽい	角ばっている粒が多い	粒は大きく，同じくらいの大きさ

(1) 図のA～Cと表のア～ウの組合せとして最も適当なものを，次の①～⑥のうちから一つ選びなさい。

	A	B	C
①	ア	イ	ウ
②	ア	ウ	イ
③	イ	ア	ウ

	A	B	C
④	イ	ウ	ア
⑤	ウ	ア	イ
⑥	ウ	イ	ア

(2) 図のCの岩石はどのようにしてできたと考えられるか。正しく説明したものとして最も適当なものを，次の①～④のうちから一つ選びなさい。

① この岩石は，マグマが地表や地表近くでゆっくり冷やされて固まってできた。

② この岩石は，マグマが地表や地表近くで急速に冷やされて固ま

ってできた。

③　この岩石は，マグマが地下深くでゆっくり冷やされて固まって
できた。

④　この岩石は，マグマが地下深くで急速に冷やされて固まってで
きた。

(3)　図のA〜Cの岩石名の組合せとして最も適当なものを，次の①〜
⑥のうちから一つ選びなさい。

	A	B	C
①	安山岩	花こう岩	れき岩
②	安山岩	れき岩	花こう岩
③	花こう岩	安山岩	れき岩

	A	B	C
④	花こう岩	れき岩	安山岩
⑤	れき岩	安山岩	花こう岩
⑥	れき岩	花こう岩	安山岩

(☆☆☆◎◎◎◎)

【18】次の文は，小学校学習指導要領　第4章　外国語活動「第3　指導計
画の作成と内容の取扱い」の「第5学年における活動」から抜粋した
ものである。空欄にあてはまる語句を，Aはア〜ウから一つ，Bはエ〜
カから一つ選び，その組合せとして正しいものを下の①〜⑥のうちか
ら一つ選びなさい。

　外国語を初めて学習することに配慮し，児童に身近で基本的な表現
を使いながら，[　A　]や児童の日常生活や学校生活にかかわる活動を
中心に，[　B　]を大切にした体験的なコミュニケーション活動を行う
ようにすること。

A　ア　音声やリズムに慣れ親しむ活動
　　イ　積極的に外国語を聞いたり，話したりする活動
　　ウ　外国語に慣れ親しむ活動
B　エ　友達とのかかわり
　　オ　言葉の面白さや豊かさ
　　カ　多様なものの見方や考え方

①　ア・オ　　②　ア・カ　　③　イ・エ
④　イ・カ　　⑤　ウ・オ　　⑥　ウ・エ

(☆☆☆◎◎◎)

【19】 次の(1)～(3)は，小学校の学級担任(HRT)と外国語指導助手(ALT)との会話の一部である。

[　　]にあてはまる最も適当なものを，それぞれの解答群から一つずつ選びなさい。

(1)　ALT : It's time to go to class.

　　　HRT : Are you [　　] for the lesson?

　　　ALT : Yes, I am.

　　　HRT : OK. Shall we go?

　　解答群

　　① sorry　② right　③ late　④ ready

(2)　HRT : Next Monday we'll have an English lesson. Could you help me with it?

　　　ALT : Yes, of course.

　　　HRT : I made our teaching plan. Will you [　　] the mistakes if you find any?

　　　ALT : Sure.

　　解答群

　　① confess　② choose　③ correct　④ cover

(3)　HRT : Do you have any good idea for the next lesson?

　　　ALT : Yes. How about this? You see, [　　]

　　　HRT : That sounds good. I'll bring fossils from the teaching materials room.

　　　ALT : Then I'll prepare new picture cards and some glove puppets. I'm sure that the new lesson will be good.

　　解答群

　　① students want to learn a lot of words on dinosaurs.

　　② students don't know the songs once released by the Beatles.

　　③ students haven't learned about the weather yet.

　　④ students have already learned the history of Australia.

(☆☆☆○○○)

311

【20】次の文章を読み，質問に対する答えとして最も適当なものを，下の
①〜④のうちから一つ選びなさい。

　　Akiko is a Japanese junior high school student. She got interested in
Australia in her English class. Last winter, she visited there for the first time.
Australia was in the height of summer just then, so it was so hot. After a 3-
hour drive from the airport, Akiko arrived at her host Jane's house in the
countryside. She stayed with her for 10 days. During her stay, she learned an
important thing about the Australian way of life. It was to save water. In
some areas of Australia, it does not rain much. So people living there can not
use too much water. They can't even water some flowers in their garden.
Akiko was surprised to know that. She understood their problem and tried to
finish taking a shower within 5 minutes during her stay in Australia.
Question: Why did Akiko take a quick shower during her stay in Australia?
　①　Because she wanted Jane to know that it often rains in Japan.
　②　Because she went to Australia to study English.
　③　Because she noticed one of the problems Australia had.
　④　Because she thought taking a long shower was bad for her health.

（☆☆☆○○○）

【21】次の文章を読み，本文の内容として適当でないものを，あとの①〜
④のうちから一つ選びなさい。

　　A balanced meal, good sleep, and exercise are very important for pupils'
healthy growth. It is said, however, that pupils today don't have good lifestyle
habits. It is often said that a good day starts with breakfast. Breakfast can give
energy to pupils' bodies, keep their concentration, motivation and physical
strength high, and improve their body condition. In addition, enough sleep is
necessary for pupils to keep in good shape and adjust to the rhythm of daily
life. Pupils today sleep for shorter periods of time, because watching TV and
playing video games sometimes prevent them from going to bed early. It is
important for pupils to develop the habit of "having breakfast, going to bed

early and getting up early."

① Not only meals and physical activities can keep pupils healthy.

② Pupils can concentrate on their school activities without a good breakfast.

③ Long use of TV and video games can keep pupils up late.

④ "Going to bed early and getting up early" is good for pupils' growth.

(☆☆☆◎◎◎)

解答・解説

【1】(1) ④　(2) ②　(3) ③　(4) ④　(5) ①

〈解説〉(1)　「a安男」は主人公，城所安男のこと。「bヤッちゃん」は，母が安男を呼ぶときの呼び方。「c飢えた子供」とは，母が食事もとらずに先を急ぐわが子を心配して食事をとらせようとしている場面なので，母にとっての子供，つまり安男。「d子供」は，安男が自分の子供のことを思い出している場面なので，安男の子供のこと。安男ではない。「e自分」は，子供らを育てるために命をかけたことはなかった安男のことである。　(2)　比喩の表現のなかで，「直喩法」は「…のような，…みたいな」などの言葉を使って何かに例えること。「隠喩法」はこのような言葉を使わずに例える方法。「まるで玉手箱を開けたような老い方」は「直喩法」である。また，このときの母の心情は，下線部Aのある段落に注目すると，「自分の命と引きかえに」とあるので，②「命を削る思いで」が正しい。「晴れやかに，ちっとも悲しまずに」とあるので，①「悲しみを痛切に訴えかけている」は適当ではない。(3)　「なけなしの」は，「ほとんどない，ほんのわずかしかないこと」という意味。下線部Bのある段落に注目すると，「母の脛をかじり続け，(中略)なけなしの貯金まで引き出して，身ぐるみ剥いでしまった」とあるので，③が適当である。　(4)　文章全体から考える。この場合，

命をかけ覚悟をもって子供を育てあげた母を思い，①「親孝行できない自分を責め，情けなく思った」，②「母親の気持ちがありがたく身にしみた」よりも，④がふさわしい。落ちぶれた安男にとって，余命わずかの母が生きている間に，ちゃんとすることは難しいことである。自分で自分の言葉の重みに耐えられず，憮然として(＝失望して)立ちすくんでしまったのである。また，③「恐怖にかられて足がふるえた」はふさわしくない。　(5)　「おかあちゃんはいつだって，自分の命と引きかえに飯を運んできたのだ」など心情の独白は，「運転席から降りると，汗みずくの体の中を潮風が吹き抜けた」など情景・行動の描写を合わせて書くことで，主人公の心情がより伝わりやすくなっているので，①が適当である。②「会話文の後に登場人物の置かれた状況を具体的に説明する文を補い」，③「心情や行動の描写に同じ表現を繰り返して用いる」，④「明るく前向きな会話」は適当ではない。

【2】(1)　③　　(2)　①　　(3)　②

〈解説〉(1)　空欄の前後の内容を読み取って判断する。空欄アの直前の「この『コントロール感覚』が失われることを恐れるのだ」と後の「『コントロール感覚の喪失』という言葉だけでは言い尽くせない」，イの直前の「『安心してよい場所(家)』から生を始める」と直後の「大きくなると家のまわりを見て歩き少しずつ遠くを冒険し」は，どちらも対立することを述べている。前後の内容が対立する場合，間に入る接続詞は逆接(しかし，ところが，等)である。また，順接(だから，すると，等)は原因を受けて当然の結果をつなぐ場合，転換(さて，ところで，等)は話題を変える場合，並列(そして，また，等)は対等な内容を並べる場合，換言(つまり，すなわち，等)は前の内容を言い換える場合に使う接続詞である。　(2)　下線部Aのすぐ前の部分に注目する。「この二つ」とは，「『安心してよい場所』を求めること」と「未知な場所に出かけながらそれを『コントロール』しようとすること」である。「安心してよい場所」とは，「親といっしょの家」「自分の部屋」「気取らずにいられる友人や恋人とのつきあい」なので，「安住」の場

所である。「未知な場所に出かけ」るとは「冒険」なので，①が適当である。　(3)　下線部Bの直前の1文の例から，恐れを見つめることで，自分じしんの生存の基本的な在り方の力点を理解できるという②が適当である。　①　恐れには対照的な2つのとらえ方があるが，自分じしんがどちらに力点を置いて生きるかを「選択する」とは書かれていない。　③　自分が力点を置く恐れの解決方法を探ることについては書かれていない。　④　第4段落に「迷子の怖さは，やはり『コントロール感覚の喪失』という言葉だけでは言い尽くせない」とあるので適当でない。

【3】(1)　③　　(2)　①
〈解説〉出典は，孔子の「論語」より学而。書き下し文…子曰はく，「学びて時に之を習ふ，また説ばしからずや。朋遠方自り来たる有り，また楽しからずや。人知らずしてうらみず，また君子ならずやと。」
口語訳…先生はこうおっしゃった。「学んで，後に復習して身につけていくことは，なんとよろこばしいことではないか。友が遠くから私を訪ねて来てくれることは，なんとうれしいことではないか。他人が自分を認めてくれなくても腹をたてないことは，なんと立派な徳の高い人ではないか。」　(1)　返り点について，上下点は一二点をはさんで外側につける。「不亦〜乎」は詠嘆の形で「なんと〜ではないか」と訳す。　(2)　傍線部Bは「人知らずしてうらみず，また君子ならずやと」と書き下す。「人知らずして」は「他人が自分を認めてくれなくても」，「うらみず」は「怒らない」，「また君子ならずや」は「なんと立派な人ではないか」という意味になる。

【4】ア　②　　イ　②
〈解説〉小学校学習指導要領国語の各学年の内容の〔伝統的な言語文化と国語の特質に関する事項〕は，平成20年3月の学習指導要領の改訂により新設された事項のため，比較的出題頻度が高い。書写に関する事項の他，「伝統的な言語文化に関する事項」，「言葉の特徴やきまりに

関する事項」,「文字に関する事項」から構成されている。各学年で取り扱う事項の詳細や内容について整理しておくこと。

【5】(1)　④　　(2)　②

〈解説〉(1)　小学校学習指導要領社会「第2　各学年の目標及び内容」の「1　目標」のうち，社会的事象を調査し，考え，表現することに関する項目のなかで，「考える力を育てる」ことについて学年が進むにつれてどう違ってくるかに注目してとらえる。本問の場合，第3学年及び第4学年では地域社会の社会的事象の「特色や相互の関連」について考える力を育てる。第5学年では社会的事象の「意味」について考える力を育てる。第6学年では社会的事象の「意味をより広い視野から」考える力を育てる。このように，事象のとらえ方が学年が進むにつれて深化し，多角的になっている。　(2)　小学校学習指導要領社会「第3　指導計画の作成と内容の取扱い」の資料の収集，活用，整理についての項目である。教科用図書「地図」を第4学年以降において活用することとなっている。なお，「第2　各学年の目標及び内容」では第3学年及び第4学年で白地図にまとめる内容が書かれている。

【6】(1)　①　　(2)　⑤

〈解説〉(1)　日本の貿易相手国で輸出入の上位に入っているAとBは，中国かアメリカ合衆国のいずれかと考えられる。輸入品に「航空機類」が含まれるAがアメリカ合衆国，「衣類」が多いBが中国である。そして，輸入品の90％以上を「原油」とその関連品目で占めるDはサウジアラビアである。Cのオーストラリアからは，石炭，液化天然ガス，鉄鉱石を多く輸入している。　(2)　(ア)　日本から韓国や台湾に多く輸出しているのは鉄鋼である。この2国が日本の近隣に位置していることから，重量の大きい品目であることを判断したい。　(イ)　アメリカ合衆国やオーストラリアから日本に多く輸入されているのは肉類である。木材はカナダやロシア連邦，大豆は中国などからの輸入が多い。

【7】(1) ③ (2) ①

〈解説〉(1) (A) 藤原頼通は父の藤原道長に続いて1017年に摂政となり，後に関白を約50年務め，藤原氏の全盛時代を築いた。

(B)・(C) 1338年に征夷大将軍に任ぜられて幕府を開いたのは足利尊氏だが，京都の室町に幕府を移したのは3代将軍の義満である。

(D) 織田信長は足利義昭を京都から追放し，室町幕府を事実上滅亡させた。 (2) ア 平安時代半ばには，遣唐使が廃止され，貴族を中心とした日本独自の国風文化が発達した。 イ 鎌倉時代には，素朴で力強い武士の文化が発達した。運慶・快慶らによる「東大寺南大門金剛力士像」や，琵琶法師が伝えた「平家物語」はこの時代の代表的な作品である。 ウ 室町時代後半には，武士と公家の文化が融合し，この時期の東山文化の代表としては銀閣や，雪舟の水墨画などがあげられる。 エ 安土桃山時代には，戦国大名や豪商を中心とした豪華で雄大な文化が発達した。代表的なものでは，天守閣のある姫路城，狩野永徳の障壁画，千利休の茶の湯などがある。

【8】(1) ④ (2) ②

〈解説〉(1) 「世界遺産条約」はUNESCO(国連教育科学文化機関)の総会で採択された。なお，UNICEFは国連児童基金，WHOは世界保健機関，IMFは国際通貨基金の略称である。 (2) 2011年に世界自然遺産に登録された小笠原諸島は東京都に属する。沖縄県の登録地は，琉球王国のグスク及び関連遺産群の文化遺産である。なお，2015年6月から7月にかけて行われた世界遺産委員会の審議により「明治日本の産業革命遺産 製鉄・製鋼，造船，石炭産業」などが新たに登録され，2015年7月現在の世界遺産は1031件(文化遺産802件，自然遺産197件，複合遺産32件)，うち日本の世界遺産は19件(文化遺産15件，自然遺産4件)となった。

【9】(1) ア ⑤ イ ⑧ (2) ウ ③ エ ① オ ④ カ ②

〈解説〉(1)　各教科の目標及び各学年の目標は諳んじられるようにすること。算数科については，「問題を解決したり，判断したり，推論したりする過程において，見通しをもち筋道を立てて考えたり表現したりする力を高めていくこと」(小学校学習指導要領解説算数編第2章第1節1(3))という重要なねらいを踏まえて目標を理解しておきたい。

(2)　「A数と計算」は加減乗除，分数，小数，大きな数，概数，約数，倍数など，「B量と測定」は長さ，面積，体積，時刻，単位，速さなど，「C図形」は三角形，四角形，角，円，球，平行，垂直，立方体，直方体，多角形，縮図，拡大図など，「D数量関係」は表，グラフ，(　)のある式，百分率，比例，平均などで構成されている。

【10】(1)　キ　9　　(2)　ク　5　　(3)　ケ　7　　(4)　コ　1　　サ　3　シ　6

〈解説〉(1)　$3-3^2\div\left(-\dfrac{3}{2}\right)=3-9\times\left(-\dfrac{3}{2}\right)=3+6=9$　(2)　$\sqrt{80n}$の値が正の整数になるためには，$80n$がa^2(aは任意の整数)の形になる数を探す。nに1から順に整数を入れていくと，$n=5$のとき，$80n=80\times5=400=20^2$　このとき，$\sqrt{80n}=\sqrt{400}=20$　よって，題意を満たす最も小さい整数nは5である。　(3)　$(2x+1)(x-1)-(x+2)(x-1)=(x-1)\,\{2x+1-(x+2)\}=(x-1)(x-1)=(x-1)^2$　これに$x=\sqrt{7}+1$を代入すると，$\{(\sqrt{7}+1)-1\}^2=\sqrt{7}^{\,2}=7$　(4)　大，中，小3つのさいころを同時に投げるときのすべての目の出方は，$6\times6\times6=216$〔通り〕。そのうち出る目の数の積が10になるのは，目が1，2，5の組み合わせのときだけである。(大，中，小)の目の出方は，(1, 2, 5), (1, 5, 2), (2, 1, 5), (2, 5, 1), (5, 1, 2), (5, 2, 1)の6通りである。したがって，求める確率は$\dfrac{6}{216}=\dfrac{1}{36}$

【11】(1)　ス　0　セ　8　　(2)　ソ　8　タ　3　チ　2

〈解説〉関数$y=\dfrac{1}{2}x^2$のグラフは，あとの図のように原点を通る上に開いた放物線を描く。　(1)　xの変域が$-2\leqq x\leqq4$のとき，図よりyの最小値は0。また，$x=-2$のとき$y=2$，$x=4$のとき$y=8$だから，yの変域は0$\leqq$

$y \leqq 8$ となる。　(2)　点Bのx座標をaとする。関数$y = \frac{1}{2}x^2$のグラフ

上で，点A(6, 18)，点B$\left(-a, \frac{1}{2}a^2\right)$と表せる。また，点P(0, 18)，点Q$(-a, 18)$とおく。$\triangle ABQ \backsim \triangle ACP$($\angle A$共通，$\angle BQA = \angle CPA = 90°$から，2角が等しい)，条件よりAB：AC＝7：3だから，AQ：AP＝7：3。また，AP＝6だから，AQ＝$\frac{6 \times 7}{3} = 14$　よって，AQ－AP＝14－6＝8　したがって，$a = 8$。これを$\frac{1}{2}a^2$に代入し，Bの座標は$(-8, 32)$となる。

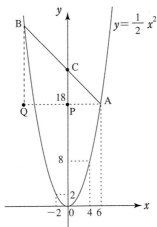

【12】(1)　ツ　3　　テ　2　　(2)　ト　3　　ナ　1　　ニ　3

〈解説〉(1)　頂点Aから底面BCDEに下ろした垂線と底面BCDEの交点を点Pとする。底面BCDEは一辺が6cmの正方形だから，点Pは対角線BDとCEの交点であり，BP＝CP＝DP＝EP＝$3\sqrt{2}$〔cm〕。正四角錐ABCDEの高さにあたる垂線APを含む$\triangle ABP$について，$\triangle ABP$は直角三角形なので，$(3\sqrt{2})^2 + AP^2 = 6^2$〔cm〕が成り立つ。これを解いて，AP＝$3\sqrt{2}$したがって，正四角錐ABCDEの高さは$3\sqrt{2}$cm。

(2)　あとに示した展開図で考えると，BからFまでが直線のとき，BFの長さが最も短くなる。BFとACの交点をQとして，$\triangle BAQ$と$\triangle BEF$を

使ってBFの長さを求める。∠ABQ＝∠EBF，条件より∠BAQ＝∠BEF＝60°，よって2角が等しいから，△BAQ∽△BEF。BA：BE＝6：12＝1：2だから，BQ：BF＝AQ：EF＝1：2，BQ：QF＝1：1。Fは辺DEの中点なのでEF＝3cm，よってAQ＝$\frac{3}{2}$cm。また，AF⊥DE，AC//DEがいえるので，△FAQは∠FAQ＝90°の直角三角形。したがって，QF²＝FA²＋AQ²が成り立つ。これを解き，

$$QF^2＝(3\sqrt{3})^2＋\left(\frac{3}{2}\right)^2＝27＋\frac{9}{4}＝\frac{117}{4} \quad \therefore \quad QF＝\sqrt{\frac{117}{4}} 〔cm〕$$

求めるBFはQFの2倍なので，BF＝$2\times\sqrt{\frac{117}{4}}＝\sqrt{117}＝3\sqrt{13}$〔cm〕

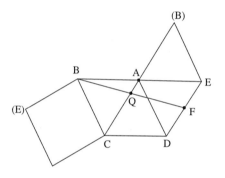

【13】⑥

〈解説〉小学校学習指導要領理科の各学年の目標からの出題である。第3学年は「比較しながら調べ」，第4学年は「関係付けながら調べ」，第5学年は「条件に目を向けながら調べ」，第6学年は「推論しながら調べ」が，対象の特性や児童の構築する見方や考え方を示す各学年のキーワードである。

【14】(1)　⑤　　(2)　③，④

〈解説〉(1)　アの区間では，融解(固体→液体の変化)が起こっている。
(2)　融点が96℃以上，沸点が96℃未満の間にある物質が，1気圧96℃

で液体の物質である。

【15】 (1)　①　　(2)　④

〈解説〉(1)　ひもからの距離×おもりの質量＝300となるものがつり合う。①は$10×10＋15×10＝250$となるのでつりあわない。　(2)　てこの棒の中心，つまりひもから右側20cmの位置には重力が働いていると考える。皿の質量をx〔g〕とすると，てこの棒の質量は30gなので，$10×x＝20×30$が成り立ち，$x＝60$〔g〕となる。

【16】 (1)　⑤　　(2)　①　　(3)　②

〈解説〉(1)　顕微鏡の使い方は頻出事項なので，使い方の手順，倍率の求め方や視野の広さと倍率との関係，顕微鏡での像の映り方(上下左右が逆になること)などを確認しておこう。　(2)　白血球や血小板は無色半透明である。染色をしない限り，本問で用いているような光学顕微鏡では確認できない。　(3)　1心房1心室の心臓をもつメダカの場合，血液は心室から送り出されたのち，えらを通り水中の酸素を取り入れ，全身をめぐって心房に戻る。

【17】 (1)　⑤　　(2)　②　　(3)　④

〈解説〉A　花こう岩は，火成岩のうち深成岩である。深成岩はマグマが地下深くでゆっくり冷え固まってできたもので，粒の大きさがほぼそろっている等粒状組織となっている。　B　れき岩は，堆積岩のうち砕屑岩である。砕屑岩は砂や泥が固まってできたもので，堆積岩のなかでも粒径が大きい。　C　安山岩は，火成岩のうち火山岩である。火山岩はマグマが地表や地表近くで急に冷え固まってできたもので，石基と斑晶からなる斑状組織となっている。

【18】 ⑥

〈解説〉平成23年度より小学校において平成20年3月告示の小学校学習指導要領が全面実施され，第5学年及び第6学年で年間35単位時間の「外国語活動」が必修化された。ホットな教育課題であるので今後とも出

題が予想される。小学校における外国語活動の理念と具体的な活動について，小学校学習指導要領及び同解説外国語活動編を熟読し，しっかりおさえておこう。

【19】(1)　④　　(2)　③　　(3)　①

〈解説〉(1)　ALTが「授業にいく時間です」と切り出している。この流れから，HRTの返事は「あなたは授業の準備ができていますか」となる。よって④が正答。①は「ごめんなさい」，②は「正しい」，③「遅れて」の意味で，いずれも話の流れに合わない。　(2)　HRTが「指導案を作りました」と言い，続けて何かをお願いしたのに対し，ALTが「いいですよ」と答えている。この流れに合うのは，③の「校正する」。①は「告白する」，②は「選ぶ」，④は「覆う」の意味で，いずれも話の流れに合わない。　(3)　HRTがALTに「今度の授業について何かいいアイデアはありますか」と尋ねている。それに対しALTが「こんなのはどうですか」と言って何かを提案したのに対し，HRTは「いいですね。教材室からfossil(化石)を持って行きましょう」と応じている。この話の流れに合致するのは，①の「恐竜」である。

【20】③

〈解説〉文章の9文目に「オーストラリアのいくつかの地方にはあまりたくさん雨が降らない」とあり，これを受けて10，11文目でオーストラリアに住む人の水に対する意識を述べている。そして最後の文で「彼女(Akiko)はオーストラリアが抱える問題を理解し，オーストラリアに滞在中シャワーは5分以内で終えるように努力した」となっている。この文の流れに合うのは③の「彼女はオーストラリアが抱えているいくつかの問題の1つに気づいたから」である。

【21】②

〈解説〉文部科学省は，PTAなどの民間団体や地域との連携による「早寝早起き朝ごはん」運動を展開している。この運動は子供の望ましい基

本的生活習慣を育成し，生活リズムを向上させ，読書や外遊び・スポーツなど様々な活動にいきいきと取り組んでもらうため，PTAなどの民間団体や地域の活動を中心としながら各地で展開する活動である。本問の文章は，この運動の趣旨を英文化したものである。②の意味は「朝食を抜くことで児童生徒は学校の諸活動に集中できる」であり，文章の内容と合致しない。

【1】次の文章を読み，あとの(1)～(4)の問いに答えなさい。

　喫茶店で二人の人物がテーブルを挟んで向き合って座っていると
き，それぞれの目に映る光景はまったく違う。一方の人の目に映った
通行人のトラブルが，他方の人にはまったく見えない。座っている席
によって，見えているものが異なる。これは当然のことであり，どち
らの見え方が正しいか，などといった議論をする人はいないだろう。

　円錐を真上から見れば「円」に見えるが，真横から見ると「三角形」
に見える。「円」が正しいのか，「三角形」が正しいのか。そんな議論
がまったく不毛であることは，納得してもらえるだろう。

　青春時代に感動した映画を，中年になってから懐かしく思って観て
みても，何の感動もないということがある。青春時代の自分が未熟だ
ったのか，中年になった今の自分の感受性が鈍ってしまったのか。そ
んなことを悩む必要はない。恋愛で気持ちが揺れている心，社会に出
て行く不安に押し潰されそうな心を揺さぶる映画が，長年の人生経験
を経た心をそれほど揺さぶらない。ただ，それだけのことだ。立場が
違う，視点が違うために，同じ映画でも見え方，感じ方が違うのだ。

　欲求や価値観がものごとの見え方を左右することも，心理学実験に
よって実証されている。

　たとえば，昼食直後の満腹時の人たちと，朝食を抜いて昼食を控え
た空腹時の人たちを_Aタイショウに，うまそうなステーキのスライド
写真を見せる実験をすると，空腹時の人たちの方がステーキが近くに
あるように感じている。また別の実験だが，さまざまな曖昧な形をス
ライドで見せると，空腹時の人たちの方が食べ物に見えることが多い。

　あるいは，同じ人物が，五つのグループの人たちに対して，学生，
実験助手，講師，助教授，教授というように別々の地位のもとに紹介
され，おおよその身長を判断させるという実験がある。各グループご

とに推定された身長の平均値を算出したところ，地位が高く紹介された場合ほど，身長が高く推定されていることがわかった。価値があると思うと大きく見えるというわけだ。身長のような物理的なものの知覚でさえ，これほど主観的なのである。普段の私たちのものごとの見方がいかに主観的なものであるかは，容易に想像がつくだろう。

こうしてみると，B<u>自分の見方だけが唯一絶対に正しい見方なのだという人がいたら，それこそがおかしな見方だということがわかるだろう。</u>

どんなものごとも多義性をもつこと。そして，視点によってものごとの見え方が違う，つまりものごとのもつ意味が異なること。そうしたことをうっかり忘れると，自分だけが正しいという思い込みが頭をもたげ，自分と違った見方をする人を否定したり，攻撃したりすることになる。

海外にたえず目を向け，自分たちと違う様相を見つけると，わが身を振り返り，海外を基準にして反省し，そこを変えなければと考える。それがまた相手に合わせるいかにも日本的なところなわけだが，自分たちの文化のもつ良さを再認識することも大切なことである。そこにC<u>世界を良い方向にもっていくヒント</u>がみつかるかもしれない。

(榎本博明『「すみません」の国』による)

(1) 文章中の傍線部A「タイショウ」の「ショウ」の漢字と同じ漢字を使用するものを，次の①〜④のうちから一つ選びなさい。

①　クイズのケン<u>ショウ</u>金　　②　友達をアイ<u>ショウ</u>で呼ぶ

③　<u>ショウ</u>ケイ文字　　　　④　大会に<u>ショウ</u>ジュンを合わせる

(2) 文章中の傍線部B「自分の見方だけが唯一絶対に正しい見方なのだという人がいたら，それこそがおかしな見方だということがわかるだろう」にいたる筆者の考えの根拠を説明したものとして最も適当なものを，次の①〜④のうちから一つ選びなさい。

①　私たちのものごとの見方はとても主観的であるので，唯一絶対の正しい見方を見落としてしまいがちだから。

②　私たちのものごとの見方には恣意的な判断が加わるので，常に

客観的な目で見る視点が求められているから。

③　私たちのものごとの見方は個々で違っており，自分と違った見方をする人を否定することは許されないから。

④　私たちのものごとの見方は個々の主観が伴っており，またその見え方は様々な要因によって左右されるから。

(3)　文章中の傍線部C「世界を良い方向にもっていくヒント」につながることとして適当でないものを，次の①〜④のうちから一つ選びなさい。

①　海外の文化を広く見渡して，優れたものを積極的に取り入れていこうとすること。

②　日本文化を再確認して良さを見つけ，その生かし方を模索していこうとすること。

③　日本文化を絶対視し，誇りをもって海外に発信し理解を求めていこうとすること。

④　海外の文化と比べた日本文化の様相を吟味し，自覚的に改めていこうとすること。

(4)　この文章の筆者の論の進め方として最も適当なものを，次の①〜④のうちから一つ選びなさい。

①　筆者の個人的な体験を起点に普遍的な事例へと発展させ，自説の普遍化を図っている。

②　身近な事例から学術的な事例へと展開させ，自身の考えに対する説得力を高めている。

③　最初に筆者の考えとは対極的な事例を提示して，自身の考えを導く背景を示している。

④　特殊事例から一般的事例へと帰納的に論を進め，自身の考えの妥当性を補強している。

(☆☆☆◎◎◎)

【2】次の文章を読み，あとの(1)〜(6)の問いに答えなさい。

高原で牧場を営む父・高峰の元へ都会暮らしの息子・悠平がや

ってきた。十五年ぶりに再会した十九歳の息子は，夢を失い，引きこもりがちになっていた。牧場暮らしを通して立ち直らせようとするが，悠平との距離の縮め方がわからず，焦燥感に駆られる父親と，そんな父親に正面から向き合おうとしない息子。それでも悠平が少しずつ牧場暮らしに慣れてきた頃，一頭の牛が子牛を産む。しかし出産後，母牛はいっこうに立ち上がる気配をみせないのであった。

翌日も，母牛は立てなかった。そうなると，不安はますます強くなる。森のところのような大規模牧場だったら，蚊に刺された程度だろうが，高峰牧場にとって，アクシデントで成牛を一頭失うのはけっこうな痛手となる。

A悠平のほうも不安を募らせていたが，こちらは，牧場経営者とは違い，もう少しセンチメンタルなものだったようだ。何度も牛舎に様子を見にいっては，気落ちした顔で帰ってくる。何回目かに，彼は言った。

「子供を母牛のところに連れていったら，どうだろう。自分の子供を前にしたら，起き上がるかもしれない」

「無駄だよ。物語じゃないんだから，そうはいかないさ。体力や機能が回復してれば，自然に立ち上がる。回復していなければ，何をやっても立ち上がれない」

悠平は不満そうな顔をした。

次の日も，また次の日も，母牛は立ち上がらなかった。往診にやってきた晴子先生も，有効な治療法が見当たらぬといったふうである。牛がへたりこんでいる一角には，澱んだ空気が漂うようになった。

ここまでくれば，牧場経営者としては，最悪の事態への覚悟を決め，冷静な計算もするようになる。知りあいの家畜商に電話を入れ，値段についての話をしたりもした。

悠平のほうは，そうは簡単に割り切れない様子だ。高峰の顔を見ては，「もう少し待とう。明日は立つかもしれない」と訴える。

出産から一週間が過ぎ，そろそろ見切りをつける時だと考えていた

頃だった。朝，まだ夢の中にいた。その眠りが，ドンドンという音で破られた。部屋のドアが強く叩かれている。

　ドアが開いた。悠平が顔を突き入れ，声が_B飛んできた。
「起きてくれ。牛が立った!」
_Cまだ頭の中に残っていた夢のかけらが消し飛んだ。ベッドから下りた。ズボンを穿いて，部屋を飛び出した。牛舎に走った。

　たしかに立ち上がっていた。まだ薄暗い牛舎の中で，昨夜までしゃがみこんでいたあの牛が，他の牛と同様，四本の脚で立っている。

　次の瞬間，高峰の目は別なものをとらえた。牛舎の柱に子牛が繋がれていた。先日，生れた子牛だった。
「これは」
「最後の手だと思ってさ，子牛を連れてきたら，なんと立つちゃったんだ」悠平は声を弾ませた。「奇跡って，起こるもんだね」
「いや——」

　奇跡なんかじゃない。時が過ぎて，傷が癒えたから，牛は立つ上がったのだ。それに，子牛を母親のそばに連れてくるのは褒められた行為ではない。_D酪農は，母子は別々に育てるのが原則なのである。母と子の間に情を通わせてはいけない。

　しかし，表情を輝かせている息子を前にすると，そのことは言えない。
「おいおい，おまえ，大手柄だな」

　悠平は子牛のところまで行って，首筋を撫でている。その時，あるアイデアが浮かんだ。_E悪くないアイデアだと思った。
「悠平，ここまでのことをやったんだ。続きもやってみないか」
「続きって」
「子牛をここに連れてきたのは，まあ，いいとして，このまま二頭いっしょに育てるわけにはいかない。以前に話したと思うけど，子供に与える乳を人間がもらうのが酪農だから，子牛は母牛から離して育てなきゃならないんだ。で，悠平，この子牛，おまえに預けるから，責任持って育ててくれないか」

　二つの目が，こちらを凝視した。口が閉ざされていたのは，わずかな時間だった。

「あ，ああ，いいよ」

　[　F　]が入り混じったような声だった。

（本岡類「夏の魔法」による）

(1)　文章中の傍線部A「悠平のほうも不安を募らせていた」とあるが，その不安の内容として最も適当なものを，次の①〜④のうちから一つ選びなさい。

　①　このまま母牛が立ち上がらないと，高峰牧場の経営の上で痛手になるということ。

　②　立ち上がる兆しのない母牛が，このまま死を迎えたら不憫でたまらないということ。

　③　母牛を早々に見捨てようとする父が，将来自分も見捨てるのではないかということ。

　④　この母牛を見捨てたら，自分が非情な人間だと思われるのではないかということ。

(2)　文章中の傍線部B「飛」の字について，次の黒色で示した画は，楷書では筆順の何画目にあたるか。下の①〜⑤のうちから選びなさい。

　①　三画目　　②　四画目　　③　五画目　　④　六画目

　⑤　七画目

(3)　文章中の傍線部C「まだ頭の中に…牛舎に走った。」の部分を効果的に朗読する場合の読み方の指導として最も適当なものを，次の①〜④のうちから一つ選びなさい。

　①　文と文との間を置かずに速く読み，聞き手に場の緊迫感を伝える。

　②　声色を違えて読み，聞き手に作品中の語り手の視点の変化を示

す。

③　文を区切ってゆっくりと読み，聞き手に行動の詳細を想像させる。

④　文末語尾を上げて抑揚をつけ，聞き手に行為の是非を問いかける。

(4)　文章中の傍線部D「酪農」と同じ構成の熟語を，次の①〜⑤のうちから一つ選びなさい。

①　不朽　　②　懐疑　　③　経緯　　④　逸話　　⑤　境界

(5)　文章中の傍線部E「悪くないアイデア」の説明として最も適当なものを，次の①〜④のうちから一つ選びなさい。

①　母牛の回復を諦めず世話した悠平の姿に，子牛の世話を任せていけば子牛はより健康に育つだろうというアイデア。

②　母牛を立ち上がらせ得意そうな悠平の姿から，子牛の世話を任せてさらに飼育の工夫を引き出そうというアイデア。

③　母牛を立ち上がらせ過信する悠平の姿に，子牛の世話を通して真の飼育の苦労を味わわせていこうというアイデア。

④　母牛を見放さず手を尽くした悠平の姿に，子牛の世話を通してやりがいや責任感を持たせていこうというアイデア。

(6)　文章中の[　F　]に入る言葉として最も適当なものを，次の①〜④のうちから一つ選びなさい。

①　迷惑と嫌悪　　　②　喜びと苛立ち　　　③　戸惑いと高揚

④　不安と疑い

(☆☆☆◎◎◎)

【３】次にあげた小倉百人一首の，上の句に続く下の句はどれか。下の①〜④のうちから選びなさい。

天の原ふりさけみれば春日なる[　　]

①　三笠の山にいでし月かも

②　富士の高嶺に雪は降りつつ

③　雲居にまがふ沖つ白波

④　吉野の里に降れる白雪

(☆☆☆◎◎)

【4】次の文は，小学校学習指導要領国語「第二　各学年の目標及び内容」で示された第三学年及び第四学年の目標から抜粋したものである。空欄にあてはまる語句を，Aはア～ウから一つ，Bはエ～カから一つ選び，その組合せとして正しいものを，下の①～⑥のうちから一つ選びなさい。

　相手や目的に応じ，調べたことなどについて，(　A　)話す能力，話の中心に気を付けて聞く能力，(　B　)話し合う能力を身に付けさせるとともに，工夫をしながら話したり聞いたりしょうとする態度を育てる。

A

　ア　的確に　　　イ　事柄の順序を考えながら
　ウ　筋道を立てて

B

　エ　進行に沿って　　オ　話題に沿って　　カ　計画的に
①　ウオ　　②　アカ　　③　イカ　　④　アオ　　⑤　イエ
⑥　ウエ

(☆☆☆◎◎◎)

【5】小学校学習指導要領社会について，次の(1)，(2)の問いに答えなさい。

(1)　次の①～④は，「第2　各学年の目標及び内容」で示された，各学年の「2　内容」から抜粋したものである。第5学年の記述として最も適当なものを，次の①～④のうちから一つ選びなさい。

①　我が国の工業生産について，次のことを調査したり地図や地球儀，資料などを活用したりして調べ，それらは国民生活を支える重要な役割を果たしていることを考えるようにする。

②　我が国の政治の働きについて，次のことを調査したり資料を活

用したりして調べ，国民主権と関連付けて政治は国民生活の安定と向上を図るために大切な働きをしていること，現在の我が国の民主政治は日本国憲法の基本的な考え方に基づいていることを考えるようにする。

③　世界の中の日本の役割について，次のことを調査したり地図や地球儀，資料などを活用したりして調べ，外国の人々と共に生きていくためには異なる文化や習慣を理解し合うことが大切であること，世界平和の大切さと我が国が世界において重要な役割を果たしていることを考えるようにする。

④　県(都，道，府)の様子について，次のことを資料を活用したり白地図にまとめたりして調べ，県(都，道，府)の特色を考えるようにする。

(2)　次の文章は，「第3　指導計画の作成と内容の取扱い」の一部である。文章中の[　Ａ　]にあてはまる最も適当な語句を，下の①〜④のうちから一つ選びなさい。

1　指導計画の作成に当たっては，次の事項に配慮するものとする。

(1)各学校においては，地域の実態を生かし，児童が興味・関心をもって学習に取り組めるようにするとともに，観察や調査・見学などの体験的な活動やそれに基づく[　Ａ　]の一層の充実を図ること。

①　思考活動　　　②　研究活動　　　③　校外活動　　　④　表現活動

(☆☆☆◎◎◎)

【6】次の地形図を用いて，地域に関する学習のための教材研究を行った。この地形図について，次の(1)，(2)の問いに答えなさい。

(1)　この地形図を正しく読み取ったことがらとして最も適当なものを，次の①〜④のうちから一つ選びなさい。

①　「あわこみなと」駅から見て，消防署は，ほぼ南東の方位に位置している。

②　漁港から妙ノ浦にかけての海岸は，長い砂浜が続いている。

③　「あわこみなと」駅の南側の，鉄道に沿った道には，交番がある。

④　内浦地区と実入地区とを結ぶ道路に沿った斜面は，なだらかで果樹園が広がっている。

(2)　この地形図で，「あわこみなと」駅と「千葉大学付属水族館」との間を測ると，直線距離にして約4cmであった。実際の距離は約何mか。最も適当なものを，次の①～④のうちから一つ選びなさい。

①　約1,000m　　②　約1,250rn　　③　約2,000m

④　約2,500m

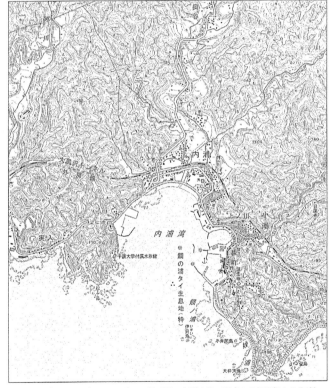

（国土地理院 25,000 分の 1 地形図　安房小湊　平成 1 7 年発行より作成）

（☆☆☆◎◎◎）

【7】下の略年表は，千葉県に関係の深い人物である伊能忠敬に関するものである。これを見て，次の(1)，(2)の問いに答えなさい。

(1) 略年表中の(ア)〜(エ)にあてはまる語句を解答群から選び，その正しい組合せとして最も適当なものを，あとの①〜⑥のうちから一つ選びなさい。

<解答群>

a　高橋至時

b　東北日本海沿岸

c　大日本沿海輿地全図

d　天文学

e　蝦夷地

f　高橋景保

g　日本輿地路程全図

h　青木昆陽

i　航海術

１７４５年	上総国山辺郡小関村に生まれる。
１７６２年	下総国香取郡佐原村伊能家の婿養子となる。
↑ A ↓	
１７９５年	江戸に出て，（ア）の門に入り，（イ）を学ぶ。
１８００年	全国測量の旅に出る。（ウ）及び奥州街道を測量する。
↑ B ↓	
１８１８年	江戸の自宅にて没する。地図編纂作業は引き継がれる。
１８２１年	（エ）及び輿地実測録が完成し，幕府に呈上される。

	(ア)	(イ)	(ウ)	(エ)
①	a	d	b	g
②	h	i	e	g
③	f	i	b	c
④	f	d	e	g
⑤	a	d	e	c
⑥	h	i	b	c

(2) 略年表中の，AとBの時期のできごととして最も適当なものを選びなさい。その際，Aについては次の①〜③のうちから，Bについては次の④〜⑥のうちから，それぞれ一つずつ選びなさい。

① 幕府が，諸大名に外国船の打ち払いを指令する。

② ロシア使節ラクスマンが根室に来航し，通商を求める。

③ 幕府が，シーボルトを出島に幽閉する。

④ 幕府が，日米修好通商条約に調印する。

⑤ 幕府が，寛政の改革を始める。

⑥ 間宮林蔵が樺太に赴き，樺太が島であることを発見する。

(☆☆☆◎◎◎)

【8】次の文章は，日本の国会に関するものである。これを読んで，下の(1)，(2)の問いに答えなさい。

　国会は，国権の最高機関であって，国の唯一の立法機関である。国会は，法律の制定の他に，予算の議決，条約の締結に必要な承認，内閣総理大臣の指名などの権限をもっており，<u>衆議院と参議院</u>で構成されている。国会の議決は，原則として衆議院と参議院の議決が一致したときに成立する。しかし，両議院の議決が一致しないとき，[A]

(1) 文章中の下線部について，次の表中の(ア)〜(キ)にあてはまる数字や語句の組合せとして最も適当なものを，あとの①〜⑥のうちから一つ選びなさい。

衆 議 院		参 議 院
４７５人	議員定数	２４２人
満 ２０ 歳以上	選 挙 権	満 ２０ 歳以上
満 （ア） 歳以上	被選挙権	満 （イ） 歳以上
（ウ） 年	任　　期	（エ） 年
有　り	解　　散	（オ）
（カ） 選出 ２９５人	選出方法ごとの 議員定数	（キ） 選出 １４６人
比例代表選出 １８０人		比例代表選出 ９６人

※議員定数及び選出方法ごとの議員定数は，公職選挙法（平成
　２５年１２月１１日最終改正）による。

	（ア）	（イ）	（ウ）	（エ）	（オ）	（カ）	（キ）
①	２５	２５	４	６	無し	小選挙区	選挙区
②	２０	２５	６	３	有り	選挙区	小選挙区
③	２０	３０	６	３	有り	選挙区	小選挙区
④	２５	３０	４	６	無し	小選挙区	選挙区
⑤	２５	３０	６	３	無し	選挙区	小選挙区
⑥	２０	２５	４	６	有り	小選挙区	選挙区

(2)　文章中の[　Ａ　]にあてはまる記述として適当でないものを，次
　の①～④のうちから一つ選びなさい。

　①　内閣総理大臣の指名については，両院協議会を開いても意見が
　　　一致しないとき，または参議院が一定期間内に議決しないときは，
　　　衆議院の議決が国会の議決となる。

　②　法律案については，衆議院において出席議員の3分の2以上の多
　　　数で再び可決すれば法律となる。

　③　予算案については，衆議院において出席議員の3分の2以上の多
　　　数で再び可決すれば予算が成立する。

④ 条約の締結に必要な承認については，両院協議会を開いても意見が一致しないとき，または参議院が一定期間内に議決しないときは，衆議院の議決が国会の議決となる。

(☆☆☆◎◎◎)

【9】小学校学習指導要領算数について，次の(1), (2)の問いに答えなさい。

(1) 「第3 指導計画の作成と内容の取扱い」に示されている次の文章について，[ア]，[イ]にあてはまる最も適当なものを，下の①～④のうちからそれぞれ一つずつ選びなさい。

[ア]による計算の技能を確実に身に付けることを重視するとともに，目的に応じて計算の結果の[イ]をして，計算の仕方や結果について適切に判断できるようにすること。また，低学年の「A数と計算」の指導に当たっては，そろばんや具体物などの教具を適宜用いて，数と計算についての意味の理解を深めるよう留意すること。

① 暗算 ② 見積り ③ 筆算 ④ 確かめ

(2) 「第2 各学年の目標及び内容」に関する次の文章について，[ウ]～[カ]にあてはまる最も適当なものを，下の①～④のうちからそれぞれ一つずつ選びなさい。

各学年で指導する算数の内容は，「A数と計算」，「B量と測定」，「C図形」及び「D数量関係」の4領域に分けて示されている。

[ウ]は「A数と計算」の領域，[エ]は「B量と測定」の領域，[オ]は「C図形」の領域，[カ]は「D数量関係」の領域に該当する内容である。

① 資料の平均について知ること
② 円周率について理解すること
③ 概数が用いられる場合について知ること
④ 単位量当たりの大きさについて知ること

(☆☆☆◎◎◎)

【10】次の(1)～(4)の問いに答えなさい。

(1)　$9^2+(-3)^3\times\dfrac{4}{3}$ を計算すると，[　キク　]である。

(2)　二次方程式 $x^2-ax+b=0$ の解が1と3のとき，a の値は[　ケ　]，bの値は[　コ　]である。

(3)　池の周りに1周1500mのランニングコースがある。AさんとBさんがこのコースのスタート地点を同時に出発し，それぞれの速さで走る。2人が反対の方向に回ると初めて出会うのに6分かかり，同じ方向に回るとAさんがBさんに初めて追いつくのに30分かかる。2人が走る速さは常に一定とし，コースの幅は考えないものとするとき，Bさんがこのコースを1周するのにかかる時間は[　サシ　]分である。

(4)　3人の男子と2人の女子が1列に並んで写真を撮るとき，両端が男子となる並び方は全部で[　スセ　]通りある。

(☆☆☆◎◎◎)

【11】下の図のような四角形ABCDにおいて，対角線の交点をEとする。△ABCの面積が18cm²，△ABDの面積が30cm²，△ACDの面積が27cm²のとき，次の(1)，(2)の問いに答えなさい。

(1)　線分BEと線分EDの長さの比を最も簡単な整数の比で表すと，[　ソ　]：[　タ　]である。

(2)　△ECDの面積は[　チ　]cm²である。

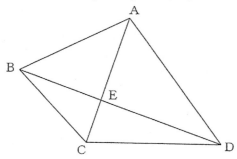

(☆☆☆◎◎◎)

【12】 下の図のように $y＝\dfrac{1}{2}x^2$ のグラフ上に3点A，B。Cがある。

原点Oと点A，点Aと点B，点Bと点Cをそれぞれ直線で結ぶとき，直線OAと直線BCの傾きはともに1，直線ABの傾きは−1となる。次の(1)，(2)の問いに答えなさい。

(1) 直線ABの式は $y＝-x+[$　ツ　$]$ である。

(2) 点Cの座標は $([$　テ　$]$，$[$　トナ　$])$ である。

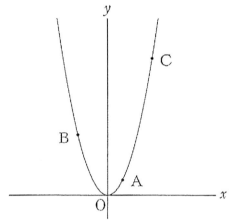

【13】 小学校学習指導要領理科について，次の(1)，(2)の問いに答えなさい。

(1) 次のア〜ウは，第4学年から第6学年のそれぞれの目標から抜粋したものである。ア〜ウを左から第4学年，第5学年，第6学年の順に並べたものを，あとの①〜⑥のうちから一つ選びなさい。

ア　物の溶け方，振り子の運動，電磁石の変化や働きをそれらにかかわる条件に目を向けながら調べ，見いだした問題を計画的に追究したりものづくりをしたりする活動を通して，物の変化の規則性についての見方や考え方を養う。

イ　燃焼，水溶液，てこ及び電気による現象についての要因や規則

　　　性を推論しながら調べ，見いだした問題を計画的に追究したりものづくりをしたりする活動を通して，物の性質や規則性についての見方や考え方を養う。

　ウ　空気や水，物の状態の変化，電気による現象を力，熱，電気の働きと関係付けながら調べ，見いだした問題を興味・関心をもって追究したりものづくりをしたりする活動を通して，それらの性質や働きについての見方や考え方を養う。

　　①　ア，イ，ウ　　　②　ウ，ア，イ　　　③　イ，ア，ウ
　　④　イ，ウ，ア　　　⑤　ア，ウ，イ　　　⑥　ウ，イ，ア

(2)　「第３　指導計画の作成と内容の取扱い」の指導計画の作成に当たって配慮する事項として適当でないものを，次の①～④のうちから一つ選びなさい。

　①　博物館や科学学習センターなどと連携，協力を図りながら，それらを積極的に活用するよう配慮すること。

　②　第２の各学年の内容を通じて観察，実験や自然体験，科学的な体験を充実させることによって，科学的な知識や概念の定着を図り，科学的な見方や考え方を育成するよう配慮すること。

　③　観察，実験の結果を整理し考察する学習活動や，科学的な言葉や概念を使用して考えたり説明したりするなどの学習活動が充実するよう配慮すること。

　④　探究の過程を通して自然科学の基本概念が習得できるよう，教材を系統的・構造的に配列・構成すること。

（☆☆☆◎◎◎）

【14】図のように容器ア，イのどちらにもインゲンマメの種子をまいたところ，数日後，容器アのインゲンマメの種子のみ発芽した。容器アの種子には水をあたえ，容器イの種子には水をあたえなかった。なお，その他の条件はすべて同じであった。あとの(1)，(2)の問いに答えなさい。

水をあたえる。　　　水をあたえない。

(1)　発芽する前のインゲンマメの種子には，でんぷんが多く含まれている。これを確認するために最も適当な試薬を，次の①～④のうちから一つ選びなさい。

①　ベネジクト液　　②　リトマス液　　③　ヨウ素液

④　BTB液

(2)　前の実験からは，インゲンマメの種子の発芽には水が必要であることがわかった。水の他にインゲンマメの種子の発芽に必要なものとして正しいものを，次の①～④のうちから二つ選びなさい。

①　空気　　②　日光　　③　肥料　　④　適当な温度

(☆☆☆◎◎◎)

【15】鉄しんを入れたストローに，エナメル線を100回巻き，図1のような回路を作った。図2は図1の電磁石を真上からみた拡大図である。下の(1)～(3)の問いに答えなさい。

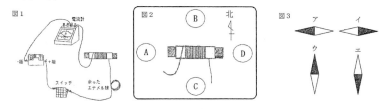

(1)　スイッチを入れて電流を流すと，図2のA～Dの位置に置いた方位磁針は，それぞれ図3のア～エのいずれかの向きになった。このとき，それぞれの位置に置いた方位磁針の指す向きの組合せとして最

も適当なものを，次の①〜⑥のうちから一つ選びなさい。なお，スイッチを入れる前，A〜Dの位置に置いた方位磁針は図3のウの向きであった。

	A	B	C	D
①	ア	ア	ア	ア
②	エ	ア	イ	ウ
③	イ	イ	イ	イ
④	ア	イ	イ	ア
⑤	ウ	イ	ア	エ
⑥	イ	ア	ア	イ

(2)　電流計の−(マイナス)端子には，5A，500mA，50mAの三つの表示があった。実験を始めるときに，最初につなぐ端子とその理由の組合せとして最も適当なものを，次の①〜⑤のうちから一つ選びなさい。

	端　子	理　由
①	5A	どれくらいの電流が流れるのかわからないので一番大きな値の端子を使うため。
②	5A	端子の端から順番につなぐ方がつなぎやすいため。
③	500mA	どれくらいの電流が流れるかわからないので中間の端子を使うため。
④	50mA	できるだけ正確な値を読み取れるようにするため。
⑤	50mA	流れる電流が弱いため。

(3)　図1の電磁石の力を強くする方法として最も適当なものを，次の①〜⑥のうちから二つ選びなさい。

①　乾電池をもう一つ並列につなぐ。

②　乾電池をもう一つ直列につなぐ。

③　ストローを抜いて鉄しんに直接エナメル線を巻く。

④　鉄しんを同じ太さの銅しんにかえる。

⑤　余ったエナメル線を使い，200回巻きにする。

⑥　エナメル線を50回巻きにし，余ったエナメル線をたばねておく。

(☆☆☆◎◎◎)

【16】 うすい塩酸とうすい水酸化ナトリウム水溶液の性質を調べ，次のような表にまとめた。下の(1)，(2)の問いに答えなさい。

	鉄を入れる	リトマス紙の色の変化	BTB液の色の変化
うすい塩酸	気体が発生した	青色リトマス紙が赤色になった	ア
うすい水酸化ナトリウム水溶液	変化しなかった	赤色リトマス紙が青色になった	イ

(1) うすい塩酸に鉄を入れたときに発生した気体を水上置換法で試験管に集め，火のついたマッチの炎を近づけたところ，ポンと音がして，勢いよく燃えた。発生した気体は何であると考えられるか。最も適当なものを次の①〜⑤のうちから一つ選びなさい。

① 二酸化炭素 ② 酸素 ③ 水素 ④ 窒素

⑤ アンモニア

(2) 上の表のア，イに入ることばの組合せとして最も適当なものを，次の①〜⑥のうちから一つ選びなさい。

	ア	イ
①	緑色から青色に変化した	緑色から黄色に変化した
②	緑色から青色に変化した	緑色のまま変化なし
③	緑色から青色に変化した	緑色から青色に変化した

	ア	イ
④	緑色から黄色に変化した	緑色から青色に変化した
⑤	緑色のまま変化なし	緑色から青色に変化した
⑥	緑色から黄色に変化した	緑色から黄色に変化した

(☆☆○○○○)

【17】 千葉県で観察した月について，次の(1)，(2)の問いに答えなさい。

(1) ある晴れた日の日没直後に，西の空の地平線近くに見えた月を肉眼で観察した。その時に見えた月の形を表したものとして最も適当なものを，次の①〜⑥のうちから一つ選びなさい。

(2) 次の図は，月が地球のまわりを公転しているようすを示したものである。満月，上弦の月，下弦の月，新月，月食が観察できたときの月の位置は，それぞれ図中のア〜エのどれになるか。その組合せとして最も適当なものを，次の①〜⑥のうちから一つ選びなさい。ただし，図は，それぞれの形，大きさや距離は考慮していない。

	満月	上弦の月	下弦の月	新月	月食
①	エ	エ	イ	ウ	ア
②	ア	イ	エ	ウ	ア
③	ア	エ	イ	ウ	ウ
④	ウ	イ	エ	ア	ウ
⑤	ウ	イ	エ	ア	ア
⑥	ウ	エ	イ	ア	ウ

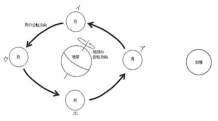

(☆☆☆◎◎◎◎)

【18】 小学校学習指導要領外国語活動「第2　内容」の記述として正しい
ものを，次の①～④のうちから二つ選びなさい。

① 日本と外国との生活，習慣，行事などの違いを知り，多様なもの
の見方や考え方があることに気付くこと。

② 異なる文化をもつ人々との交流等を体験し，文化等に対する理解
を深めること。

③ 自然な口調で話されたり読まれたりする英語を聞いて，情報を正
確に聞き取ること。

④ 話し手に聞き返すなどして内容を確認しながら理解すること。

(☆☆☆◎◎◎◎)

【19】 次の(1)～(3)は，小学校の学級担任(HRT)と外国語指導助手(ALT)，
及び小学校の学級担任(HRT)と児童(Students)との会話の一部である。
[　　]にあてはまる最も適切なものを，それぞれの解答群から一つず
つ選びなさい。

(1)

HRT : Did you check our teaching plan?

ALT : Of course, I did.

HRT : Thank you for your help.

ALT : [　　]

　解答群

① That's too bad.　　② That's right.　　③No, thank you.

344

④　Not at all.

(2)

HRT：　[　　　]

ALT：Sure.

HRT：We'll have a demonstration class on September 10th. I'd like to make a teaching plan with you.

ALT：OK. I'll help you.

解答群

①　May I ask you a favor?

②　May I help you?

③　Can I ask you a question?

④　Can I help with anything?

(3)

HRT：Let's check a shopping list for beef curry.

You can see many kinds of food on your sheet.

Which do you need?

Students：Beef? Curry powder! Potatoes! Carrots and onions!

HRT：Well-done! Beef, curry powder, potatoes, carrots, and onions.

Students：Not yet!

HRT：OK. If you finish it, bring it to me.　[　　　]

解答群

①　Did you buy the foods on your worksheet?

②　Did you finish eating beef curry?

③　Did you prepare a dish of curry?

④　Did you mark them on your worksheet?

(☆☆☆◎◎◎)

【20】次の文章を読み，質問に対する答えとして最も適当なものを，あとの①～④のうちから一つ選びなさい。

Takeshi visited Hokkaido to see his aunt and uncle five years ago. He enjoyed eating fresh fish and skiing then. He went there with his friends three years ago. Last summer, he visited Shiretoko in northeastern Hokkaido to enjoy the beautiful nature. He loves Hokkaido so much that he wants to go there again, but this year he has to study hard for the entrance examination. He is looking forward to visiting Hokkaido in the near future.

Question:How many times has Takeshi been to Hokkaido?

   ① Once.   ② Twice.   ③ Three times.   ④ Four times.

(☆☆☆◎◎)

【21】次の文章を読み，本文の内容として適当でないものを，下の①～④のうちから一つ選びなさい。

Studying at elementary school is the basis for pupils to become independent as members of society in the future. Therefore it is important for pupils to develop good study habits, and teachers must cooperate with parents. At school, teachers foster pupils' motivation to learn more. On the other hand, at home, parents have the pupils realize that to learn at home is "fun" and brings something "valuable" to them. Of course pupils themselves need to plan their learning:turn off the TV, check things to do, decide when to start and finish, clear the desk, and start. The final goal is to have pupils establish a habit of self-directed learning.

① Pupils need to acquire the habits of learning.

② Pupils need support both at school and at home.

③ The goal is that pupils finish studying at school.

④ The goal is that pupils become independent learners.

(☆☆☆◎◎)

解答・解説

【1】(1) ③　　(2) ④　　(3) ③　　(4) ②

〈解説〉(1)　頻出の同音異義語である。「対照」,「対称」,「対象」など挙げられるが, ここでは「これから行う実験の目標となるもの」という意味で用いられているので,「対象」がふさわしい。①は「懸賞」,②は「愛称」,③は「象形」,④は「照準」である。　(2)　直後に「どんなものごとも多義性をもつこと。そして, 視点によってものごとの見え方が違う, つまりものごとのもつ意味が異なること。」とあり, これが筆者の考えであると分かる。この内容にふさわしいのは④である。(3)　直前に「自分たちの文化のもつ良さを再認識することも大切なことである」とある。しかし, これは決して日本文化が絶対であると述べているわけではない。よって③は適当ではないものの答えとなる。(4)　「喫茶店」,「映画」,「満腹」や「空腹」の人などの例を挙げたうえで論を展開している。よって答えは②である。

【2】(1) ②　　(2) ②　　(3) ①　　(4) ④　　(5) ④　　(6) ③

〈解説〉(1)　悠平の気持ちであるから, 牧場経営者の気持ちを選んではいけない。母牛が立ち上がれないこと, そしてそのまま死んでしまったら不憫で仕方がないと思っているのである。　(3)　急いで牛舎に向かう様子が描写されているのであるから, ①がふさわしい。　(5)　選択肢は子牛の世話で共通している。世話がなぜ悪くないアイデアなのかを考えてみること。①は「より健康に育つだろう」,②は「飼育の工夫を引き出そう」,③は「苦労を味わわせよう」が誤りである。
(6)　父に子牛を責任持って育ててくれないかと言われ, それに対して「あ, ああ, いいよ」と言った悠平の気持ちを読み取ること。育てる戸惑いのある一方で興奮もしているのである。

【3】①

〈解説〉「天の原ふりさけみれば春日なる三笠の山にいでし月かも」は阿倍仲麻呂の和歌である。②は「田子の浦にうち出でてみれば白妙の富士の高嶺に雪は降りつつ」(山部赤人)，③は「わたの原漕ぎ出でて見れば久かたの雲居にまがふ沖つ白波」(藤原忠通)，④は「朝ぼらけ有明の月とみるまでに吉野の里に降れる白雪」(坂上是則)。

【4】⑥

〈解説〉第三学年及び第四学年の目標の(1)に関する問題である。目標は他に二つあり，「(2)相手や目的に応じ，調べたことなどが伝わるように，段落相互の関係などに注意して文章を書く能力を身に付けさせるとともに，工夫をしながら書こうとする態度を育てる。(3)目的に応じ，内容の中心をとらえたり段落相互の関係を考えたりしながら読む能力を身に付けさせるとともに，幅広く読書しようとする態度を育てる。」である。

【5】(1)　①　　(2)　④

〈解説〉学習指導要領に関する出題である。過去問や問題集を通してポイントをチェックしていくとよい。　(1)　②と③は第6学年の内容である。④は第3学年及び第4学年の内容である。　(2)　「指導計画の作成と内容の取扱い」に関する問題である。今回は「表現活動」が答えであったが，他に「地域の実態」，「観察」が空欄として出題されることも多い。常に穴埋め形式で練習して覚えていくとよい。

【6】(1)　③　　(2)　①

〈解説〉(1)　①　南東ではなく「南西」である。②と④は地図からは読み取れない。　(2)　縮尺に関する問題である。25,000分の1の地図であるから，4cm×25,000＝100,000cmが実際の距離である。100,000cm÷100＝1,000m。よって答えは約1,000mの①である。今回は「m」での出題だが，「km」で問われる場合もあるので，単位に注意す

ること。

【7】(1)　⑤　　(2)　②・⑥(完答)

〈解説〉(1)　ア・イ…高橋至時は江戸後期の天文学者である。寛政暦を完成させた。　ウ…伊能忠敬の全国測量は幕府の命令であり，蝦夷地を測量し，その後全国を測量した。　エ…伊能忠敬は1818年に死去したが，その後弟子たちの手により1821年に日本で最初の実測地図である『大日本沿海輿地全図』が完成した。　(2)　①　異国船打払令は1825年。　②　ラクスマン来航は1792年。　③　シーボルト事件は1828年。　④　日米修好通商条約は1858年。　⑤　寛政の改革は1787～93年。　⑥　間宮林蔵が樺太を探検したのは1808年。よって，Aは②，Bは⑥である。

【8】(1)　④　　(2)　③

〈解説〉(1)　衆議院と参議院についての問題である。どれも重要であるが，特に任期が大切である。衆議院は参議院より任期が短く，解散がある。これは，国民の意思を反映しやすいと考えられる。　(2)　衆議院の優越に関する出題である。①は日本国憲法第67条第2項，②は第59条第2項，④は第61条にある。③は第60条第2項に関係があるが，3分の2以上ではない。「国会休会中の期間を除いて三十日以内に，議決しないときは，衆議院の議決を国会の議決とする」とある。日本国憲法の第四章国会，第五章の内閣の部分を確認しておくとよい。

【9】(1)　ア　③　イ　②　　(2)　ウ　③　エ　④　オ　②　カ　①

〈解説〉学習指導要領の内容を理解するのはもちろん，その科目に固有な用語をしっかりおさえておこう。　(1)　問題文は，第3の「2　第2の内容の取扱いについては，次の事項に配慮するものとする。」の(4)である。　(2)　①は第6学年で扱う「D数量関係」，②は第5学年で扱う「C図形」，③は第4学年で扱う「A数と計算」，④は第5学年で扱う「B量と測定」の内容である。

【10】 (1) キ 4 ク 5 (完答) (2) ケ 4 コ 3 (完答) (3) サ 1 シ 5 (完答) (4) ス 3 セ 6 (完答)

〈解説〉(1)　与式＝$81-27×\dfrac{4}{3}=81-36=45$

(2)　解と係数の関係より，$a=1+3=4$，$b=1×3=3$

(3)　2人が反対の方向に回って初めて出会うまでBさんが走った距離を xm，同じ方向に回り，AさんがBさんに初めて追いつくまでBさんが走った距離を ym とする。Aさんが走る距離はそれぞれ$(1500-x)$m，$(1500+y)$m より，Aさんの速さに着目して $\dfrac{1500-x}{6}=\dfrac{1500+y}{30}$ …①。Bさんの速さに着目して $\dfrac{x}{6}=\dfrac{y}{30}$ …②。よってBさんの速さは $\dfrac{600}{6}=100$[m/分]。②より $y=5x$。これを①に代入すると $5(1500-x)=1500+5x$ $7500-5x=1500+5x$ $-10x=-6000$ $x=600$，$y=5×600=3000$。よって，Bさんが1周するのにかかる時間は $\dfrac{1500}{100}=15$[分]。

(4)　両端の男子2人の並び方は${}_3P_2=3×2=6$[通り]。間の3人の並び方は $3!=6$[通り]。よって $6×6=36$[通り]。

【11】 (1) ソ 2 タ 3 (完答) (2) 9

〈解説〉(1)　BE：ED＝△ABC：△ACDより BE：ED＝18：27＝2：3

(2)　(1)より △ABE：△AED＝BE：ED＝2：3
$△AED=\dfrac{3}{5}×△ABD=\dfrac{3}{5}×30=18$[cm²]。
$△ECD=△ACD-△AED=27-18=9$[cm²]。

【12】 (1) ツ 4 (2) テ 6 ト 1 ナ 8 (完答)

〈解説〉(1)　直線OAの傾きは1より，直線OAの方程式は $y=x$。$y=x$ と $y=\dfrac{1}{2}x^2$ の交点の x 座標は $\dfrac{1}{2}x^2=x$ $x^2-2x=0$ $x(x-2)=0$ $x=0,2$ より点Aの座標は$(2, 2)$。直線ABの傾きは -1 より，直線ABの方程式は $y-2=-(x-2)$ $y=-x+4$ (2) $y=-x+4$ と $y=\dfrac{1}{2}x^2$ の交点の x 座標

は，$-x+4=\frac{1}{2}x^2$ $x^2+2x-8=0$ $(x+4)(x-2)=0$ $x=-4,2$ よって点Bの座標は$(-4,8)$。直線BCの傾きは1より，直線BCの方程式は $y-8=x-(-4)$ $y=x+12$ $y=x+12$と$y=\frac{1}{2}x^2$の交点が点Cより，$\frac{1}{2}$ $x^2=x+12$ $x^2-2x-24=0$ $(x-6)(x+4)=0$ $x=6,-4$ よって点Cの座標は$(6,18)$

【13】 (1) ② (2) ④

〈解説〉(1) アが第5学年，イが第6学年，ウが第4学年。 (2) ④は昭和43年の学習指導要領改訂で目標として掲げられた内容である。

【14】 (1) ③ (2) ①・④（完答）

〈解説〉(1) ヨウ素液が青紫色に変化することでデンプンの存在を確認することができる。なおベネジクト液は糖の確認，リトマス紙，BTB液は共に酸性，アルカリ性の確認に使用する。 (2) 植物は呼吸をするため空気が必要，種子は暗くても適度な温度で発芽し，栄養分は胚の中にあるので，肥料などがなくても発芽できる。

【15】 (1) ⑥ (2) ① (3) ②・⑤（完答）

〈解説〉(1) 右手の法則よりDがN極，AがS極となる。 (2) 最初に500mA，50mAに入れた場合，それより大きな電流が流れると電流計は壊れるため。 (3) 磁力を大きくするためには，電流を大きくするか，コイルの巻き数を多くする。なお，① 乾電池を並列につないでも電流が2倍にならない。 ③ ストローを抜くと鉄しんに電流が流れて，磁石にならない。 ④ 銅は磁石にならない。 ⑥巻き数を減らすと磁力は弱まる。

【16】 (1) ③ (2) ④

〈解説〉(1) 塩酸に鉄を入れたときの化学反応式は$Fe+2HCl \rightarrow FeCl_2+H_2$である。 (2) BTB液は酸性で黄色，中性で緑色，アルカリ性で青色

となる。塩酸は酸性，水酸化ナトリウムはアルカリ性である。

【17】(1)　⑤　　(2)　④

〈解説〉(1)　日が沈むと西の空に低く見える月が三日月，それから日がたつにつれてだんだんと丸くなりながら東の空のほうからから出るようになる。右半分が輝く形になった時が上弦の月で夕方南の空に見える。　　(2)　月食は太陽－地球－月の順に一直線上に並んだ時にできる現象である。

【18】①・②　(完答)

〈解説〉小学校学習指導要領外国語活動「第2　内容」の記述を確認しよう。「積極的にコミュニケーションを図ろうとする態度の育成を図り，外国語の音声や基本的な表現に慣れ親しませながら，コミュニケーション能力の素地を養う」という小学校外国語活動の目標から，③④は指導事項としては不適切である。

【19】(1)　④　　(2)　①　　(3)　④

〈解説〉　(1)　①はあまりよくない情報に対して，話者に共感する表現。②は「正しい」という意味である。③は「要りません」と断る表現。正答の④は感謝の言葉に対して，「どういたしまして」と返す表現である。　　(2)　正答の①は「ひとつお願いをしてもよろしいか」という丁寧な表現。②は「いらっしゃいませ」，③は「質問があるのですが」，④は「何かお手伝いしましょうか」の意味である。　　(3)　会話形式の問題を解く場合には，誰と誰が会話しているのかを押さえることが大切。この会話にはHRTとStudentsとの会話なので，外国語活動の授業場面であることをまず押さえる。そのうえで問題文を読めば，ビーフカレーに必要な食材を確認しワークシートに記入するという流れがわかる。またそうすると①「買いましたか」，②「食べ終わりましたか」，③「お皿を用意しましたか」は排除できる。

【20】③

〈解説〉Questionは現在完了形であり，「何回北海道に行ったことがあるか」と経験を質問している。そのうえで問題文を読むと，たけしは5年前にまず1度おじおばに会いに北海道に行っていることがわかる。また3年前に友人と行っている。さらに前の夏に美しい自然を楽しむために北海道北東地域に行っている。よって合計3回北海道に行った経験がある。

【21】③

〈解説〉小学校段階で学習すべき基本的事項である「未来における社会の一員としての自立」のために，学校，家庭そして児童自身の主体がそれぞれするべきことについて述べられている。①は児童の学習習慣の体得，②は学校と家庭の協働による児童支援，④は児童が自立的学習者になることについて述べている。正答の③は「児童が学校で勉強することをすます」の意味で，問題文章の内容と全く異なる。

●書籍内容の訂正等について

　弊社では教員採用試験対策シリーズ（参考書，過去問，全国まるごと過去問題集），公務員試験対策シリーズ，公立幼稚園・保育士試験対策シリーズ，会社別就職試験対策シリーズについて，正誤表をホームページ（https://www.kyodo-s.jp）に掲載いたします。<u>内容に訂正等，疑問点がございましたら，まずホームページをご確認ください。</u>もし，正誤表に掲載されていない訂正等，疑問点がございましたら，下記項目をご記入の上，以下の送付先までお送りいただくようお願いいたします。

---

① **書籍名，都道府県（学校）名，年度**
　（例：教員採用試験過去問シリーズ　小学校教諭 過去問　2025年度版）
② **ページ数**（書籍に記載されているページ数をご記入ください。）
③ **訂正等，疑問点**（内容は具体的にご記入ください。）
　（例：問題文では"ア〜オの中から選べ"とあるが，選択肢はエまでしかない）

〔ご注意〕
○ 電話での質問や相談等につきましては，受付けておりません。ご注意ください。
○ 正誤表の更新は適宜行います。
○ いただいた疑問点につきましては，当社編集制作部で検討の上，正誤表への反映を決定させていただきます（個別回答は，原則行いませんのであしからずご了承ください）。

●情報提供のお願い

　協同教育研究会では，これから教員採用試験を受験される方々に，より正確な問題を，より多くご提供できるよう情報の収集を行っております。つきましては，教員採用試験に関する次の項目の情報を，以下の送付先までお送りいただけますと幸いでございます。お送りいただきました方には謝礼を差し上げます。
（情報量があまりに少ない場合は，謝礼をご用意できかねる場合があります）。

◆あなたの受験された面接試験，論作文試験の実施方法や質問内容

◆教員採用試験の受験体験記

- -

| 送付先 | ○電子メール：edit@kyodo-s.jp
○FAX：03-3233-1233（協同出版株式会社　編集制作部 行）
○郵送：〒101-0054　東京都千代田区神田錦町2-5
　　　　　　協同出版株式会社　編集制作部 行
○HP：https://kyodo-s.jp/provision（右記のQRコードからもアクセスできます） | |

※謝礼をお送りする関係から，いずれの方法でお送りいただく際にも，「お名前」「ご住所」は，必ず明記いただきますよう，よろしくお願い申し上げます。

教員採用試験「過去問」シリーズ

千葉県・千葉市の
小学校教諭 過去問

編　集	Ⓒ 協同教育研究会
発　行	令和5年9月10日
発行者	小貫　輝雄
発行所	協同出版株式会社
	〒101-0054　東京都千代田区神田錦町2‐5
	電話　03−3295−1341
	振替　東京00190−4−94061
印刷所	協同出版・POD工場

落丁・乱丁はお取り替えいたします。